辽宁省社科规划基金2018年度重点课题“习近平德育思想视域下高校学生组织教育功能研究”
项目成果（课题编号：L18AZZ001）

大学学生组织
教育功能研究

DAXUE XUESHENG ZUZHI
JIAOYU GONGN
YANJIU

U0955222

● 田铁杰　著

知识产权出版社
全国百佳图书出版单位
—北京—

图书在版编目（CIP）数据

大学学生组织教育功能研究 / 田铁杰著. —北京：知识产权出版社，2020.4
ISBN 978-7-5130-6817-8

Ⅰ.①大… Ⅱ.①田… Ⅲ.①高等学校—学生组织—教育职能—研究—中国
Ⅳ.①G645.57

中国版本图书馆CIP数据核字（2020）第038947号

责任编辑：唱学静　　**责任校对**：谷　洋
封面设计：乾达文化　　**责任印制**：孙婷婷

大学学生组织教育功能研究
田铁杰　著

出版发行：知识产权出版社有限责任公司　　网　　址：http：//www.ipph.cn
社　　址：北京市海淀区气象路50号院　　邮　　编：100081
责编电话：010-82000860转8112　　责编邮箱：ruixue604@163.com
发行电话：010-82000860转8101/8102　　发行传真：010-82000893/82005070/82000270
印　　刷：北京九州迅驰传媒文化有限公司　　经　　销：各大网上书店、新华书店及相关专业书店
开　　本：700mm×1000mm　1/16　　印　　张：14.75
版　　次：2020年4月第1版　　印　　次：2020年4月第1次印刷
字　　数：226千字　　定　　价：68.00元
ISBN 978-7-5130-6817-8

出版权专有　侵权必究
如有印装质量问题，本社负责调换。

前　言

笔者从事高校学生工作二十余年，一直关注学生组织的发展与变化。这是因为学生组织是高校的重要组成部分，在高校人才培养过程中具有不可忽视的地位和作用，对大学生价值观引领、能力培养、品德发展等方面都具有潜移默化的影响。一个高校学生组织作用发挥的如何会直接影响这个学校的学风和校风。学生组织有多种功能，但笔者认为教育功能是其核心功能。因此，研究大学学生组织教育功能有利于促进学生发展，有利于促进学生组织建设，有利于促进高校人才培养，有利于促进国家对未来人才要求的实现。

自改革开放以来，随着社会的发展，大学生的生活方式、价值观、学习态度等，都发生了显著变化，学生组织结构也出现了许多新变化和新特点。当笔者想从已有的文献来进一步研究当前学生组织应该具有怎样的教育功能，对当代大学生应该在哪些方面起到引领作用的时候，没能发现比较有价值的资料。这让笔者想到了这样几个问题：学生组织教育功能是如何生成的？当前学生组织应该具有怎样的教育功能？学生组织在实际运行过程中存在怎样的问题？如何改善学生组织建设，使其为大学生的成长、成人、成才起到真正的推动作用？正是这些问题，激发了笔者的研究兴趣。

要想研究大学学生组织教育功能，需要从大学的起源开始。严格地说，真正意义上的大学起源于12世纪的西欧。本书也是从欧洲中世纪大学学生组织的产生开始，分析不同时期学生组织的教育功能以及我国大学学生组织在不同时期的教育功能。进行教育功能的历史梳理，主要是为了让高校学生组织管理者意识到学生组织教育功能不是一成不变的，而是与大学和国家的发展密切联系；研究教育功能的生成方式，主要是为了让管理者和学生干部更好地理解学生组织如何发挥功能；对教育功能现状的考察，主要是为了理清影响因素，从而加强学生组织活动开展的实效性。

当前高校学生组织种类繁多，学生组织的娱乐性也越来越强。这使笔者产生了忧虑，学生组织不应成为个人兴趣满足者的乐园，它一定要肩负社会责任，紧跟我国社会发展对人才的现实需要，发挥对大学生在思想观念、知识技能等方面的引领作用。因此，笔者非常希望与高校学生管理者和学生干部们共同关注这一问题，也恳请大家对本书提出宝贵的批评意见。

田铁杰

2020 年 3 月

目　录 / CONTENTS

绪　论

一、研究的缘起

（一）基于大学学生组织教育意义的考虑

大学阶段是青年学生人生发展的关键时期，也是其从学校走向社会过程中最为重要的环节。随着中国高等教育步入大众化阶段，大学学生组织在促进学生成长与发展过程中的作用越来越受到重视。它是高校培养学生成长与成才的有机组成部分。大学学生组织主要通过多种多样而且较为丰富的活动，为大学生的成长与发展提供良好平台，为促进学生能力与素质的全方位提升创造条件。实践证明，大学学生组织对于培养大学生核心价值观和科学文化素养，提高学生实践创新能力及人际关系和社会适应能力等方面均有重要作用。随着大学学生组织的种类不断增加，参加的学生数量也在不断增加，其在大学中的地位比以往也越来越高，对大学生的引领作用也越来越明显。因此，大学学生组织的建设与发展已经成为国家和高校非常关注的问题。

大学阶段不仅仅是大学生学习知识、掌握知识的重要时期，同时也是大学生了解、熟悉并融入社会的关键时期。大学生不仅需要在学校、教师、家长共同的指导与帮助下健康成长，更需要自己的组织——大学学生组织能够为其发展起到助推器的作用。大学生通过大学学生组织开展的各种活动使自身在诸多方面得到锻炼、发展与展示。这样既可以培养学生的独立性和自主性，也能够使学生需要得到满足、身心得到锻炼、自身素质得到更好的提升。从教育学与管理学的角度来看，学生参加各种大学学生组织不仅有利于促进大学生自身的成长与发展，也是高校教育工作者管理学生的有效方式。如何管理好大学学生组织，使其在育人等方面发挥更大的作用成为高校教育管理者和理论研究者应该思考的重大问题。

（二）基于大学学生组织教育功能存在的问题考虑

笔者通过访谈和文献搜索，发现目前我国学界对大学学生组织教育功能的研究存在一定不足。如当前高校对大学学生组织教育功能的特点和变化趋势缺乏准确的认知，学者们对我国大学学生组织教育功能的研究很少，从现有研究成果看，基本都是对个别学生组织教育功能进行研究。

（1）当前高校对大学学生组织教育功能的特点和变化趋势缺乏准确的认知。例如，在笔者的初步访谈中，许多高校的学生管理人员还倾向于将大学学生组织的管理工作归属于学校党政部门主要负责的事务，而忽略了大学学生组织在高校中是一个具有自治性质的组织，这在客观上也扭曲了大学学生组织在高校存在的意义。现实中，教育相关部门对大学学生组织教育功能认知的缺陷不仅仅限制了学生组织促进人发展的功能，也在一定程度上限制了学生组织成员的锻炼与发展机会。由于我国当前社会正处在快速发展时期，高等教育事业正处于发展与变革的关键阶段，大学学生组织结构也出现了许多新变化和新特点，而这些新变化和新特点的出现与传统的学生组织管理模式之间产生了诸多冲突与不适。如果不能准确把握和认识大学学生组织的内在本质与发展中的新变化，势必影响学生组织价值和功能的发挥。

（2）当前我国对大学学生组织教育功能的研究十分薄弱。笔者从事学生工作 18 年，在与学生的交往中发现，参与不同学生组织的大学生其生活方式、价值观念、交友类型、学习态度都有差异。他们在大学生活中对想加入什么样的组织，心里非常清楚，学生也非常想在组织中得到认可与发展，或者说想在组织中有更多的展示机会。可是，当笔者打算通过文献检索来进一步研究和了解当前大学学生组织对大学生的生活与发展起到什么作用、具有什么样的价值时，竟然不能通过梳理已有的文献成果发现较有价值的资料。笔者发现，当前国内关于大学学生组织的探讨主要集中在学生会、社团、志愿者等个别学生组织，而且现有研究并未从大学学生组织整体进行系统化分析，也没有以大学学生组织为整体来研究其教育功能。

（三）基于笔者个人的实际工作经验的考虑

笔者一直从事学生工作，在实际工作中感受到了大学学生组织对大学生成长、成人、成才过程中所起到的重要作用。尤其笔者所工作的单位在2011年举行了60周年的校庆工作更验证了这一点。在这次校友见面的座谈会上，校友谈论最多的就是当年在学生组织中工作的场景，校友们都认为在学生组织中工作的经历是非常宝贵的财富，为自己走向社会后的发展奠定了基础。笔者作为留校生，在参与校友的交流活动中感觉到，在笔者目前所能接触到的校友中，能够在各行各业崭露头角的，基本都是经常参与学生组织活动而且是在活动中表现突出的人，甚至相当一部分校友当年还是学生组织中的骨干和主要负责人。笔者认为这种现象不是偶然，是具有内在的规律的。为了证明这种规律的存在，笔者将自己所在学院的1989届毕业生（首届毕业生）至2006届毕业生（有一定工作年限）所掌握的校友当前发展现状与其大学的学生生活经历进行了对比，结果表明，学生组织的经历确实与目前校友的总体发展在大体上呈现出对应关系。另外，基于笔者多年从事学生管理工作的经验来看，学生组织如社团、学生会等对大学生的成长与发展肯定会产生影响。在校期间经常参与学生组织活动，或者在学生组织活动中经常参与策划的学生，其毕业之后在组织协调等能力方面都要优于大学时的不经常参加学生活动的学生。

大学学生组织是大学的重要组成部分，正是有了学生组织，大学才能通过学生组织实现其对学生的具体要求，大学学生组织是其他团体或机构与大学生联系的中介。学生组织通过活动将价值观念、校园文化传递给学生，学校良好的校风学风也需要学生组织的认可才能得到传承。大学学生组织还具有弥补课堂教学不足的重要作用。大学生在参加学生组织活动的过程中能够促进其将理论与实际相联系，运用理论解决现实问题，这有助于大学生对学生组织的认同，同时也能够让大学生收获丰富的社会经验和人文知识，也会增强学生的集体荣誉感。因此，从高等教育发展的基本规律、学生的发展历程及管理者经验来看，大学学生组织对学生的发展具有重要的影响，这种影响迫使笔者考虑从理论上破解大学学生组织对学生发展的影响黑箱。

基于上述考虑，本研究将大学学生组织教育功能问题作为研究对象。

二、研究目的

本研究通过对大学学生组织教育功能历史演变的梳理，以相关理论为研究基础，通过事实与价值分析来考辨大学学生组织教育功能的生成方式，构建符合时代特征的大学学生组织教育功能体系，运用问卷与访谈方式分析大学学生组织教育功能发挥过程中的影响因素，最终使大学学生组织教育功能得到有效、优效和持效发挥。

三、研究意义

（一）理论意义

从理论意义的层面来讲，本研究有助于拓宽学校组织变革相关理论研究的视野，丰富并完善中国高校学生事务管理的相关理论，对完善现代大学制度具有一定的理论意义。

（1）本研究有利于拓宽学校组织变革相关理论研究的视野。大学学生组织教育功能研究是学校组织变革理论中较为实际的问题，对其进行研究，可以拓宽学校组织变革辐射的理论范围，也可以丰富学校组织变革的理论视野。开展大学学生组织教育功能研究也是教育社会学领域的一个重要研究范畴。本研究将以社会学和运筹学相关理论为依托，从运筹学的研究视角为切入点，将大学学生组织教育功能生成、对大学生发展所具有的教育作用以及大学学生组织的文化内涵建设进行综合性的系统研究。这对于拓宽学校组织变革相关理论研究具有一定的理论意义。

（2）本研究有利于丰富并完善中国高校学生事务管理的相关理论。中国高校对大学学生组织的管理从 20 世纪 50 年代开始就归属团委负责，学者们将大学学生组织的研究主要归属于德育的研究范畴，研究主要依靠于经验，缺少对大学学生组织系统的研究、分类与比较。90 年代末至今，开始有学者关注大学学生组织的相关研究，但对其教育功能的研究以及对学生事务管理理论的运用较为缺乏。本研究试图填补过去学者研究中的空白，以科学的研究方法来获取有关学生组织教育功能的一手资料，将事实分析与价值分析运用到大学学生组织教育功能研究中，进而对大学学生组织教育功能进行解读，这不但可以规范大学学生组织教育功能的理论研究，而且可以丰富中国本土的高校学生事务管理的相关理论研究。

（3）本研究有利于丰富和完善现代大学制度相关理论。大学学生组织教育功能研究属于学生事物管理领域的范畴，而学生事物管理领域的相关研究是现代大学制度建设的一个分支，现代大学制度理论除了包括知识制度、学术制度外，还包括教育制度。学生管理正是属于教育制度中的核心环节。学生素质的提升是学生管理的一个重要方面；学生素质的提升是现代大学制度建设的核心环节；学生素质的提升也是在学生组织的框架下进行的。本研究正是以大学学生组织教育功能作为研究对象，试图从学理上和实践上来建构与完善现代大学制度的理论内涵，进而丰富和完善现代大学制度的相关理论。

（二）实践意义

从实践意义的层面来讲，本研究有利于大学学生组织自治程度的提高，有利于构建和谐校园，丰富校园文化建设，有利于促使高校教育管理者彻查并甄视已有的学生组织管理模式存在的问题，有利于深层次透析大学学生组织的特性与功能。

（1）本研究有利于大学学生组织自治程度的提高，有利于构建和谐校园，丰富校园文化建设。大学学生组织教育功能的完善与发挥有利于学生形成团结意识，以团体为核心来组织学生活动有利于高校内部管理形成高效率的管理模式。同时，开展大学学生组织教育功能研究有利于高校形成师生和谐的氛围，师生共同参与学生组织活动建设，以学生为主体，让其主动参与到学生组织活动中，能够有效激发学生参与学生组织的积极性。开展大学学生组织教育功能研究可以丰富学校文化建设。从一定意义上来讲，本研究对于构建和谐校园、彰显校园文化教育精髓具有重要意义。

（2）本研究有利于高校教育管理者彻查并甄视已有的学生组织管理模式存在的问题。当前，我国社会和高等教育事业正处于一个快速发展与转型时期，大学学生组织呈现了新时期发展的很多新特点和新变化。然而，面对大学学生组织的新发展，现有的大学学生组织管理模式已出现了与诸多现代文化不相适应的现象。本研究立足于以往学生组织管理模式，发挥促进人的发展、传递和保存文化的社会功能。对大学学生组织教育功能发展的历史进行梳理与分析，这样有利于帮助管理者较为全面地认知和把握大学学生组织教育功能的发展特点与作用，以便能更有力地推动大学学生组织管理的有序进行，从而使大学学生组织教育功能更好发挥正向作用。

（3）本研究有利于深层次透析大学学生组织的特性与功能。学生组织的特性与功能的发挥是研究其教育功能发挥的关键。学生组织作为群众性的自治组织，掌握其自身的教育导向、文明传承、能力培养等功能是必然趋势。本研究正是立足于学生组织的现实情况，通过分析大学学生组织教育功能发挥的影响因素，将理论与实际很好地融合在一起，以便能够让大学学生组织的参与者更好地理解大学学生组织的性质、功能和发展变化的趋势，从而使大学学生组织的教育功能得到更好的发挥。

四、研究方法

研究方法是进行科学研究的核心步骤，研究方法的运用恰当与否直接影响研究结论的真实性。我们运用恰当的研究方法可以发现在研究过程中出现的新情况、新现象，揭示出事物内在的规律性和本质性的内容。本研究涉及的研究方法有文献研究法、问卷调查法、访谈调查法。

（一）文献研究法

运用文献研究法是为了深入考察与本书内容相关的研究进展情况，为本研究的开展提供新的视角。本研究涉及的文献主要来自中国知网学术期刊及硕士研究生和博士研究生论文。

笔者利用中国知网 CNKI 数据库、万方学位论文数据库、超星数字图书馆、百度百科等搜索引擎，以“学生组织”“教育功能”为关键词，采用文献检索中常用的“顺查法”“逆查法”“引文查找法”等文献查阅方法对相关文献进行搜索。采用顺查法进行文献查阅，主要是指以文献发表的时间先后顺序为基础，对大学学生组织教育功能的相关内容进行由表及里、由此及彼、去粗取精、去伪存真的检索。采用逆查法进行文献查阅，主要是指研究者要从当前的文献研究中逐年回溯已有的研究文献，从中获取一些有用的信息。采用引文查找法进行文献查阅，主要是指将采用“顺查法”和“逆查法”获得的研究性文献进行引文追踪，查找有关大学学生组织教育功能的相关研究成果。另外，笔者还通过沈阳师范大学图书馆、辽宁省图书馆查阅有关“大学学生组织教育功能”的相关书籍和相关知识报道。

笔者对初步检索到的文献进行认真仔细研读，对已有的文献进行分类与整理，找到文献中存在的共性与特性，通过文献的阅读与查阅找到学者们的研究漏洞，进而为本研究提供一定的研究空间。

（二）问卷调查法

问卷调查法是研究者将所要问的或想了解的问题以书面的形式印出来发放给受访者的一种有效的、质性的研究方法。本研究采用自编问卷：“大学学生组织教育功能认知问卷”（见附录1）。问卷分为三部分，第一部分是对被调查学生个人背景和其对所参加组织的态度、人数、时间等基本情况进行了解；第二部分是大学生参与学生组织后对其教育功能认知结果的分析，以便查看不同组织类型、组织人数、组织活动次数等对大学学生组织教育功能发挥的影响；第三部分是了解大学生对学生组织的基本认知，主要是了解大学学生组织的自治程度、民主程度、与学生的密切程度及组织发展存在问题的原因。

本研究的问卷调查对象具有代表性、广泛性和科学性。本研究问卷调查对象选取八所大学：“985”大学一所（东北大学）、“211”大学一所（辽宁大学）、省属大学四所（沈阳师范大学、辽宁中医药大学、沈阳航空航天大学、沈阳工程学院）、市属大学两所（沈阳大学、沈阳医学院）。发放问卷2500份，具有较好的代表性。本问卷将所要研究的问题逐一呈现给了受访者，能够更深层次地了解受访者的真实状况，能够了解受访者对研究者所要研究的问题的意见、看法和态度①。笔者将受访者对问题的看法做量化的统计与分析处理，运用SPSS数据分析处理系统，将受访者对大学学生组织教育功能认知结果进行相关分析，找到大学学生组织教育功能发挥的影响因素，最后得出的调查结果会具有一定的科学性和客观性。本研究所涉及的调查对象主要是高校在籍的全日制大学生。

（三）访谈调查法

访谈调查法是一种面对面地与受访者进行交谈的质性研究方法，它采用的主要是一种研究性的谈话的方式，从而从受访者那里获得一手有效信息。本研究的访谈采用自编“大学学生组织教育功能访谈提纲”（见附录2），访谈的对象是负责学生日常活动和组织管理工作的大学团委书记。笔者实际访谈了六位团委书记，在整理访谈结果时，有两位受访者的观点在其他四位受访者的内容中均得到体现，所以笔者只呈现四则访谈记录。大学团委书记对大学生及学生组织状况最清楚，通过对大学团委书记访谈，了解大学学生组织教育功能发挥程度，了解影响大学学生组织教育功能发挥的因素，了解大学学生组织的自主管理程度和制度建设情况，了解学校对大学学生组织发展的重视程度以及改善大学学生组织教育功能发挥所采用的策略等。这有助于笔者得出真实、科学的结论，有助于大学学生组织教育功能的有效发挥。

五、研究思路

笔者对大学学生组织教育功能的研究遵循从历史到现状再到改善策略这样的路径：首先，从历史的角度，梳理古代、近代和现代大学学生组织教育功能的变化；其次，运用相关理论对大学学生组织教育功能的生成进行合理解释，并构建博弈论视域下符合时代特征的大学学生组织教育功能体系；再次，对大学学生组织教育功能现实状况进行考察；最后，提出改善大学学生组织教育功能的策略。

---

① 裴娣娜．教育研究方法导论［M］．合肥：安徽教育出版社，2008：98－99.

第一章

大学学生组织教育功能研究的相关概念及研究现状

一、概念界定

核心概念是做研究的关键环节，只有对核心概念进行恰当的界定才能更好地把握研究的脉络，厘清研究思路。本研究涉及的核心概念有“组织”“大学学生组织”和“教育功能”。

（一）组织

现实生活中有着各种各样的组织，如政党、军队、教育、医院、企业等。由于学者们对组织关注的侧重点不同，且组织性质处于不断发展变化中，因而学界对组织的界定各有不同。

行为组织学家马克斯·韦伯（Max Wcber）探讨官僚制度时就特别关注了“组织”建设的问题，并为组织学的研究奠定了扎实的理论基础。20 世纪 60 年代，组织学才开始成为社会学研究领域中的一个相对独立的论题。1964 年，学者爱桑尼（Etzioni）和斯科特（Scott）给“组织”下了一个重要的定义，两位学者认为：“从一定意义上来看，组织是为了实现教育特定的行为目标而有意建构起来的社会单位。”① 学者孙绵涛认为，组织是把分散的人和

① ［美］理查德·H. 霍尔. 组织：结构、过程及结果［M］. 张友星，刘五一，沈勇，译. 上海：上海财经大学出版社，2003：34.

事组合起来，使其具有一定的系统性或整体性，组织也可以是按照一定的宗旨和系统建立起来的集体。① 学者宋凤宁认为，组织是为了实现特定的目标，按照一定的方式结合起来的社会实体。② 学者斯蒂芬·P. 罗宾斯（Stephen P. Robbins）认为，组织是对人和事的一种精心的安排，以实现某些特定的目的。③ 学者肯尼斯·博尔丁（Kenneth Ewart Boulding）从组织的特性角度来进行分析，认为，“任何一个组织的产生与发展都是为了实现某种特定的目标而被衍生出来的。现实生活中，组织主要因为无法实现这一特定目标而延展开来”。④

广义上看，组织是指由诸要素按照一定的方式彼此相互联结而形成的有序系统。狭义上看，组织是指人们为实现一定的目标，通过互相协作的方式而形成的集体或团体，如党团组织、工会组织、企业、军事组织等。狭义的组织专指人群，主要运用在社会管理方面。在现代社会生活中，组织是确保社会活动有序进行的基础，是人们按照一定的目的、任务和形式创制起来的社会集团。⑤

笔者认为，倘若从动态的角度来考察组织的含义，组织是一种有计划、有分工、有协作、有目的的活动。首先，有计划是一个组织必须具备的核心要素。组织活动首先要对活动的目标、步骤、方法等有一个明确的设计。其次，组织也必须有多个个体的共同参与，个体必须在其中承担一定的任务，分工与协作是组织活动的重要特性。最后，组织活动总是要指向一定的目标。有组织的活动才能实现一定的目的。倘若从静态的角度来考察组织的含义，组织是具有一定的目标，承担一定的任务，具有一定职责的社会单位。组织是一个集合体，它必须是按照一定的形式把人们组合在一起，使其具有系统性与完整性。

---

① 孙绵涛．行为科学新论［M］．广州：华南师范大学出版社，1992：145.

② 宋凤宁．教育组织行为学［M］．北京：北京师范大学出版社，2009：3.

③ ［美］斯蒂芬·P. 罗宾斯，等．组织行为学［M］．第9版．孙健敏，等，译．北京：中国人民大学出版社，2008：16.

④ ［英］D. S. 皮尤．组织管理学名家思想荟萃［M］．唐亮，沈明明，邝明生，译．北京：中国社会科学出版社，1986：209.

⑤ 孙绵涛．教育组织行为学［M］．福州：福建教育出版社，2012：6.

通过查阅学者们对组织的界定，笔者挖掘出组织的三个主要特征：第一，组织是由人组成的有机整体，是人组成的集合。组织成员按照一定方式相互合作结成有机整体，形成了单独个人力量简单相加无法比拟的整体力量，以及组织活动所需要的物质资源的配置。第二，组织中的成员拥有共同的目标。一切组织都有其本身的目标，失去了目标，组织就失去了方向，组织就必然会涣散、松弛、缺乏效率和工作成果，也就失去了存在的价值和意义。第三，组织的基本行为是管理和工作。组织的存在是为了集众人之力，完成组织目标。为了完成这一目标，组织必须有明确的分工和协作，形成一定的组织结构、行为规范、责任和权力制度，要对组织的人力、物力和财力资源进行调配，使这些不同层级的人员在各自岗位上各司其职，各尽其责。

（二）大学学生组织

大学学生组织，顾名思义，其成员应是在校大学生，而大学生作为教育的对象，是学校教育活动直接而主要的参与者。学生组织是现代大学中重要的组成部分，是具有独特职能和使命的组织。① 学生组织既因为涉及高校权力结构而令学生们向往和追求，同时也因为其是学生权力具体形式的载体而与广大学生息息相关。学生组织与学生权力、学生管理和学生自治是密不可分的。学生权力是学生组织有效开展工作的保证，是一种能够影响学校组织决策过程的学生力量。学生参与学校的管理可以彰显学生组织的自治性与开放性。学生参与学校管理是现代大学多样化发展的核心部分，它符合马克斯·韦伯的科层管理理论的精髓。学生自治是指在学校的宏观指导之下，在团体的约束力之下，学生们自发、自动、自主的行为，以使自身在品德、学业、体魄、才智等方面得到不断提升，以利个人之发展和社会之进步。② 学生自治可以确保当代大学学生组织建设的民主性，能够有效达到和谐治校的目的。因此，我们可以看出，学生权力、学生管理以及学生自治是构成学生组织的三大因素。

---

① 高星．中美高校道德教育比较研究［D］．中国地质大学博士论文，2014.

② 吴月刚，丁永为．试论杨贤江的学生自治思想及其实践意义［J］．中国电力教育，2006（3）：34.

教育组织是国家为了实现教育目标、完成教育任务而对教育事业及教育的内外活动和关系进行计划、指挥、协调与监督的组织机构。而大学学生组织是教育组织的一种表现形式。从分类上看，大学学生组织可以分为正式组织和非正式组织两大类。大学生的正式组织主要是指在学校注册并得到学校承认的大学生群体组织。学生组织要有统一的规章制度和纪律规范，组织内的成员要按照相关的章程履行义务和责任。他们在学校学生管理部门和党团机构的领导下，按照学生组织章程独立开展工作。相对于正式组织而言的非正式组织，一般被认为是没有经学校批准或备案，出自大学生自我需要或偶然原因形成。一般情况下，非正式组织缺乏明确的组织结构关系，缺乏固定的工作或活动目标，各部门和成员的职责、任务、工作常常具有随机性与自发性。这类组织在大学中种类比较少，对大学生群体的影响有限。大学学生组织具有群体性、目的性、业余性的特点。大学学生组织作为群体性的团体由众多的成员组成，组织内的成员可以来自不同的学校、院系。

本研究涉及的大学学生组织主要是基于一定的文化价值取向，根据学生自身发展需求与兴趣爱好需要而自我成立并在学校注册的学生团体，它属于一种正式组织。本书中的大学学生组织是指学生会、社团和协会三类学生组织。

（三）教育功能

所谓“功能”，《现代汉语词典》的解释为“事物或方法所发挥的有利的作用；效能”①。《辞海》对功能的定义是：“事功和能力；功效、作用，多指器官和机件而言。”② “功能”最初是物理学中的概念，原指某种物体做的“功”或产生的某种“能量”。后来人们将其引入社会科学的研究之中，20世纪初，人类学家 A. R. 拉德克利夫 - 布朗（A. R. Radcliffe Brown）等人首先把功能以及结构功能主义引进人类学研究，此后，一些著名社会学家如帕森斯（Talcott Parsons）、默顿（Robert King Merton）等人进一步发展了功能

① 中国社会科学院语言研究所词典编辑室编．现代汉语词典［Z］．北京：商务印书馆，2001：438.

② 辞书编辑办公室．辞海［M］．缩印本．上海：上海辞书出版社，1980：508.

概念的内涵，使功能成为社会科学中的一个重要范畴。在社会学中，功能是指“一种社会现象对于一个它所属的更为广大的体系来说具有的被断定的客观结果”①。功能的概念是与结构的概念相对应的。所谓社会结构，是指“社会系统的构成要素间相对稳定的关系”②。从系统论的角度来看，功能是系统内部要素与结构间的相互作用及系统本身与外部系统的相互作用所表现出来的能量、意义或作用。据此来看，功能是系统或事物本身所固有的、客观的一种结构。从性质上看，“功能”是客观上所具有的作用，系统的结构和系统要素存在的状态决定功能。从方向上来说，“功能”是双向互动的，既指向系统内部又指向系统外部。如董泽芳教授在论及高等教育功能问题时就将其分为外适功能、个适功能和自适功能③。高校中的学生组织种类繁多，有的学生同时加入若干组织，所有学生组织间有的相互并存，有的相互交叉，有的互为包容。它们都在大学生的日常学习和生活中扮演着重要角色，也有着各种功能。

教育是整个社会结构中的有机组成部分，教育本身具有的教育功能也是社会学意义下的研究主体。我们在认知教育功能时，要谨记三点：第一，教育的功能是作为社会机体重要组成部分的功能，而不是外在于社会机体的功能。第二，教育的功能是作为一种特殊社会活动的功能，而不是社会机体功能的整合，它有着自身的特征、规律和社会责任。第三，在界定教育功能时，我们要了解功能的含义。

教育功能有人又称其为“教育作用”，是指教育对整个社会大系统的维持和发展所产生的作用与影响。它包含了人和社会两个主要方面的发展。第一，教育通过传授、训练、陶冶、评价等主要方式对个体和群体的各个方面的发展发挥着激发、导向、奠基、重构、提高、矫正、完善、增值和选择等正向的功能。第二，教育所培养的是具有较高素质的人，这样的人走进社会后充当一定的社会角色，对社会的维持和发展发挥着适应、改革与改造的功能。促进人社会性发展的功能是教育的根本功能，教育的社会功能是教育促

① 鲁洁．教育社会学［M］．北京：人民教育出版社，1990：661.

② ［日］富永健一．社会学原理［M］．严立贤，等，译．北京：社会科学文献出版社，1992：115.

③ 董泽芳，张国强．科学发展观与高等教育和谐发展［J］．高等教育研究，2006（1）：68.

进入社会性发展的功能的转化与延伸。在转化期间，由于受各种非教育性的参变因素影响，教育促进人社会性发展的功能往往得不到充分发挥。因此，教育的社会功能也叫教育的派生功能①。但教育的功能不都是正向的。如果目标不正确，指导思想模糊，教育的负向功能就会产生。教育功能具有多方面、多层次、多形态特点，是立体的，它的发挥应该是全方位的。然而由于各种因素影响，往往使功能偏离原有方向和方位，或者造成功能之间的“内耗”，使正向功能受到削弱，负向功能得到扩大。由于负向功能会带来消极影响，因此国家要通过行政部门进行宏观调控，来保证教育正向功能的发挥。由于不同历史时期与不同境况之间的交互影响，社会、人和教育之间就会出现不相适应的情况，这就会要求教育侧重发挥其某一方面或者某种层次的功能。教育功能有其弹性范围，不能过度夸大也不能过度缩小。忽视这个范围，就会造成期望过高或失去信心。

笔者认为，教育功能是教育活动、教育系统对个体和社会发展所产生的各种实际的作用与影响。教育功能从作用的对象看，有教育的个体功能和教育的社会功能。其中，个体功能是教育对个体发展的影响和作用；社会功能是教育对社会发展的影响和作用，它是由教育个体功能所衍生的，属于教育的衍生功能或派生功能。教育对社会、对个体可以产生正向功能，也可以产生负向功能。笔者通过运用归纳演绎的方法对教育功能进行界定：教育功能是教育活动和教育系统对个体发展产生积极影响，对个体价值观的形成、道德品质的形成、特长的发展以及个体实践能力和创新能力的提升具有促进作用。

综上所述，本书中大学学生组织教育功能研究是指大学学生组织对大学生教育所发挥的正向的、积极的教育功能。

二、文献检索基本情况

大学学生组织是伴随着改革开放和高教改革的不断深入逐渐进入人们

① ［美］张云霞．教育功能的社会学研究［M］．武汉：武汉大学出版社，2011：36.

的视野的。大学学生组织教育功能发挥得好坏直接影响大学学生组织的发展。笔者通过中国期刊网搜索引擎，以“教育功能”为关键词进行文献检索时，从1988年到2014年年底，共搜到相关文献25 400篇，分别从文化、思想政治、新闻媒体、学科专业、家庭等角度研究教育功能。其中单纯研究“教育功能”的文献有1500篇，但研究与学生组织相关的教育功能比较少。

笔者以“学生组织”和“教育功能”为关键词进行检索，只搜到相关文献38篇。主要包括张卓玉撰写的《学生组织的教育功能》①，孟庆恩撰写的《高校学生社团及其教育功能的实现》②，刘星、王懋撰写的《我国高校学生社团研究》③，高艳撰写的《高校学生社团的思想政治教育功能及发挥研究》④，杨玉翠撰写的《大学生社团的教育功能及其优化策略研究》⑤。相关的代表性的学术著作有傅维利撰写的《教育功能论》⑥、张云霞撰写的《教育功能的社会学研究》⑦、宣勇撰写的《大学组织结构研究》⑧。为了扩大检索范围，以“学生社团”和“教育功能”为关键词进行检索，搜到相关文献129篇，研究高校社团教育功能的不足60篇，而且基本都是研究社团思想政治教育功能。

在EBSCO外文数据库的布尔逻辑检索模式下运用两个关键词“student organization”和“education function”进行全文高级搜索，共检索到20篇文章，其中10篇来源于学术理论期刊、7篇报告、3篇来自杂志，从中发现国外学者从学生组织管理、学生组织发展等角度对学生组织的功能进行了相关研究。

---

① 张卓玉．学生组织的教育功能［J］．基础教育课程，2012（5）．

② 孟庆恩．高校学生社团及其教育功能的实现［J］．国家教育行政学院学报，2011（4）．

③ 刘星，王懋．我国高校学生社团研究［J］．青年文学家，2013（7）．

④ 高艳．高校学生社团的思想政治教育功能及发挥研究［D］．重庆：西南大学硕士论文，2011.

⑤ 杨玉翠．大学生社团的教育功能及其优化策略研究［D］．西南大学硕士论文，2013.

⑥ 傅维利．教育功能论［M］．沈阳：辽宁教育出版社，1990.

⑦ 张云霞．教育功能的社会学研究［M］．武汉：武汉大学出版社，2011.

⑧ 宣勇．大学组织结构研究［M］．北京：高等教育出版社，2005.

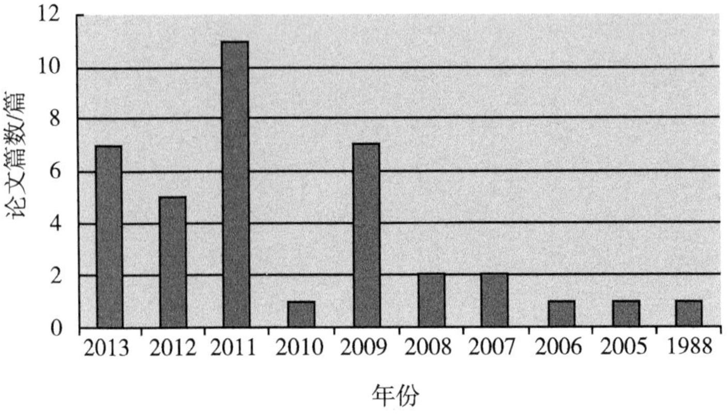

图 1－1　国内文献统计图

从国内文献统计图中（见图 1－1），我们不难看出，从 1988 年开始，学者们开始对学生组织的教育功能进行了初步的研究，1988 年到 2006 年这一阶段出现了停滞，到 2009 年开始上升，2010 年有所下降，从 2011 年到 2013 年间数量趋于稳定。笔者对中国知网关于“学生组织教育功能”的相关研究统计发现，每年的研究文献数量较少。另外，学者们对学生组织教育功能的相关研究主要以“社团”“班级”“大学生思想政治教育”为主题进行研究，研究对象单一。专门以大学学生组织教育功能为研究对象的文献没有看到。这在一定程度上也为本研究的开展提供了一定的创新之处。

三、国内关于大学学生组织及其教育功能的相关研究

由于学生组织的发展与学生组织的教育功能是密不可分的，笔者将国内学者有关大学学生组织及其教育功能的相关研究分别从大学学生组织发展、教育功能以及大学学生组织教育功能三方面进行研究。

（一）国内关于大学学生组织发展的相关研究

我国学者对大学学生组织发展分别从学生组织建设、学生组织发展及发展趋势、加强学生组织社会实践以及高校与学生管理关系等角度进行了一定的研究，且对大学学生组织发展都提出了建设性意见。但学者们都是用管理

者的思维方式论述学生组织的发展，更多地从宏观的角度来研究学生组织发展。

唐勤、江丰伟从国际视角对美国学生组织发展进行了研究。他们对美国学生组织的发展阶段进行了介绍并对其产生的社会背景进行了分析。他们认为，美国学生组织的发展经历了初步创设、稳步提升以及动荡发展三个阶段。在这三个发展阶段中大学学生组织呈现了不同的特点，但总的来说，美国的大学学生组织注重学生自身素质的提升，鼓励学生个性的发展，在教师与学生之间构架起一座桥梁，鼓励学生参与到学校组织文化建设中①。

汪小强从学生组织发展趋势的视角来研究学生组织的变革，他认为，学生组织的发展对学生的成长起着至关重要的作用，也是高校思想政治教育工作的主要着力点。他认为，大学学生组织是培养大学生兴趣的外在动力，可以激发大学生参与社会群体组织的动力。汪小强对高校大学学生组织发展的必要性做了详细阐述，他认为，大学与大学生之间产生矛盾是必然的，关键的问题是要解决矛盾。大学学生组织的建立对于解决这一矛盾具有一定的现实意义。大学内部通过壮大与发展学生组织，教育并引导学生干部增强责任感，努力使当代大学生形成一种教育荣辱观合力，通过大学学生组织的发展来带动整个校园文化和谐氛围的建设，使其达到健康发展的目的，从而使广大青年学生更好地适应教育的适切性发展②。

王辉从学生组织发展建设的角度来研究学生组织问题。他认为，构建学生组织的关键是要扩大学生组织的凝聚力。同时，它也是培养大学生创新意识与团结意识的核心主体。他在对高校学生组织发展过程中存在的问题进行深层次剖析后，认为高校学生组织发展中存在诸多问题，如学生在参与活动时主体地位模糊、发展目标不明晰、学生干部自身欠缺组织协调能力、管理学生组织的机制尚需完善等诸多矛盾，这些都在一定程度上影响了学生组织功能的发挥。同时，这些缺点会严重损害学生的合法权益。因此，学者王辉针对上述存在的诸多问题，提出了可操作性的建议，以便能够促进学生身心

① 唐勤，江丰伟．美国高校学生组织发展历程的社会背景分析及启示［J］．学校党建与思想教育，2011（12）：96.

② 汪小强．高校学生组织发展趋势探析［J］．咸宁学院学报，2012（7）：135.

和谐发展①。

钱海锋从人本管理的视角对大学生组织的发展进行了研究，他提出了使命管理的新理念。他认为学生自治组织是培养大学生民主能力的场所，它可以改进学校科层化组织过于严密的弊端，学生自治组织是以人本的理念为核心，强化学生自我管理，激发学生参与学生组织的积极性为目标②。

张浩明从高校与学生管理关系的角度来进行研究，他认为学生组织是高校与学生沟通和交往的桥梁。学生组织存在的价值就是在育人与管理中建立一种服务学生、管理学生的桥梁。让学生能够在学生组织中得到全面真实的发展。另外，学生组织还能对高校的过度管理以及政府的过度监督起到约束，通过这一组织来给予学生一定的话语权③。

黄姗从大学生自治组织在市民社会构建中的角度出发来研究学生自治组织的发展问题。她认为，学生自治组织是社会民主发展的一种重要形式，也是大学生自我管理、自我调节的一种有效组织。学生组织的自治对于繁荣丰富校园文化、培养具有较高政治素养的人、提升大学生的综合能力均有突出的作用④。

此外，还有一些学者对学生组织发展的相关问题进行了研究。如学者王守刚从学生组织运行的模式分析现行高校学生组织出现弊端的主要原因，进而从明确学生组织功能、强化学生组织自治观念等维度进行构建⑤。具有一定的问题意识和实践意义。

综上所述，学者们从不同的角度探讨了大学学生组织发展的问题，也提出了一些解决问题的方法与思路，但只是停留在表面，没有进行深入挖掘。我们清楚，组织的发展与组织教育功能是紧密联系的，大学学生组织的发展必然会带来学生组织教育功能的变化，研究大学学生组织发展的目的就是改善其教育功能，促进学生的发展。很遗憾的是笔者没有从这些文章中看到学

---

① 王辉．谈高校学生组织发展建设［J］．统计与管理，2014（1）：168.

② 钱海锋．在高校学生自治组织中实施“使命管理”的探索［J］．理工高教研究，2009（4）：64.

③ 张浩明．正确认识高校学生管理中的三对关系［J］．中国高等教育，2007（10）：8.

④ 黄姗．大学生自治组织发展研究［D］．合肥：安徽农业大学硕士论文，2013：12.

⑤ 王守刚，封雪，畅军亮．高校学生组织自治运行模式及机制研究［J］．煤炭高等教育，2006（5）：91.

生组织的发展会引起学生组织教育功能发生哪些变化，也没有看到学生组织的发展如何促进学生的发展，对这些更为深入的内容还有待进一步研究。

（二）国内关于教育功能的相关研究

我国学者对教育功能研究的范围比较广泛，分别从文化、思想政治、新闻媒体、学科专业和家庭等角度对其进行研究。从教育功能本身进行研究的文献也比较多，笔者挑选了对本研究有启发和借鉴意义的文献。

学者傅维利教授在《教育功能论》一书中，介绍和评价了当代关于教育功能的重要理论以及今后研究的发展特点，系统地分析了当代教育功能及实现这些功能的途径和方法，着眼于从动态发展的眼光，看待教育功能的变动发展，并对教育功能的形成、释放、阻滞、增益和变动发展的奥秘及规律进行了探究①。傅维利教授的《教育功能论》是目前国内唯一专门研究教育功能的专著，笔者正是受到这本书的启发才确定了本书题目，尤其是书中关于教育功能的形成与释放的研究对本书起到了指引作用。

学者蒋士会则从教育功能的概念角度来研究教育功能及其演进。他认为，教育功能是教育系统的内部诸多要素之间以及教育要素外部之间相互叠加的联系与共同作用的能力。他将教育的功能主要分为教育的内部功能与教育的外部功能两大类。他认为应发挥教育的现代功能，逐步将教育的正向功能辐射到教育发展的各个领域中②。作者所主张的教育功能的分类和对未来教育功能的描述对笔者的大学学生组织教育功能研究有一定的启示与借鉴作用。

学者陈欢从传统农村家庭教育功能的历史演变来研究教育功能。她认为，随着新农村经济的飞速发展，传统农村家庭教育功能也呈现不同的变化，如农民工随迁子女教育环境的变化、农村家庭全家外出务工、夫妻分居等现象对孩子的教育都会产生不同的影响，教育功能的发挥也会有所不同。发挥教育功能的正向作用对新农村家庭教育会产生积极的促进作用③。作者的这篇文章虽然不是研究大学学生组织教育功能的问题，但农民工子女的教育问题

---

① 傅维利．教育功能论［M］．沈阳：辽宁教育出版社，1990：7－8.

② 蒋士会．教育功能及其演进［J］．广西师范大学学报（哲学社会科学版），2003（4）：99.

③ 陈欢．对传统农村家庭教育功能变迁的思考［J］．教育发展研究，2007（3A）：15.

是现在不容忽视的问题，如何发挥完整的农村家庭教育功能也确实值得教育者思考。

学者王全宾从教育功能的本体论与价值论两个方面来对教育功能进行研究。他认为，教育功能主要是指教育对个体发展与社会发展共同具有的特殊能力的综合，它主要是由教育的本质与教育的结构共同决定的。教育的价值就是对教育功能的不同主体所具有的特殊意义的完整诠释。他认为，人们常常用应然的角度来审视教育的本体性功能，这也就是说，人们对教育功能的内容做出了价值判断。即教育目的的制定受制于教育价值选择，教育价值观反映了教育目的的本质属性。同时，教育目的整体功能的实现又会大幅度促进教育价值的实现与教育功能的发挥①。作者对教育功能、教育价值、教育目的三者关系从理论上进行了论述，有助于人们厘清各自的作用。

学者胡贵勇从教育功能的分类与梳理的角度来进行分析。他认为，教育功能是开展教育学研究的一个重要的方法论范式。教育功能包括社会功能与个人功能。这两种子功能又包括教育的正向功能和负向功能。从个人功能对教育功能进行研究缺乏一定的层次性和内在的统一性，而社会功能主要是扭曲了“功能”的本质内涵，将“功能”与“作用”两者的含义与属性相互混淆。我们只有正确地理解教育的本质功能才能进一步认知教育的本质属性。因此，我们应对教育的核心功能问题进行重新厘定与审视，合理界定教育功能的内涵与外延，对教育功能的结构进行改造，让教育在本真意义上更好地体现教育功能的核心价值②。

学者肖露从教育功能的作用角度出发对教育功能进行研究。她认为，教育的主要功能是培养人，人是教育的主要对象，要发挥人的主观能动性。肖露将教育功能的作用分为三个阶段：生存、生活和生命三重境界。这三重境界又凝结了“成事”“成人”“成己”的三种教育功能③。这对于理解大学学生组织本体教育功能具有一定的启发，大学学生组织的教育功能就是要促进

---

① 王全宾．教育功能、教育价值、教育目的论［J］．山东师范大学学报（人文社会科学版），2001（5）：39.

② 胡贵勇．教育功能：诠释，梳理［J］．教育理论与实践，2003（9）：2.

③ 肖露．教育功能释放的三重境界［J］．沈阳教育学院学报，2012（6）：23.

大学生的发展和社会适应能力。

另外，笔者从中国知网的CNKI数据库中还发现有很多学者研究了社会其他方面的教育功能问题。比如，修靖慧从媒体的角度研究教育功能问题，并提出了坚持社会主义核心价值观、提高媒体对人教育功能的利用率以及有效开展媒体教育宣传活动①。梁艳从语境环境对新闻媒体的影响角度来研究教育功能，黄世纯从中学语文的教学魅力角度来研究教育功能，陈继扬和陈甜都从民族学的角度来研究少数民族文化对教育功能演变产生的影响，张凌云从高校图书馆文化创新的角度对教育功能进行了研究。学者们从不同的视角对教育功能进行了不同层面的研究，观点鲜明，立论充分，为笔者开展大学学生组织教育功能的相关研究提供了一定的基础。但是总体而言，学者们现有的研究存在一定的不足，有的没有从实证的角度来考证影响教育功能发挥的要素。有的学者虽然从教育的社会功能来研究教育功能的发挥，但没有从学生组织的角度进行深入研究，只是泛泛而谈教育的社会功能以及发挥教育社会功能的途径。有的学者将教育的功能分为教育的社会功能、教育的经济功能、教育的政治功能及教育的文化功能，分别阐述其释放的途径，但没有将这些功能衍射到微观层面，不具有可操作性。有的学者从青少年发展的角度来研究道德教育与教育功能之间的辩证关系，将博物馆作为媒介，认为博物馆在激发学生爱国主义意识、增强民族自豪感方面均具有重大意义。

笔者认为，这些学者虽然从各个不同的角度对教育功能进行了研究，但只是单纯地从某个角度来研究教育功能。这对于笔者对大学学生组织教育功能研究提供了空间和一定的借鉴与启示。

（三）国内关于大学学生组织教育功能的相关研究

笔者通过文献梳理，发现我国关于大学学生组织教育功能的研究相当薄弱，笔者选取有代表性的文章进行论述。

张卓玉从学生组织的自治性进行分析，提出学生组织系统应该经历由他组织逐步发展为自组织的过程，学生组织的自治有利于学生成长，学生组织

① 修靖慧．媒体的思想政治教育功能研究［D］．长沙理工大学硕士论文，2013：12.

的自治有利于保证校内外生活的同质性。强调自组织是天然的学校，是最有效的教育形式。作者提出了学生组织的自治与学生发展的关系，提出了学校要逐步减少对学生组织的干预①。

刘宏达从大学学生组织具有独特的思想政治教育功能出发，强调学生组织在大学生思想政治教育中扮演重要角色，他将大学学生组织的思想政治教育功能分为一般功能和特殊功能，强调思想政治教育功能有利于加强大学学生组织的自身建设，有利于大学生思想政治教育的进一步发展②。作者对高校学生组织思想政治教育功能进行了结构分析，提出了一般功能与特殊功能之间的关系。

郑皓从大学生社团思想政治教育功能的实证分析出发，归纳出学生社团思想政治教育功能主要集中在人格塑造、能力提升和爱好拓展三个方面。分析了影响社团思想政治教育功能发挥的原因，并提出了相应的解决对策③。

（四）国内关于大学学生组织及其教育功能的相关研究评析

国内学者对于大学学生组织教育功能的相关研究主要从大学学生组织发展、教育功能以及少量的个别学生组织的教育功能三个方面进行研究。

从研究视角来看，学者们从多视角对学生组织、教育功能以及大学学生组织的教育功能进行了研究。归结起来，主要有德育视角、社会学视角、大学学生事务的视角。持德育视角的学者们认为，由于中国高校长期存在德育、智育相分离的状态，大学学生组织的相关研究应集中在德育框架下进行。基于德育与政治力量联系密切的考虑，德育研究对大学学生组织的关注侧重点也随着社会政治局势的改变而发生了迁移，德育研究的结果也往往会对大学学生组织的发展起到决定性的影响作用。因此，持有这种观点的学者们认为，基于德育视角下开展大学学生组织的相关研究能够为我们了解大学学生组织的发展提供文化政治背景。但笔者认为，德育虽然是大学学生组织教育功能

---

① 张卓玉．学生组织的教育功能［J］．基础教育课程，2012：5.

② 刘宏达．高校学生组织的思想政治教育功能分析［J］．中国青年政治学院学报，2008（6）：47.

③ 郑皓．大学生社团的思想政治教育功能研究［D］．大连理工大学硕士论文，2011：22.

的重要特点，但仅仅将其作为一个研究视角来开展研究未免有失偏颇，众所周知，大学学生组织承担着促进全体大学生发展的作用，这已经是不用证明的道理，若从德育视角开展大学学生组织教育功能研究，缺乏一定的创新性。持有社会学视角的学者们认为，当下社会学理论对大学学生组织的研究主要关注的是班级、社团、学生会组织，而且主要是从个体与组织间的关联模式来分析。其中，大学学生组织对大学生社会化的影响是当前社会学视野研究中的重中之重。但这种观点也存在一定的缺陷，从目前收集到的文献来看，从社会学视角研究大学学生组织的学者们主要是对单个大学学生组织的某一特征的描述和简单分析，缺少对学生组织之间关系的全面分析，还缺少对大学学生组织系统整体状态的深度研究。持大学学生事务视角的学者们是在介绍国外学生组织事务发展、演化历程并得出适当启示。

从研究方法来看，学者们对三个层面的研究采用了不同的研究方法。第一，对于大学学生组织的发展这一方面的研究，学者们虽然从不同的视角进行了研究，但采用的研究方法大致相同，包括文献研究法、案例研究法、历史梳理法等。从本书的研究综述也可以看出，学者们利用文献研究法对大学学生组织的发展进行整理，寻找创新之处。学者们利用案例研究法是对高校中较为典型的学生组织的发展情况进行介绍，通过案例介绍与案例比较的方式来丰富相关研究。学者们利用历史梳理法主要是对从古至今的有关大学学生组织的发展情况进行多方面的概括。第二，开展教育功能相关研究的学者较多，研究方法集中于历史演进法和要素分析法。学者们在研究教育功能的概念、教育功能系统内要素之间的关系、教育功能的本体论和价值论等方面时都运用了要素分析法对教育功能价值之间的内在联系进行多维分析。学者们虽然从各个不同的角度对教育功能进行了研究，但没有学者对学生组织教育功能的影响因素进行研究，而只是单纯地从某个角度来研究教育功能。以上学者对教育功能的研究也为本研究的顺利开展提供一定的借鉴与启示。

从创新的角度来看，目前学界对大学学生组织教育功能的研究基本处于空白阶段，更谈不上实质性的研究突破。大多数的研究均停留在学生组织思想政治教育功能层面，或者仅仅涉及教育学领域中的德育方面，对社会学领域及管理学领域的研究较少。另外，学界在研究学生组织时仅仅涉及个别的学生组织，没有从整体上系统地分析学生组织之间存在的共生性，缺乏高度普适性。

四、国外关于大学学生组织及其教育功能的相关研究

笔者试图按照国内关于大学学生组织及其教育功能相关研究的梳理方式来对国外资料进行整理，但国外学者对大学学生组织的研究主要是围绕学生组织的发展和学生组织功能两个方面展开的，对大学学生组织教育功能的研究没有找到。所以笔者从上述两个方面进行梳理。

（一）国外关于大学学生组织发展的相关研究

由于大学学生组织发展和大学学生组织教育功能是密不可分的，所以在研究的时候，我们首先看大学学生组织的发展。由于加拿大、美国、英国、德国的高等教育在世界上处于发展的前列，大学学生组织的发展也兼具代表性，因此，笔者试图对这四个国家的大学学生组织发展进行综述，以促进本研究的开展。

笔者通过查阅文献，发现加拿大达尔豪斯大学的学生会组织与大学都在1863年正式成立，该校学生组织的发展经历了一百多年。据统计，从1870年开始，该校对学生会组织制度都有详细的记载，包括学生每次召开的例会、学生参与会议的记录等。这些都为我们了解国外学生组织的发展提供了非常有用的材料①。

美国的学生社团组织非常丰富，归纳起来可以分为学术性社团组织和非学术性社团组织两类。学术荣誉制度对美国学术性社团组织起到监管作用。学术荣誉制度相当于我国大学的诚信教育奖惩办法。非学术性社团注重激发学生主动参与学生组织活动的积极性。学者厄内斯特·博耶认为，自发性的学生组织会给校园生活注入新的活力。以美国伊利诺伊州立大学的学生社团组织为例，该校的学生社团是伊立妮社团，该社团是以董事会的模式来管理

① http：//www. dsu. ca/aboutus. asp？cmPageID＝177（DSU：Dalhousie Student Union）.

学生组织，以增进同学间的相互理解和交流为发展宗旨①。

在英国，法律允许范围内的所有大学的学生都有权组织学生社团。英国的学生组织通常称为“学联”，其在英国大学阶段的教育中占据重要地位。学生社团组织为英国大学生参加学校活动以及处理各种事物提供了较好的机会。OUSU（Oxford University Student Union，牛津大学学生会）成立于1975年，是英国标志性的学生社团组织，会员是牛津大学的每个学生，主要功能是维护学生利益以及代表牛津大学参与本地和国家的社会活动。OUSU也制定了许多章程和制度，各项活动都有自己的代言人参与理事会的投票②。

德国官方的大学学生社团组织是由社会主义德国大学生同盟和德国大学生联合会两部分组成。这两种学生社团都要求学生组织进行科研、教学和决策过程改革。这些举措均推动了德国的高等教育民主化进程。德国的大学学生组织是学生委员会的一种重要形式，它主要负责学生的学习条例、考试条例、课程设置等与学业有关的组织问题③。

（二）国外关于大学学生组织功能的相关研究

从宏观层面来看，国外尤其是加拿大、美国、英国、德国四国的学生组织的功能主要是服务学生，帮助高校管理学生日常生活的方方面面。这四国的学生组织具有高度的市场化、社会化管理理念强、管理队伍专业性较强的特点。第一，高度的市场化。由于欧美高校教育市场竞争较为激烈，生源自然就成为各高校相互竞争的焦点，学生组织建设问题成为高校生存的焦点问题。面对纷繁的竞争，美国、英国、加拿大、德国的学生组织为学生提供生活服务、素质拓展训练、法律咨询服务等。发达国家尤其是美国的高等教育事业历经三百多年的发展，已逐步形成了较为丰富的教育管理与教育实践的经验。美国高校认为学生组织的主要功能是为学生提供服务和帮助。英国的高校也持有同样的观点，他们也认为服务是学生组织的核心内容。德国高校

① ［美］厄内斯特·博耶．大学：美国大学生的就读经验［M］．徐芃，李长兰，丁申桃，译．北京：北京师范大学出版社，1993：171.

② 羽离子．英国大学学联的组织结构和活动实践［J］．贵州师范大学学报，2002（4）：23.

③ 顾明远．世界教育大系·高等教育卷［M］．长春：吉林教育出版社，2001：346.

的学生组织注重学术研究能力的熏陶。加拿大高校将学生比作自己的客户，“客户”的满意是他们办学的宗旨，学生组织的功能也在于此。第二，社会化管理理念强。学生组织在欧美许多国家都呈现出高度的社会化、法治化特点。如美国哈佛大学有严格的学生组织管理章程，明确了学生组织成立的条件、活动的场地安排等，学生的自主性也较强。英国高校学生管理组织的管理政策需要向律师来咨询，由法院负责处置①。在德国，学生组织是作为整个国家法制体系建设的一部分，高校对学生组织的管理是需要制定专门的法律制度来约束学生组织成员的。加拿大高校的学生组织较为注重学生权利的维护，学生是以自愿加入的方式进入学生组织，学校不得强制他们加入、缴纳费用等。第三，管理队伍专业性较强。美国高校的学生组织管理队伍专业化建设较为完善，大多数成员都具有博士、硕士学位，而且具备专业化程度较高的理论知识与实践知识。值得一提的是，美国的学生组织管理队伍对成员的专业服务水平、引导学生行为的能力也提出了较高的要求。而德国高校学生组织中的管理人员大多都是兼职的心理学专家、教育学专家等，专业素质也很高。英国学生组织称为学生事务管理委员会，又称“学联”，其最高层为管理执行委员长，下设“学生代表理事会”“社团理事会”和“财务委员会”各自负责管理学生的工作。组织内的成员必须具备较高的素质和一定的学生组织管理能力。

学者们也从微观角度对学生组织功能进行了研究。学者们主要从科技发展的角度、学生组织建设的角度、学生组织影响学生发展的角度等对学生组织的功能进行了较为系统的研究。笔者主要针对上述方面对学者们的观点展开综述。

Patient Rambe 和 Liezel Nel 从科技发展的角度对学生组织发展进行了研究，他们认为，学生以团体组合的方式参与科学问题讨论可以提高学生的学习效率，提高学生参与学术活动的积极性②。

George D. Kuh 认为，学生组织建设是学生事务管理的主要组织形式。主

---

① ANON. Mixté Social: le Choix des Arts et Métiers. le Monded' Education, 2006.

② RAMBE P, NEL L. Department of Computer Science and Informatics [J]. University of the Free State, South Africa: 411.

张学校应该尽最大的可能满足学生个体的发展需要，让学生成为大学校园活动的主体，不断满足学生的发展。他是从个体发展的角度来进行论述的①。另外，George D. Kuh 对学生组织的内涵进行了界定，他认为，学生组织是在学生事务管理的实践背景下，高校通过让学生参与到非学术性事务来促进其学生组织文化活动的开展与社团组织创新工作，最终的目的是想让学生的自主发展能力得到最大限度的提升。

Ernest T. Pascarella 对大学学生组织如何影响学生的发展进行了详细的研究与梳理。Ernest T. Pascarella 不仅阐述了美国学生组织发展理论对美国高校在诸多方面促进大学生的全面发展的作用，还进行了较为系统的分析与论证，总结出了具有较强说服力的且具有可行性的结论。而且他还对美国高等教育理论界关于学生组织发展二十多年来所使用的研究理论和方法做出了较为详细的阐述，使后人可以较为清楚地看到美国高等教育界有关学生组织建设的历史发展脉络②。

Maribeth Durst 和 E. Marilyn Schaeffer 运用实证分析的方法详细地描述了如何有效组织大学生社团组织、发挥社团组织对个人所产生的积极效用以及如何规划好社团组织的活动等。他们也在此基础上提出了以学生为独特群体的交往方式与活动方式并逐渐为大学生树立了示范性的文化交往观。这两位学者所采用的研究方法和研究结果均对其他学者开展大学学生组织功能的研究启发很大③。

（三）国外关于大学学生组织及其教育功能的相关研究评析

国外学者对大学学生组织的研究相对较多，与国内相比较，美国、英国、加拿大和德国的学生组织发展较为完善。这些国家的学者们主要围绕学生组织管理、学生组织内涵、学生组织发展、学生组织建设等内容，对科技发展、

---

① ASTIN A W. Student Involvement: The Key to Effective Education. Achieving Educational Excellence. Jossey-Bass Pulishers, Inc. , 1985.

② MOFFATT M. College Life: Undergraduate Culture and Higher Education, College Student Affairs Administration. Simon& Schuster Custom Publishing, 1997.

③ MARIBETH D, SCHAEFFER E M. A Culture Analysis of Student Life at a Liberal Arts College. The Edwin Mellen Press. New York, 1992.

学生组织重要性、学生组织发展与学校建设等方面运用个案研究法、比较研究法进行了研究。具体评析如下。

第一，国外学者们主要围绕学生组织管理、学生组织发展、学生组织建设等内容，以科技发展、学生组织重要性、学生组织发展与学校建设等角度进行了研究。研究的角度与国内不同，国外学者们偏向对问题的阐述，注重于实际问题的解决。对大学学生组织的历史演变、发展现状、大学同盟与学生组织之间的关系进行了实证的量化研究，将分析出的数据运用到现实的学生组织治理中，具有一定的现实应用性。

第二，国外学者对学生组织研究的另一个亮点是个案研究法。他们一般运用组织行为学的理论分析学生组织的重要性，而后对某所高校学生组织发展中出现的问题进行较为系统的分析与论证，总结出了具有较强说服力且具有可行性的结论。美国有些学者还对美国高等教育理论界关于学生组织发展二十多年来所使用的研究理论和方法做出了较为详细的阐述，使后人可以清楚地看到美国高等教育界有关学生组织建设的历史发展脉络。

第三，比较研究法也是国外学者研究学生组织功能所采用的主要研究方法。国外学者在研究学生组织功能时，将经济较为发达的美国、英国、德国、加拿大高校的学生组织互做比较，归纳优缺点，取长补短发展学生组织。国外学者对高校学生组织的相关比较研究，始于西方国家学生组织发展的不同历史阶段的比较。在美国等西方发达国家大学学生组织发展的比较研究中，建成了相对完善的理论框架和实践体系。

虽然国外学者运用了比较、个案、实证等研究方法对学生组织的功能进行了较为深度的研究，但笔者认为还存在一定的缺陷与不足。第一，国外学者虽采用了比较研究法和个案研究法对学生组织的案例进行了量化研究，却没有形成一个完整的研究体系，对大学学生组织功能的相关研究缺乏一个整体认知，研究思路也不够明确。第二，国外学者对学生组织的研究大多拘泥于历史梳理，以时间为序，梳理各阶段学生组织发展的脉络，虽然较为系统，但也缺乏一定的创新性，角度不够新颖。第三，国外学者对学生组织侧重于量化的实证研究，理论研究相对匮乏，缺乏一定的理论支撑。第四，从国外现有的研究资料来看，国外学者运用的比较研究法集中体现在发达国家学生组织发展间的比较，而缺乏对发展中国家学生组织与发达国家学生组织发展间的比较，没有为发展中国家学生组织发展提出借鉴与启示。第五，国外学者没有对大学学生组织教育功能进行研究，对大学学生组织的教育功能有哪些，又是如何发挥作用的都没有详细的论述，而仅仅从多维角度对学生组织的演变、发展、整体功能等进行研究。这也可以充分说明，开展高校学生组织教育功能研究具有很大空间。

第二章

大学学生组织教育功能的历史演变

一、古代阶段：欧洲中世纪大学学生组织及其教育功能

（一）欧洲中世纪大学学生（行会）组织的产生

在欧洲中世纪大学创办前，高等教育存在了数千年。古代埃及、印度、中国等都是高等教育的发源地；古希腊、罗马、拜占庭及阿拉伯国家都建立了较为完善和发达的高等教育体系。但严格地说，真正意义上的大学专指12世纪末在西欧出现的一种高等教育机构（这种高等教育机构形成了自己独有的特征，如组成了系和学院，开设了规定的课程，实施正式的考试，雇用了稳定的教学人员，颁发被认可的毕业文凭或学位等）①。从这个意义上可以说，大学起源于12世纪的西欧。university（大学）这个词来源于拉丁语universitas，在12世纪、13世纪和14世纪被广泛使用，常用来表示一些合作性质的团体，如手艺人行会、自治性团体以及教师或学生行会。只是在14世纪以后，universitas才与大学有了些特定联系，这表明大学在总体上是复杂的，而不仅仅是一个行会组织。在大学发展的早期，没有专门创办大学的法令，大学是逐渐形成的。最初时期的大学是由教师或学生或师生组成的行会组织，它有高度的自治权，有选举其领导人的权力，有独立制定学校法律的权力等②。

① 贺国庆，等．外国高等教育史［M］．北京：人民教育出版社，2003：45.

② 贺国庆，等．欧洲中世纪大学［M］．北京：人民教育出版社，2009：8.

11 世纪后期，伴随着欧洲城市经济的发展和贸易的繁荣，行会和联合组织渐渐发展成为主要的社会组织形式。在巴黎、博洛尼亚和牛津等地一些知识分子在这些城市学校中出现，来自各地的学生聚集在城市听这些学者的讲座。随着学生人数的增加，于是便产生了建立某种形式组织的需要。为了保障这些人的权利、利益和提供相应的法律保护，师生们便仿照艺人行会的组织形式，组成教师或学生行会。因此，“一个大学不是一块土地、一群建筑甚至不是一个章程，而是教师和学生的社团和协会”①。可以说，中世纪的学生为了顺利地求学和生活，逐渐形成了学生行会。大学学生组织是大学与生俱来的一个基本组织和机构。

中世纪大学最早出现在 12 世纪的巴黎和博洛尼亚，它们是中世纪大学的原形，并代表了中世纪大学组织的两种形式。巴黎大学模式产生了教师型大学，大学的管理由教师行会负责。位于意大利北部的博洛尼亚最初是教师型大学，但不久发展成为学生型大学。博洛尼亚大学成为南欧许多大学的原形。这些大学主要或部分由学生管理。

（二）学院制的大学学生组织

在中世纪大学里，学院最初是指为那些无力承担食宿费用的贫困师生提供膳宿的房舍，而非教学机构。学院所有的财产常常是获得永久捐助的房产和土地，后来这样的机构被称为学院，意为由个体组成的社团、团体或一些人在一起生活。学院制定自己的规章，具有独立性和自治权②。在中世纪大学产生后很长时间里，大学中的“同乡会”和“学系”也使用“学院”一词来指代自己，因为它们也具备由个体组合成的社团这一特征。逐渐地“学院”一词专门指代一个更严格的自治或半自治的组织形式和学术机构。“一个学院基本上是一个由拥有排外特权、分享共同捐赠的学生们联合而成的社团。他们在同一个屋檐下生活，共同遵守由住在一起的官员们制定的纪律。”③ 由于中世纪大学的学生很多是贫寒子弟，无力支付学习费用，能够完

① ［美］戴维·林德伯格. 西方科学的起源［M］. 张卜天，译. 长沙：湖南科技出版社，2013：215.
② 贺国庆，等. 欧洲中世纪大学［M］. 北京：人民教育出版社，2009：150.
③ DAVIS H W C. Balliol College［M］. Routledge/Thoemmes Press，1899：2.

成学业，获得学位的人很少。创建学院的目的是为了资助和鼓励更多的学员投身高级学科的学习。

1257 年建立的索邦学院是第一所真正意义上的学院，索邦学院主要招收神学学生，学院最初只有 16 名学生。索邦学院的规章显示了学院的性质，“这是一个在规章管理下以兄弟会方式组织起来的以合乎道德的方式在一起生活的学习团体”①。索邦学院模式后来为许多欧洲大学模仿，特别对英格兰大学的学院具有重要影响。中世纪后期开始，学院的性质和职能也发生了根本性的转变，到 16 世纪中期学院已经完全取代学系而掌握了管理教学的权力，成为大学里一个专门的教学和学术管理机构，学院构成了近现代大学的基本组织机构。

从学院产生的初期来看，学院是学生组织的代名词，学生组织不但具有独立性和自治权，而且其他权力很大，他们制定自己的规章制度并共同遵守。这对提升我国现代大学学生组织的自治水平具有很大的启发，学生自己制定的规章制度更容易被广大学生接受和理解，学生自己也能更自觉遵守规章制度，对学生的约束力更强。我国大学学生组织自治程度不高，除了国家和大学对其控制过多，更主要的原因是大学学生组织自身没有结合国家和其所在大学的实际情况制定科学、合理、细致的规章制度。我国每所大学学生组织的章程几乎都一样，没有体现出其所在学校的学生特色，没有根据其所在学校学生的实际情况制定相应的规章制度，这也必然造成我国大学学生组织自治程度低下。

（三）欧洲中世纪大学学生组织的功能与影响

12 世纪中期的大学学生与教师大都远离故乡来到城市，他们相对于城市当地人来说是“外国人”，由于当时的“外国学生”在城市里得不到很好的保护，他们在处理与所在城市市民的法律关系中往往处于不利地位②。比如在巴黎市民眼里，巴黎的绝大多数学生和教师都是外国人，即使他们是从几里以外的村镇而来。在博洛尼亚，任何一个外国人都有可能负责他的某个同

---

① RIDDER-SYMOENS H D. A history of the University in Europe. Vol. 1, Universities in the Middle Ages [M], Cambridge University Press, 1992: 214.

② 贺国庆，等. 欧洲中世纪大学 [M]. 北京：人民教育出版社，2009: 138.

胞所欠的债务，比如，一个博洛尼亚商人向某个伦敦商人提出赔偿要求，这个商人可能会强迫就近的英国学生支付赔偿金。由于市民不愿意有过多的外人来同他们一样享有市民权，因此他们对这些学生和教师抱有一定的敌意，比如，在卖给他们食物、书籍以及出租房屋时常常会欺骗他们。迫于无奈，学生们联合起来相互保护和支持，最初按照民族、出身地组成四个同乡会，分别是伦巴底同乡会、托斯卡纳同乡会、罗马同乡会和阿尔卑斯山外同乡会，后来形成了山南人团体和山北人团体两个学生团体。

在大学发展的早期，学生们逐渐自行组织起来维护自己的利益。其中，影响最为显著的是博洛尼亚大学（博洛尼亚当时是一个独立的城市国家。它有一个由600人组成的议会，并选出一位市长来管理城市）。博洛尼亚学生行会的特点主要体现在他们对教师行会和学校日常管理的控制权力。对抗博洛尼亚市政当局和其他权威对学校的控制，也是学生行会创办的原因之一。它最初是由意大利博洛尼亚从事法律研究的学生组成，因为他们来自欧洲各地，不能得到城市市民法的保护，没有公民权①。在博洛尼亚，学生行会是学校管理的主体，它的出现与学生的背景有一定的关系，这些法律专业学生的年纪较大，也比较富有，更由于有法律专业背景的关系，使他们对自己的法律地位格外注意。在博洛尼亚，教师行会的出现实际早于学生行会，但是他们多数是本地人，具有博洛尼亚公民权，他们常常与市政当局的人站在一起，极力反对学生的独立地位。学生们求学的主要目的之一就是进入教师行会并取得教学资格，但教师们总是拒绝这种要求。

学生行会在博洛尼亚大学的管理结构中居于重要地位，大学校长由学生行会的负责人出任。校长任期一般为一年，个别的也有两年的。根据1159年大学的特许状，校长的管理职权涉及全体职员，包括保管学生名册、决定授课时间、要求教师宣誓、监督教员的工作、批准教师休假、决定教师的薪金、推荐博士候选人、武器及各种财政方面的权限②。在博洛尼亚的学生行会，

① EBY F, ARROWOOD C F. The History and Philosophy of Education-Ancient and Medieval [M]. New York: Prentice-Hall, Inc. 1946: 776.

② 钱露，贺国庆．中世纪博洛尼亚大学学生自治模式探析［J］．河北师范大学学报（教育科学版），2013（5）：23.

学生们制定规章来管理自己的学习生活、调节内部关系。如博洛尼亚日尔曼人同乡会章程就规定该团体的目的在于“扶植兄弟般的博爱、互联互睦、慰病助贫、理丧和消除仇恨怨言，陪伴和护送要取得教师职位的人出入考场以及成员们在精神上的慰藉”①。博洛尼亚每个学生都有投票权，从自己的组织内选举产生校长。教师全部由学生行会负责雇用，教师的教学活动受到学生们的严格管理，学生们还能够对上课迟到的教师或者未能够完成由学生们制订的教学计划的教师处以重金罚款。学生行会以迁移权作为武器，获得了城市当局的承认，并具有管理自己事务的权力，学生行会具有独立的自治权。

12 世纪以后，城市当局对学生行会做出了一些让步，学生们逐渐认识到自身对城市的价值，同时善于争取自己的权益。在同教皇和社会的斗争中获得了大量的以法律条文形式确定下来的特权，如在食品价格、房租、税收以及服兵役等方面享有特权。1243 年，博洛尼亚当局免除了学生和教师服兵役的义务，从而使学生在争取自身权利方面又迈进了一步。② 以博洛尼亚为代表的学生型大学，最早被引入 1222 年建立的帕多瓦大学。在 14 世纪和 15 世纪，该模式由意大利扩展到法国各地方性的大学中，在 16 世纪初的西班牙和葡萄牙也可以找到它的踪迹。后来，学生控制大学的制度被输入南美，一直保持到 20 世纪。③

巴黎大学以文学院的学生数量为最多，这些学生入校时年仅 14 岁左右，使得他们无力承担起像博洛尼亚大学学生一样的重任，这为教师团体主导大学生活提供了方便。在巴黎大学，教师与学生身份之间存在极大的交叉和重叠，文学院的教师同时又是神学院、医学院、法学院的学生。这种身份使他们受到来自学生和教师两方面的压力。为了维护自身利益，他们形成了自己的行会，即同乡会。最早明确提及同乡会的文件是由教皇洪诺留三世在 1222 年颁布的一个敕令，在该敕令中，教皇禁止同乡会向对他们做了错事的学校

① EBY F, ARROWOOD C F. The History and Philosophy of Education-Ancient and Medieval [M]. New York: Prentice-Hall, Inc. 1946: 765.

② 贺国庆，等. 欧洲中世纪大学 [M]. 北京：人民教育出版社，2009：141.

③ COBBAN A B. Universities in the Middle Ages [M]. Liverpool University Press, 1990: 11.

当局索赔。[①] 巴黎大学学生行会以民族和语言为标志形成四个民族团：法兰西民族团，包括拉丁语系民族；诺曼人民族团；庇卡底民族团，包括低地国家；英格兰民族团，包括英格兰、德意志和北欧等地区。每个民族团推举一位负责人，以维护本团成员利益。

从13世纪晚期开始，博洛尼亚城市当局建立了有薪金的教师职位制度，这样，教师的收入不再依赖于学生的学费，这标志着博洛尼亚大学学生行会权力的衰退。由于丧失了经济上的控制手段，学生的各种特权也逐渐减少。到1350年，博洛尼亚大学的学生已经丧失大部分权力，大学在很大程度上依赖于城市当局的保护，大学的管理权回到教师手中。[②]

在中世纪时期，学生革命活动是极少针对已有的社会秩序问题的：这种活动既是对现有机制的保护，同时也是赢得学生参与大学管理的途径，对西方大学自治传统的形成具有重要意义。随着大学与社会关系的日益紧密，大学学生组织更多地关注大学外的社会问题以及在社会对大学的影响方面做出积极的或者是激进的回应。

二、近代大学学生组织及其教育功能

（一）近代大学的发展与改革

中世纪后期，欧洲大学日趋保守，大学严重滞后于时代发展的需要。14世纪以后，文艺复兴与宗教改革运动的兴起对欧洲高等教育产生了深远的影响。"一般认为：文艺复兴运动并没有真正地改革大学。经过文艺复兴，欧洲大学的传统系科组织仍然与中世纪时一样，其学术管理体系也没有什么变化。如果说有变化，主要是大学文科课程的变化，具体标志是引入了人文主义的新知识。这种判断应该说是较为客观的。"[③] 但不可否认，文艺复兴运动的结果是人文主义新学科冲破了经院主义神学和哲学独霸大学课堂的局面，

① 贺国庆，等. 欧洲中世纪大学［M］. 北京：人民教育出版社，2009：141.
② 贺国庆，等. 外国高等教育史［M］. 北京：人民教育出版社，2003：52.
③ 贺国庆，等. 外国高等教育史［M］. 北京：人民教育出版社，2003：82.

文学院逐渐成为大学的一个重要部门。

与文艺复兴相比，宗教改革更具有群众性和革命性，它对欧洲大学近代化发展影响更为显著。1517 年 10 月 31 日，德国维滕贝格大学教授马丁·路德反对教会在德意志出售赎罪券，在维滕贝格教堂大门上张贴了著名的《九十五条论纲》，直接成为宗教改革的导火索。宗教改革导致了教会的分裂，形成了各种新的教派，促进了欧洲民族国家的进一步形成和君主集权制的加强。各国都借助于宗教改革削弱教会势力，加强王权。如英国国王亨利八世授意国会通过《至尊法案》，确立了国王至高无上的地位，把臣民、贵族和教会都置于王权的统治之下。由于教会和大学几个世纪以来形成了密切的关系，教会的改革对大学的发展产生了直接影响。文艺复兴和宗教改革使欧洲近代大学发生的变化主要体现在以下几方面。

第一，促进了大学世俗化进程，大学最终成为服务于国家需要的世俗政权的工具。在中世纪后期的大学已基本成为教会的“侍女和附庸”，文艺复兴和宗教改革使教会对大学的垄断转变为各个新旧教派、王权和新兴国家政府多元控制的局面。宗教改革各派别和新兴的资产阶级日益意识到高等教育的重要价值，学校和大学成为新旧教派、世俗政权和王权控制与影响社会的特殊工具。从这个意义上看，虽然通过宗教改革，打破了教会对大学的影响和垄断，但大学还是被新的势力控制和影响，实际上大学的自治特权逐渐被弱化了。

宗教改革倡导教育世俗化，“以地方世俗政府的智力权威取代天主教会的权威”①，使大学逐渐成为政府的工具，政府对大学的控制程度逐渐加大，大学的自治地位受到削弱。大学教授被要求向国家、国王或政府承认的教义进行忠诚宣誓。宗教改革后的英国也加强了政府对大学的控制。英国国王亨利八世 1535 年任命一个委员会来检查牛津大学和剑桥大学的事务，要求这两所大学不能帮助那些支持教皇的人。1553 年英国国王规定，所有大学学位的申请者都必须赞成英国国教的教规。16 世纪 70 年代，伊丽莎白女王政府向牛津大学和剑桥大学颁布了严格的新章程，严密地控制学院的生活，管理的范围涉及讲座的时间、学位、辩论甚至学生的着装。美国殖民地时期的学院

---

① RUDY W. The Universities of Europe, 1100—1914: A History [M]. NJ: Fairleigh Dickinson University Press, 1984: 64.

由立法机关、教会或英国国王控制，大学自治的程度远远不及欧洲大陆。

第二，大学获得了发展，学生来源构成发生变化。随着新兴城市阶层的发展以及大学目标的变化，大学的作用更为宗教界和社会各界重视，新大学遍布16世纪的整个欧洲，导致了大学入学人数的增加。尽管如此，近代大学总的来看实施的是精英教育。中世纪大学在很长时间内，其学生来源是极其广泛的。由于基督教免费教学以及大学节俭清苦的环境，使得穷人子弟比较容易进入大学学习。13世纪和14世纪中早期，大学中的贵族学生并不多见，这个时期的毕业生主要来自社会中下阶层，如骑士、商人、市民、手工业者、小地主子弟等。还有来自社会地位卑微的阶层，他们由于得到资助而进入大学。例如，14世纪以前，英国的贵族极少进入大学学习，因为他们享受优雅生活的教育无须大学的学术训练。从14世纪末期开始，贵族成员大量进入大学。17世纪中期，牛津、剑桥两校招收了许多来自中上阶层家庭的子弟，富有阶层逐渐取代平民成为大学的主体，大学成为培养统治阶级的场所。从大学学生数量和阶层来源的角度看，近代大学具有鲜明的阶级性。

第三，宗教改革后，民族国家的形成和发展使大学也逐渐丧失了中世纪时期所具有的国际性，它们变成了地区性的中心，为坐落在其版图内的国家服务，大学由国际性机构转变为民族性机构。① 例如，某地的学生常常被命令禁止进入对立教派的大学学习。1559年，西班牙国王腓力二世规定禁止西班牙人到除博洛尼亚、那不勒斯、罗马和科英布拉以外的其他国外地区的大学学习。1570年，法国政府禁止弗朗什－孔泰（Frarche-Comte）居民去除罗马城和罗马大学之外的任何本国和不顺从本国的国家中的大学或公私立学校研究、教学、学习或居住。② 在世俗政权的影响下，欧洲有80所大学从国际性大学变成了国内大学。

第四，从学校内部管理体制来看，教师型大学成为近代以后大学发展的基本形态，教师获得了对大学教学管理的绝对优势。16世纪以后，由于意大利和西班牙等地大部分学生型大学逐步变成教师型大学，教师成为大学管理

① 黄福涛．外国高等教育史［M］．上海：上海教育出版社，2003：579.

② RUDY W. The Universities of Europe, 1100—1914: A History［M］. NJ: Fairleigh Dickinson University Press, 1984: 65.

的主体，大学中由学生控制的学生行会在大学管理中的地位和作用日益下降，不能像以往那样影响大学的教学或行政。①

到十七八世纪以后，各国近代资产阶级政权的建立在国家制度层面上确立了政教分离的原则，也使传统的教育思想逐渐开始瓦解。从19世纪开始欧美各国高等教育获得了快速发展，各国相继建立了多种类型的大学，以满足工业革命的需要。但是在对待学生问题上，大学依然保持了其保守的一面。“事实上，到19世纪初牛津和剑桥大学从职能到结构，从课程到招生跟12、13世纪刚诞生时没什么两样”②，但大学的改革和发展并不是从学生角度考虑，与学生关联并不大。大学的学生和学生组织的状况与地位并没有显著的变化。美国高等学校的学生观沿袭了英国传统，直到20世纪中期大学里还一直流行“代替父母理论”。该理论认为由于大学新生一般只有14岁左右，他们在道德、学业和个人生活上不具备自我负责的能力，从保护学生的利益出发，学校应当代表父母负起相应的责任，大学有权以家长替代者的身份监督学生的行为。学生与大学的关系就好像小孩与父母或受监督人与受托人的关系。③

（二）近代大学改革对大学学生组织的影响

近代大学内外管理体制、学生身份和来源地等因素的变化，导致学生管理大学的外在条件缺失，致使学生自身管理大学的动力减弱，压缩了大学学生组织存在和发展的空间。

从大学外部的影响势力来看，不管是新教教派、王权和地方政府，为了自身的利益，都力图控制大学。如新教加尔文教派创立的日内瓦学院就处于城市地方行政官和地方议会的控制之下。“政府一定要使所有的大学活动分子服从于政府监督，并使大学社团的所有成员都与官方的‘政党’路线相一致。”④ 学生和教师一样处于严格的控制之下。近代后期，大学的自治地位进一步被弱化。英国国会在19世纪中期通过一系列法令，取消了牛津大学和剑桥大学自

---

① 黄福涛．外国高等教育史［M］．上海：上海教育出版社，2003：579.

② 贺国庆，等．欧洲中世纪大学［M］．北京：人民教育出版社，2009：106.

③ 马超．美国大学学生事务研究［M］．北京：知识产权出版社，2009：36.

④ RUDY W. The Universities of Europe，1100—1914：A History［M］．NJ：Fairleigh Dickinson University Press，1984：64.

中世纪以来享有的各种特权。法国拿破仑时期无视大学自治等中世纪大学传统，通过建立帝国大学制，进一步加强了对高等教育的控制。

另外，近代欧洲大学开始具有国家化和民族化的特征，大学所在的城市、国家和教会机构加强了对大学的管理和控制。从15世纪末开始，巴黎大学文学院中的民族团对大学的管理权逐渐被削弱。1538年，法国奥尔良大学中的民族团的数目受到限制。1619年，法国国王路易十三取消了法国大学中由民族团组成的大学评议会。十四五世纪以后，欧洲一些大学开始限制外国学生，使中世纪大学的国际化色彩开始减弱，学生行会组织显得没有必要了。

从大学内部情况来看，教师在大学教学和管理中的作用得到了加强，进一步压缩了学生行会管理大学的空间，这些因素都直接导致了大学内部组织形式和管理方式的变化。①

（三）近代大学学生组织教育功能

由于大学受到外界势力的严密控制，学校内也加强对学生和学生活动的管理，使得学校内学生组织丧失了对校内的一些管理权。大学对学生的管理更加严厉，大学内宗教道德约束、纪律要求更加严格，对违反纪律的学生甚至采取罚款和体罚的方式。这个时期剑桥大学学生社团的活动主要是就比较广泛的话题进行辩论，但最经常辩论的还是使徒的问题，对政治问题则比较谨慎。其他大学社团的建立，主要是为了发展学生自己具体的兴趣，如音乐、戏剧、政治、文学、体育等。例如，1815年2月由3个已有的学生辩论学会组建的剑桥大学学生组织“统一学会”在一次集会活动中由于讨论政府关于爱尔兰和其他政治问题的政策而被临时关闭，直到1821年才被允许恢复集会活动，但恢复集会活动的条件是不得讨论集会之前20年之内的任何政治问题。②

美国殖民地时期的学院制定了一套学院生活制度，对学院的学生在纪律、道德、人格等方面进行严格管制和教育。耶鲁等学院就制定了对学生生活方式要求严苛的规定：“除非得到政府当局或校长的批准，学院的所有学生不

---

① 黄福涛．外国高等教育史［M］．上海：上海教育出版社，2003：101.

② ［英］伊丽莎白·里德姆－格林．剑桥大学简史［M］．李自修，译．济南：山东画报出版社，2007：133.

得在安息日或其他任何一天参加任何宗教集会，无论是公开的还是秘密的……如果学生因为无关的事情亵渎了安息日，或是制造出任何有伤风化的事端或骚乱……那么他们将受到惩罚……除了早餐后半个小时和晚餐后一个半小时，学生不能走出教室或离开禁闭室。”①

殖民地时期的哈佛、耶鲁等学院的学生在课余也结成社团，最初建立社团完全是出于文学的目的：一批志趣相投的学生利用课余时间，共同切磋讨论文学作品，逐渐形成了比较稳定的社团。社团经常举行辩论比赛，后来社团演化为文学、体育、戏剧等类型的学生俱乐部，成为学生课余社交的场所，也成为学生自我保护的团体。② 美国近代大学的学生社团活动受到学校当局的管理和限制。因此，北美地区的一些大学出现过地下的学生社团——兄弟会。但有一些学生社团入选条件严格，如创立于1790年的哈佛黑斯廷·布丁社交俱乐部只接纳哈佛最有人脉关系的新生。③

与中世纪时期相比，近代学生组织的活动主要是在学校规定的范围内的社交、学习交流活动。学生社团活动极少介入学校外部和学校内部事务，学生组织的教育功能主要体现在学习交流、课外活动等方面。由于学生大多来自富有阶层，他们并不像中世纪大学的学生那样具有强烈的需要和兴趣去组织学生社团来维护自己的权益。导致近代大学学生组织教育功能减弱的一个因素是各个大学的学生人数较少，即使他们组建了学生社团，其影响力也不会太大。

三、现代大学学生组织及其教育功能

（一）现代西方大学的发展与大学学生组织教育功能

1. 现代西方大学的发展

20世纪开始后，西方主要国家初等义务教育的普及和中等教育的快速发

① ［美］亚瑟·科恩. 美国高等教育通史［M］. 李子江，译. 北京：北京大学出版社，2010：23.

② 郭健. 哈佛大学发展史［M］. 石家庄：河北教育出版社，2000：39.

③ ［美］罗斯·格雷戈里·多塞特. 特权：哈佛与统治阶层的教育［M］. 珍栎，译. 北京：生活·读书·新知三联书店，2014：53.

展，为高等教育的发展创造了条件。19 世纪末以来，高等教育在社会和经济发展中的作用日益显著，政府进一步加强了对大学的干预力度，大学自治的传统受到了新一轮的挑战。但由于两次世界大战的影响，大学的改革发展缓慢，在管理体制上大学一直保持着近代时期的传统和特点。

20 世纪中期以来，在发达国家，中等教育开始普及，推动了高等教育的空前发展。特别是 20 世纪 60 年代以后，社会对高等教育的需求迅速扩大，教师和学生的数量急剧增加，西方国家高等教育体系开始从精英向大众化和普及化方向发展。大学规模的快速扩展引发了社会问题，传统的精英高等教育制度和大学管理模式已经不能适应新时代社会经济发展的需求。

由于政治和经济等因素的影响，大学学生在学校管理中的地位发生了相应的变化，在社会发展中的作用也日益突出。这个时期作为大学学生管理理论基础的“代替父母理论”受到了怀疑和挑战，学生要求在学校里获得宪法赋予他们的权利，要求学校当局把他们当作成年人看待。在美国，大学学生对宪法权利保障的诉求获得了最高法院的支持。20 世纪 60 年代以后，最高法院做出了一些有利于学生权利保障的裁决，“代替父母理论”的管理方式在大学中被取消，学生和学校的关系也发生了巨大的变化。20 世纪 70 年代由于高等教育财政危机的出现，各所大学为争夺学生的竞争越来越激烈，“学生消费者至上”的观念也随之出现。“学生消费者至上”的观念强调以把学生与学校的关系作为买方与卖方为前提，是一种注重和保障学生权益（如获得知识权、对学校与专业的选择权、提出诉讼权、安全保障权等）的“市场管理哲学”①。

2. 现代西方大学学生组织教育功能

由于高等教育对社会的重要性和影响力，学生的作用开始受到重视，大学生和大学学生组织的地位与重要性逐渐发生了变化，大学学生组织教育功能也发生了显著变化。

第一，大学生和大学学生组织参与社会政治活动。现代大学凸显了为社会政治目的服务的特征，使大学学生组织及其教育功能具有了新的特点。大

① 黄福涛．外国高等教育史［M］．上海：上海教育出版社，2003：343.

学学生组织成为一支重要的社会政治力量。

早在20世纪初期，大学学生组织就开始成为社会政治运动和社会改革的重要力量，社会政治力量也积极渗透到大学学生组织作为影响社会的一个主要手段，或者直接资助或建立具有政治倾向性的学生组织。在俄国1905年革命运动中，高等学校的学生就卷入了这场革命。革命期间的1905年10月，沙皇尼古拉二世被迫签署了《改善国家制度宣言》，规定人民具有信仰、言论、集会和结社的自由。大学重新获得了自治，学生可以建立自己的组织。尽管这次革命以失败告终，但大学学生组织对社会的影响力受到社会的关注。1933年，希特勒上台之前，就建立了纳粹学生同盟，成功地实现了纳粹势力在大学中的渗透，在各大学设立了该同盟的组织机构，控制了大多数大学的学生自治会。[①]

第二次世界大战结束后，由于高等教育民主化、大众化的出现，原有的大学管理秩序已经显得不合时宜，加之国际背景的影响，在20世纪60年代出现了席卷世界的学生抗议运动。

1968年，法国爆发了第二次世界大战后规模空前的“五月风暴”学潮，促使法国进行了自19世纪末以来影响最大的高等教育管理体制的改革。同年，法国议会通过了《高等教育方向法》，提出了大学的自治、参与、多科性的三大办学原则，使学生获得了参与大学管理的权利。20世纪60年代，日本全国发生了反越战、反安保和争取大学自治的学生运动。由于学生组织缺乏稳定的经济资助，也无法与强大的国家机器对抗，自1969年学生运动开始衰退。[②]

第二，大学学生组织参与学校的管理。近代资产阶级革命后，西方国家相继颁布了承认公民集会、结社、言论自由等权利的宪法，使大学学生组织的建立获得了合法性的依据。产生于19世纪德国大学的学术自由的理念开始在世界各所大学中得到传播，教师和学生的学术自由权利逐步被大学与社会认定，教师和学生从而获得了参与学校管理的权利。20世纪中后期，高等教育进入民主化和大众化发展时期，学生个体和群体利益受到学校当局与社会

---

① 黄福涛．外国高等教育史［M］．上海：上海教育出版社，2003：219.

② 刘海峰，史静寰．高等教育史［M］．北京：高等教育出版社，2010：496.

的高度重视，大学学生组织在大学管理、改革和发展中重新获得了新的空间。

学生群体对自身发展和权利保障的追求成为现代大学发展中的一个新的情况。在欧美国家，大学管理中一个重要的变化是学生成为大学管理不可忽视的一个利益群体，学校给予学生充分空间让学生表达自己的利益诉求，并将学生参与大学管理的权力制度化。学生也主张通过参与管理来保障自己的利益。在美国公立高校中，学生参议院和学生参议员的参与作用比较明显。学生参议院是美国大学学生参与大学管理的重要组织形式，它对学生事务拥有一定的管理权力，为学生提供了自我管理的平台和机会。①

第三，学生组织从单纯的校内组织走向社区和社会，开始具有一定的社会责任感。现代大学学生组织虽然有一些激进的行为和活动，但更多的学生组织成为沟通学校与社会的重要桥梁。学生组织的教育功能也超越了传统的校内娱乐、交际的局限，出现了许多推动社会公正、民主的学生组织。20 世纪 60 年代民权运动后，美国大学的学生组织就积极参与到美国女权运动和种族平等运动中。

20 世纪 60 年代后，高等教育实施民主化的管理改革，由于大学的扩张，学生数量剧增，学生身份和来源的多元化，代表学生利益的学生组织成为大学内外不可忽视的力量。学生组织的教育功能的发生范围突破了近代时期的局限，不仅关注其自身的权利，促进学生的全面发展，也参与社会的重大事件，大学学生组织成为推动大学改革发展和社会进步的一个重要力量。但由于经费、学生的主体身份和大学的自主权等因素的影响，学生组织的活动及教育功能的发挥还是存在于一定权限之内。

（二）我国现代大学的发展与大学学生组织教育功能

1. 中华人民共和国成立前我国大学的发展与大学学生组织教育功能

（1）中华人民共和国成立前我国大学的发展变化。

我国高等教育的发展具有悠久的历史，但现代意义上的大学起步比较晚，

---

① 于文明．中国公立高校多元利益主体生成与协调研究：构建现代大学制度的新视角［M］．北京：高等教育出版社，2007：132.

19 世纪末 20 世纪初，我国大学开始获得快速发展。与形成于民间并且具有自治传统的西方大学不同，我国大学从建立开始就与政府形成了密切的关系，在课程设置、教师任命、学生管理等方面受到政府的严格控制，在一些特定时期，学生的政治性团体和集会受到限制与禁止。

1916 年，蔡元培就任北京大学校长，在北京大学进行改革，倡导学术自由、兼容并包、五育并举的大学理念，他也倡导大学生的自我管理思想，这为大学学生组织的发展创造了空间。但在内忧外患、民族危机的时代背景下，这些大学和大学学生组织不得不面对社会现实，自觉地承担起救亡图存的历史使命，使大学更多地倾向于为国家、民族和社会的现实服务。大学不仅是加强个人修养、研究学问的地方，也成为我国现代社会发展的思想、文化和组织基地。这些大学学生组织的教育功能与社会政治局势紧密联系在一起，以大学学生组织为主导的学生运动成为我国近现代社会发展进步的一条主线和推动力量。

（2）中华人民共和国成立前大学学生组织的教育功能。

第一，组建多种社团，促进大学生多方面发展。辛亥革命以后，政府对大学的管理相对放松，大学获得了比较宽松的发展环境，加之大学生自我教育、自我成长意识的增强，大学生课外社团也大规模发展起来。这些学生社团最初并不是很活跃，也不直接参与政治活动。绝大多数学生社团得到了学校的财政支持，但学生社团的活动也要得到学校的认可。北京的大学学生社团强调个人道德修养和团体协作。通过学生社团组织和活动培养品德、忍耐力和互助精神，以促进个人综合素质的发展。

1917 年，北京大学组建了第一个学生社团——“北京大学同学俭学会”。“俭学会”里以“同事”相称，所有成员必须放弃显示其社会地位的炫耀性消费，减少社交活动，以便能专心致志地做学问。该学会对会员们在生活上提出了较高的要求：会员的生活方式必须符合中国传统道德观念；会员必须放弃赌博、嫖娼、吸鸦片、喝酒、坐人力车等习惯；会员要使用国货、吃穿简朴、形象整洁、作息规律；会员们必须同住一室，遵守公共秩序，互助友爱，并且赞同全面的社会改革。① “诗社”也是当时北京大学一个重要的学生团体，该组织宣称其主要目的是促进道德进步，对男男女女所有人都开放，只有那些参与政治的人例外。1917 年，北京大学也成立了“画法研究会”“书法研究会”“体育会”“雄辩会”等促进学生艺术、体育、演讲能力等发展的社团。

大学学生组织不仅关注自身发展，也关注社会现实并开展社会教育。1919 年 3 月，以北京大学学生为主成立了北京大学平民教育讲演团，这是我国现代史上第一个由青年学生向人民群众进行经常性的政治和文化宣传的团体。教育讲演团以教育普及与教育平等为目的，以露天讲演为方法，以增进平民知识、唤起平民之自觉心为宗旨。从 1920 年开始，讲演团在城市、农村、学校、庙会等场合对群众进行宣传教育活动，讲演内容涉及生产、生活知识，以提高民众的思想觉悟和自主意识。②

在清华大学，学生社团活动也十分活跃。1914 年，学校已经有 17 个社团组织，“五四运动”后快速增加到 50 多个。从学生社团组织的性质上看，可分为级会、进德修业、演说辩论、音乐戏剧、文学艺术、政治参与、社会服务六类。③ 学生们为对科学研究有兴趣的学生组织了各种学会，如“科学社”“科学会”“物理研究会”“数学会”“农社”等学生组织。清华社团的规模一般都很小，从几个人到 40 人不等。从其设立宗旨及其有关活动上看，均具有特长发展和科学创新的意义。

第二，积极参与社会政治活动，成为革命的一个推动力量。早在 1903 年，上海、北京、东京等地就发生了学生团体抗议沙俄侵略东北的政治运动。但由于清政府对大学的集权控制，这次学生运动受到镇压，因为在朝廷看来，学生是政府的仆人，没有权利拥有独立的政治见解或联合起来促成政府的一项特殊行动。④ “五四运动”以后，中国大学开始走出由政府严密控制的象牙

① ［美］魏定熙．北京大学与中国政治文化（1898—1920）［M］．金安平，张毅，译．北京：北京大学出版社，1998：161.

② 田正平．中国教育思想通史［M］．第六卷．长沙：湖南教育出版社，1994：304.

③ 苏云峰．从清华学堂到清华大学（1911—1929）［M］．北京：生活·读书·新知三联书店，2001：257.

④ ［美］魏定熙．北京大学与中国政治文化（1898—1920）［M］．金安平，张毅，译．北京：北京大学出版社，1998：26.

塔，成为国家政治文化改革的一个重要舞台。中国大学学生组织的活动范围不仅是注重人文修养和专业、兴趣的学习研究，而且也开始了争取学生权利和参与政治的活动。“五四运动”以后，大学学生组织发展迅速，社团林立，呈现出新的发展特点：首先是大学本身放宽了对学生团体的管控，学生社团组织的独立性增强。例如，1926 年清华大学当局取消了“课外作业部”，鉴于当时学生年龄增大，自治能力较强，对学生社团的注册一般不加干涉。其次是大学开始出现了全校性的学生自治组织。为了维持罢课期间的学校内秩序，负责对外的爱国运动，清华大学在“五四运动”时期出现了学生联合组织，1919 年 12 月正式成立了“清华学生会”。1935 年“一二・九”学生运动后北平学生联合会实际成为平津学生的最高权力团体，大学学生联合会的成立使学生组织增加了进行政治活动的力量。

1927 年，蒋介石集团成立南京国民政府后，实行“三民主义”教育政策，在大学中进行党化教育，试图把大学及学生组织变为国民党专政的工具。为推行党化教育，国民政府在学校建立起了严密的训育管理制度。“西安事变”后，政府进一步加强了对大学的监管，学生的思想与行动受到严格的限制，师生的爱国民主运动受到监视和压制。

2. 中华人民共和国成立后至改革开放前大学的发展与大学学生组织教育功能

（1）中华人民共和国成立后至改革开放前大学的发展变化。

中华人民共和国成立初期，根据《中国人民政治协商会议共同纲领》原则，中华人民共和国对之前的高等教育全部接管并进行改造。

在大学办学方针的调整上，主要是引导大学生形成无产阶级的世界观，用无产阶级的世界观、方法论改造学生的精神世界，使大学变成为培养社会主义事业建设者的有力阵营。中华人民共和国成立初期对之前的大学采取“坚决改造、逐步实现向社会主义社会服务”的方针。[①] 在 1952 年开始的院系调整中，以苏联高校为样板对旧大学进行改造。其主要目标，一是通过大学的培养，激发大学生积极参与社会生产生活，直接为社会主义社会生产生

① 曲士培. 中国大学教育史［M］. 太原：山西教育出版社，1993：643.

活服务；二是鼓励大学生投入祖国边疆等欠发达地区的开发洪流之中。在这一阶段，通过党和国家对大学的有力改造，许多大学学生组织逐渐成为各个大学独特校园文化的主要力量。同时，国家更加重视大学在体现国家意志方面作用的发挥，通过发布相关文件对大学产生影响和提出要求。例如，1950年7月，政务院发出《关于高等学校领导关系的决定》。在大学学生组织的管理方面，规定了一套全国统一的管理模式，包括招生、分配、学籍管理制度等。1953年院校调整结束后，我国大学全部成为公立大学，大学成为培养国家干部的机关，大学学生组织中的学生干部也构成了国家人才干部储备，大学生加入学生组织成为进入仕途的重要渠道。

另外，在这一时期从1966年开始中国发生了“文化大革命”，全国各个大学开始将重点集中到无产阶级政治斗争上，造成大学陷入停顿和无政府主义状态。“文化大革命”对中国大学的发展产生了严重的影响，致使中国人才培养出现了断层。

（2）中华人民共和国成立后至改革开放前的大学学生组织教育功能。

第一，大学学生组织教育功能是塑造“社会主义新人”。大学学生组织从旧社会大学时代的学生自愿加入、自主活动的民间组织转变为高度选择性的官方组织，从而使大学学生组织对大学生发展方向起到重要的导向作用。由于国家赋予团学组织的官方权威性，使是否愿意和能否加入团学组织成为判断大学生先进或落后的主要标准。大学学生组织成为“培养合格接班人”的途径，而不再是学生自主发展的途径。

第二，大学学生组织教育功能过度注重政治斗争。中华人民共和国成立后由于“左”的错误思想的干扰，对大学学生组织教育功能的政治强调，使大学学生组织长期成为政治斗争的工具，大学学生组织的教育功能过于重视学生的无产阶级政治斗争，这为“文化大革命”中红卫兵的兴起埋下了伏笔。

第三，大学学生组织促使大学生自觉参与社会主义改造。尽管20世纪50年代大学和大学学生组织的社会主义改造是由国家政权直接发动的，但当时的大学生充满了“新中国”成员的自豪感和为社会主义“新中国”奉献的革命激情。武汉大学前校长刘道玉作为1953级的大学生，曾如此描述自己的大学生活：“20世纪50年代的大学生，是一代热血青年，每个人都有远大的理想，那时的大学简直就像是一座‘梦想剧场’，只要你进入这个‘剧场’，你就不能不产生梦幻。”① 50年代的大学生见证了“新中国”的伟大胜利，他们对国家、对党都有深厚而诚挚的感情，所以他们欢迎党对高等教育的各项改造，也积极地投身于集体的建设之中。

第四，大学学生组织使集体主义成为处理个人和集体关系的基本准则。大学生作为未来的国家干部，学生组织也必然以集体主义为价值取向进行教育引导。在那个社会时代，大学学生组织强调个人必须无条件服从集体，集体控制了个人生活、学习所有的方面。这种集体主义可以被称为“机械的集体主义”，与涂尔干（Emilee Durkheim）的“机械团结”相似，只强调集体对个人的控制，忽视个人的个性和自由发展。

3. 改革开放初期大学的发展与大学学生组织教育功能

（1）改革开放初期我国大学的发展变化。

由于1992年以后，我国高等教育和大学生组织的发展基本上是连续的，因此研究只回顾到1992年。改革开放之后我国大学逐步走向正常发展，国家工作的重心从以“阶级斗争为纲”转为以经济建设为中心。特别是在十一届三中全会之后，邓小平同志提出“三个面向”教育方针。国家实施“科教兴国”的发展战略和多元经济体制等一系列措施，促进了我国大学办学理念的创新与发展，促进了大学办学体制的改革。大学更多关注知识的传承，关注人才培养，中国高等教育在改革开放后得到迅猛发展，学生组织也不断地发展变化。

从1977年恢复高考制度到1992年高等教育体制改革，虽然仅短短的十余年时间，但这十多年时间正是中国改革开放最初的探索阶段，影响大学学生组织教育功能演变的大学制度、社会政治、经济、文化状况在这十多年时

① 刘道玉．一个大学校长的自白［M］．武汉：长江文艺出版社，2005：33.

间里经历了一系列的改革、调整。①

（2）改革开放初期大学学生组织教育功能。

第一，大学学生组织的理性恢复为其教育功能发挥创造条件（1977—1980年）。改革开放后，国家的生产生活逐步回归正常状态，高考恢复以及高校正常教育教学活动有序开展，大学学生组织功能也在这一社会大环境下发生了根本性的变换，由“文革”时期唯一的政治功能向多功能方向发展。十一届三中全会以后，国家实行了以经济建设为中心和坚持改革开放的基本国策。大学学生组织一方面继承社会主义事业建设者和接班人的优良传统，另一方面更为关注科学文化知识的学习，大学学生组织的教育功能开始由单一的政治统治功能向传承人类优秀文明、激发学生学习热情领域转变。

第二，关注学生个体的内心感受和民主思想启蒙（1981—1986年）。这一时期中国社会经历了一场伟大的思想解放运动，大学生的思想变得活跃，出现了大量自发的学生组织。从学校方面看，以武汉大学为例，武汉大学从20世纪80年代初期到中期，学校校园里出现了400多个学生组织，一些学生社团组织至今还在活动，这也是武汉大学独特校园文化之一；从学生方面看，80年代的“天之骄子”在走进大学殿堂之后，他们在学习中开始接触西方思想，如尼采、萨特等的西方哲学思想逐渐走进大学生的头脑里。因此，在那个年代是各种思想激烈碰撞的时候，大学生的观念受到社会因素影响，有些信仰迷茫。笔者清晰地记得，在那个年代有一篇署名“潘晓”的文章，题目是《人生的路啊，怎么越走越窄……》。当时这篇文章引发了一场全国范围的大讨论。这场讨论的中心是“主观为自己，客观为他人”这一命题。②这一时期大学学生组织的教育功能开始更为关注学生个体的内心感受和民主思想启蒙。大学学生组织往往还能推动高校内部实行教育教学改革。

第三，大学学生组织教育功能的调整适应期（1986—1992年）。1986年至1989年学生连续发生游行示威活动，使反对资产阶级自由化成为当时大学学生组织教育的核心任务，学生组织有了很长一段时间沉寂，但学术类和实

① 陈莉．中国大学生组织发展研究［D］．华中科技大学博士论文，2007.

② 郑确辉．对改革开放以来大学生关注的若干文化热点现象之回顾［J］．青年研究，2001（4）：34.

践类社团开始越来越多地显现出来。1992 年之后，大学中的学生组织稳步发展，现在的大学学生组织与笔者上学时的学生组织相比变化非常大，主要是学生社团的发展非常迅速。高校学生组织为了适应大学生多方面发展的需要，除了传统的思想政治教育外，开始为学生提供全面发展的服务，学生工作开始走向专业化发展方向。

从历史演变来看，大学学生组织及其教育功能随着大学自身发展阶段的不同而发生变化。从古代、近代到现代大学的各个不同时期，大学自身的结构、功能有了很大的变化，影响大学管理的各种利益群体也此消彼长。学生群体作为大学教育中的一个基本存在，他们为了自身的利益追求，形成了各种不同的社团和组织。由于教师群体在大学发展中日益成为主导性群体，学生组织教育功能的发挥空间受到了很大限制和压缩。另外，大学学生组织教育功能也受到大学与社会关系变化的影响而发生变化。从历史演变的过程我们会发现，在政府对大学的控制严密时期，大学学生组织的活动受到限制，在控制疏松时期，大学学生组织则活跃。近代以后由于大学自治的重新恢复，学生权利意识的觉醒，现代大学学生组织功能不仅体现在对外部社会政治的关注和参与方面，也体现在对大学内部事务的参与管理方面，从而使大学学生组织教育功能与大学的发展紧密地结合在一起。

尽管西方国家具有大学自治的传统，但不可否认，大学的发展一直受到政治因素的左右。专制时代与民主时代的社会政治始终都对大学学生组织产生影响，只是在各个时期、各个国家有所不同。大学学生组织作为大学的一个重要文化现象，在大学功能的实现中一直发挥着重要作用。

第三章

大学学生组织教育功能基本理论研究

大学学生组织既是学生群体的代言人，又是国家和学校实现教育功能的重要依托。所以，在中国，对大学学生组织教育功能的研究有着重要的意义。本章从理论上对大学学生组织教育功能的生成进行探索，这有助于理解大学学生组织如何发挥功能。因此，笔者将从结构论、冲突论、建构主义理论和博弈论四个不同的角度对大学学生组织教育功能的形成过程进行阐释。

一、大学学生组织教育功能结构式生成

（一）结构论的发展

结构论的梳理首先要从古典理论时期开始，代表性的人物是孔德（Auguste Comte）、斯宾塞（Herbert Spencer）和涂尔干。自然主义和实证主义构成这个时期的主要部分，其中大部分的概念依赖生物学的移植。无论是孔德、斯宾塞还是涂尔干，都渗透着自然主义的研究取向。

孔德认为，社会是一个有机的整体，它如同生物有机体一样，由不同的要素构成。孔德指出，在研究社会现象时，如果将其分割开来，只对个别事物进行孤立研究，那么，就不可能取得对社会状况和社会运动的正确

认识①。这并不表示不能对部分进行研究，而是说在对部分进行研究之前，要认识到整体性。从孔德的观点中可以看到结构视角的存在，他用整体与部分的关系来阐释社会结构的概念。

斯宾塞继承了孔德的观点，并做了进一步的研究。社会有机论和社会进化论是贯穿斯宾塞研究的两条主线。在许多学者看来，他的社会有机论继承了孔德的观点，但是与孔德的相比也有所不同。斯宾塞对于二者的区分进行过专门的解释，“孔德（Auguste Comte）公开宣称的目的是什么？是对人类概念的进步给予条理化的描述。我的目的是什么？是对外部世界的进步给予清楚的说明。孔德认为思想具有必然的和实在的起源，而我认为物质具有必然的和实在的起源。孔德的宗旨在于阐明我们关于自然界知识的发生过程，我的目的则是对组成自然界各种现象的发生过程做出解释。这里一个是主观，一个是客观”②。

涂尔干是社会学三大代表人物之一。他和韦伯是社会学理论宏观和微观研究的重要代表人物。社会结构理论到了涂尔干这里发展得较为成熟，主要体现在他的三个假设上：“1. 社会是一个实体，是不可化约的；2. 社会的各个部分可以满足社会实体的基本需求；3. 功能需求是社会需求。”③ 涂尔干认为社会事实不以人的意志为转移，强调社会对人的制约作用。他对社会分工的研究，对社会结构的分析有着重要的影响。涂尔干将社会结构划分为两种类型：机械团结和有机团结。机械团结“通过强烈的集体意识将同质性的个体结合在一起”④，而有机团结“是一种建立在社会成员异质性和相互依赖基础上的社会联结纽带”⑤。涂尔干对社会结构的分析至今对现代学者还有着重要的影响。

从古典时期的研究中可以发现，任何一位学者都没给予社会结构一个完整的定义，他们对社会结构概念有着不同的诠释。但是，整体来说，社会结

---

① 贾春增．外国社会学史［M］．北京：中国人民大学出版社，2000：25.

② 贾春增．外国社会学史［M］．北京：中国人民大学出版社，2000：47.

③ 周怡．社会结构：由“形构”到“解构”——结构功能主义、结构主义和后结构主义理论之走向［J］．社会学研究，2000：56.

④ 贾春增．外国社会学史［M］．北京：中国人民大学出版社，2000：139.

⑤ 贾春增．外国社会学史［M］．北京：中国人民大学出版社，2000：140－141.

构概念的轮廓已经形成。

接下来，对于社会结构理论的分析进入了帕森斯的时代。以帕森斯为代表的结构功能主义是“二战”后在美国崛起的最重要的社会学流派。帕森斯1945年提出结构功能主义，在美国得到了广泛的传播。后经他的学生的进一步研究，一时风靡整个美国。帕森斯的结构功能主义深受孔德、斯宾塞、涂尔干以及人类学家马林诺夫斯基（Bronislaw Malinowski）的影响。他的理论核心问题是社会秩序何以可能。社会行动理论是帕森斯对该问题的回应。帕森斯深入考察了构成行动的要素，“第一个要素是行动的目标，即行动者希望达到的预期状态。第二个要素，帕森斯（Talcott Parsons）称为状态，即行动者置身其中，影响其实现目标的那些环境因素”①。“行动单元的第三个要素是规范取向。所谓规范是指行动者在确立目标、选择手段、克服障碍时所遵循的社会标准。”② 大多数研究者将帕森斯的理论分为两个阶段：第一个阶段以社会行动理论为中心；第二个阶段以社会系统理论为中心。帕森斯强调行动理论的分析重点是行动系统，而非单位行动。他将社会行动理论中的核心概念引入了社会系统理论中，建立了行动系统理论。行动系统是指行动者与其状态之间形成的稳定的相互关系。帕森斯的行动系统分为四个子系统，分别是文化系统、社会系统、人格系统和行为有机体系统。帕森斯的分析核心是社会系统。社会系统与文化系统、人格系统以及行为有机体系统之间发生着制约和控制的关系。帕森斯理论中最为著名的是他对行动系统功能的分析。行动系统的基本制度化的结构是由这一系统必须满足的功能要求决定的。帕森斯提出了四个基本范畴，即AGIL，来概括功能要求。AGIL四个基本范畴分别指适应（A）、达鹄（G）、整合（I）、维模（L）。这四项功能要求是任何行动系统都必须满足的。学术界对于帕森斯的理论争论较大，例如，行动系统理论过于抽象、从社会行动理论阶段到社会系统理论阶段未能进行平稳的过渡等。但是，帕森斯的贡献是显而易见的。人类学家克洛德·列维-斯特劳斯（Claude Lévi-Strauss）是帕森斯后又一位重要的结构理论的代

---

① 贾春增．外国社会学史［M］．北京：中国人民大学出版社，2000：220.

② 贾春增．外国社会学史［M］．北京：中国人民大学出版社，2000：220.

表人物。克洛德·列维－斯特劳斯的贡献在于他试图用“心灵的结构”代替帕森斯的宏观社会结构。他认为“所谓结构是那种决定历史、社会与文化中诸具体事件和行为的基本规则整体”①。

结构论是社会科学研究中极为重要的一个方面。它作为宏观视角与微观视角共同构成学术界的重要研究取向。这种研究取向在人文社会科学，尤其是社会学学科中表现得更为明显。涂尔干和韦伯显然是这两个取向的代表人物。帕森斯虽然是社会学领域备受争议的学者，但是他的 AGIL 四个基本范畴对社会学理论的发展有着重要的意义。至今，它仍被众多学者作为理论基础进行实践研究。

（二）大学学生组织教育功能的结构论解释：以帕森斯 AGIL 理论为例

大学学生组织是大学机构或组织中一个重要的组成部分，其有助于学院（学校）机构实现对学生群体更好的教育和管理。比如，学院（学校）机构通过学生组织了解学生群体的思想、生活和学习动态。同时，学生组织的存在有助于管理层掌握学生群体中的问题。因此，学生组织的一个重要功能是协调学院（学校）与学生、学生与学生之间的关系，以期达到一个相对稳定、良性运行的状态。系统得以良性运行是大学机构或组织努力实现的目标。大学机构或组织主要通过具体的活动实现与学生群体的有效沟通。比如，在大学组织或机构的日常运转中，负责学生工作的管理层经常通过举行见面会、座谈会等方式，甚至通过与学生干部的密切沟通，及时了解学生群体中的思想与动态。而竞技类比赛和联欢晚会等娱乐项目的设置有助于加强学生群体的凝聚力，消除不良情绪，维持机构或组织的良性运行。

学生组织的成立基于学院（学校）机构或组织的功能需求。对学院（学校）机构或组织的功能需求的进一步认知有助于对学生组织形成过程的理解。而帕森斯提出的 AGIL 理论为本书提供了有益的理论基础。

帕森斯对功能需求的分析缘于其对自身提出模式变量的进一步认识。

① 周怡．社会结构：由“形构”到“解构”——结构功能主义、结构主义和后结构主义理论之走向［J］．社会学研究，2000：58.

"他认为社会结构的最基本类型是同它们所必须满足的系统功能要求相联系的，这样帕森斯的理论重点就由通过模式变量所做的结构分析转向了结构功能分析。"① AGIL是帕森斯提出的最具代表性的结构功能主义理论，也是其研究成果中对后世影响最为深远的理论之一。AGIL理论被大多数学者认为是帕森斯理论中少有的能够被操作化且对理解社会现象有重要作用的分析工具。帕森斯认为，每一个行动系统都有其必须满足的功能需求。帕森斯提出了四个基本范畴概括系统所需功能，即适应（A）、达鹄（G）、整合（I）、维模（L）。

在教育和管理过程中，学生组织扮演着重要角色。从结构功能主义角度来讲，学生组织是系统满足自身功能需求而衍生出来的组成部分。帕森斯AGIL的四个功能需求，为研究大学学生组织教育功能的生成提供了有益的理论依据。为此，本书将以该理论为起点对大学学生组织教育功能的生成过程进行分析。这样既加深了对学生组织的理解又为相关研究进行补充。本书将以学院（学校）系统为例来说明学生组织在系统目标、期望状态等达成过程中的重要作用和功能。

1. 适应

"指系统必然同环境发生一定关系，为了能够存在下去，系统必须拥有从外部环境中获取所需资源的手段，或者说，系统必须具有通过操纵某些手段来控制环境状态的能力。"② 学院（学校）系统与学生群体之间有着重要关系，即学院（学校）系统的存在要依托于学生群体。能否招收到学生是学院（学校）系统存在意义和价值的一个重要表现。所以，学院（学校）系统的存在以学生为基础。之后，对学生群体的教育和管理是一个重要内容。学生群体是一个融合多元文化的特殊人群。多元文化并存使得学生群体易生冲突，其中冲动、易怒等情感因素是导致冲突发生的关键。所以，学生群体是一个冲突的群体。为此，学院（学校）系统需要具有从外部环境中获取所需资源的工具，也就是学院（学校）系统必须通过某种工具来控制外部环境。

---

① 贾春增．外国社会学史［M］．北京：中国人民大学出版社，2000：230.
② 贾春增．外国社会学史［M］．北京：中国人民大学出版社，2000：231.

学生组织的建立是学院（学校）系统设置控制外部环境状态工具的一种方式，其存在是学院（学校）系统为了控制学生群体的功能需求。学生组织应运而生，成为学院（学校）系统控制学生群体的重要工具或手段。学生组织能够成为管理者控制学生群体的重要因素是因为学生组织成员来源于学生群体。学生群体与学生组织成员之间拥有共同语言和立场。两者之间具有亲密关系是学生组织实现其功能的必要条件。所以，学生组织是学院（学校）系统为了控制外部环境而建立的一种功能组织。

2. 达鹄

达鹄即目标达成。任何一个系统都有其目标和期望的状态。期望的状态是系统预先设定好的，其作为一个目标被系统管理者执行。不同系统的期望状态或目标都有所不同。维持学生群体稳定是学院（学校）系统的一个重要目标。这种状态无论是在学生与学生之间，或者在学生与管理者之间都是被需要的。对于学院（学校）系统而言，其必须具备协调系统内部能量的能力，使得系统的期望目标得以实现。学生群体冲突的存在阻碍了学院（学校）系统期望目标的达成。因此，学院（学校）系统需要一个重要的组成部分，既能够充当代理人的角色为学院（学校）系统服务，又能够协助学院（学校）系统实现期望的目标状态。学生组织在这样的条件下应运而生。对学生组织的控制是学院（学校）系统调动系统内部能量的表现之一。学院（学校）系统是学生组织服务的最高系统。学生组织以学院（学校）系统的目标为目标，并且努力实现学院（学校）系统期望达到的状态。学生组织是学院（学校）系统达到期望目标的重要媒介。

3. 整合

“任何行动系统都由各个部分组成，为了使系统作为一个整体有效发挥功能，必须将各个部分联系在一起，使各个部分之间协调一致，不致出现游离、脱节和断裂。”① 系统良性运行状态的维持得益于系统各部分之间的有效整合。学生安全是学院（学校）的责任。因此，稳定、和谐是学院（学校）系统的重要主题。学生群体是学院（学校）系统的子系统。学生组织作为整

① 贾春增．外国社会学史［M］．北京：中国人民大学出版社，2000：231.

合学院（学校）系统与学生群体的媒介被建立。学生组织成为学院（学校）系统中的一个重要组成部分。学生组织的一个重要功能是实现学院（学校）系统对学生群体的控制，其具有维持整体良性运行的功能。一个系统的整合需要各个部分共同协调一致才能完成。任何系统组成部分的缺失，都会影响着系统整体的良性运行。比如，在学院（学校）系统中，一场讲座的顺利进行要得益于学生组织在学生群体中进行的宣传，以及学生组织与管理层的配合等。总之，为了能够达到整合的状态，系统内的各个组成部分需要相互协调。在学院（学校）系统中学生组织具有承上启下的作用。

4. 维模

维模又称为潜在模式的维持。“在系统运行过程暂时中断即互动中止时期，原有的运行模式必须完整地保存下来，以保证系统重新开始运行时能够照常恢复互动关系。系统必须拥有特定机制经常维护处于潜在状态的模式。”① 无论是学校系统，抑或是学院系统都无法实现不间断运行或管理。在学院（学校）系统运行中止或中断时，即系统无法覆盖的范围内，需要一种机制来协助其维持系统的良性运行。学生组织在这种需求情况下形成。学生组织具有维持系统良性运行的功能。分工在学生组织中得到了较好的发挥。比如，学生会作为一个完整的系统，其又划分为宣传部、文艺部、社团部、体育部、生活部、学习部等子系统。不同的子系统在学生会这个系统中具有不同的功能，比如，生活部要对学生寝室的卫生进行检查、在学生生活遇到困难时给予帮助；学习部要解决学生在学习过程中遇到的问题等。在学院（学校）系统运行中止或中断时，学生组织实现了维持学院（学校）系统日常运行的功能。因此，学生组织扮演着管理者代理人的角色，维持系统正常运行。

学生组织作为学院（学校）系统的一个重要组成部分，在管理层的日常管理中扮演着重要的角色。学院（学校）系统举办的活动需要学生组织的参与和协助。比如，在举办某项活动的过程中，学生组织承担的准备工作，包括确定具体活动地点、服务人员、活动时间、流程等。学生组织被学生群体和管理者认可，并被赋予相应的权力，其对维持学院（学校）系统的稳定、

① 贾春增．外国社会学史［M］．北京：中国人民大学出版社，2000：231.

和谐具有重要的作用。整合功能的实现需要各个部分之间的协调一致。

帕森斯强调系统中各部分之间的协调一致。在现实社会中，完全的协调一致是很难实现的，冲突存在是这个社会的本质。帕森斯建立了一个理想化的分析模型。尽管如此，其依旧为理解社会现象提供了一个重要的研究视角。

二、大学学生组织教育功能冲突式生成

（一）社会冲突理论的发展

社会冲突理论是20世纪以来美国本土产生的一个重要理论流派，它流行于20世纪60年代后的美国。该理论作为对结构功能理论的反思以及对立面被提出。社会冲突理论强调“社会冲突对于社会巩固和发展的积极作用”。

任何事物的产生都有它的历史背景，社会冲突理论也是如此。美国在第二次世界大战之后沉溺于战胜国的喜悦中。美国社会的矛盾和冲突以及不平等被战胜国的喜悦淹没。此时的美国无疑证明了它的社会结构的合理性，然而却忽视了社会中的不平等、矛盾和冲突的存在。20世纪60年代是美国一个动荡的时代，各种社会运动此起彼伏，如黑人运动、民权运动等。社会运动的频繁发生使美国的霸主地位开始动摇。在这种情况下，美国社会开始反思自己现有的状态。社会冲突理论就是在这样的历史时代下呈现在人们面前的。

社会冲突理论有其自身的内在逻辑，它是建立在前人的理论探索基础之上的。社会冲突理论与社会现实中的冲突一样，有着悠久的历史。在20世纪以前，社会冲突理论最具代表性的人物是马克思（Karl Heinrich Marx）、韦伯。从冲突论者的角度而言，马克思的理论主要包括三个假设，“即经济组织决定所有其他社会组织；每个经济组织里都含有阶级冲突的成分；无产阶级因受压迫而逐渐产生共同的阶级意识，以反对资产阶级的剥削”①。而马克思阶级斗争学说以及从经济学视角考量社会关系对社会冲突理论有着重大的影响。

① 贾春增．外国社会学史［M］．北京：中国人民大学出版社，2000：250.

韦伯是另一位对冲突论发展有着重要影响的人物。他认为人都享有其自我利益。与马克思的理论不同，韦伯反对将经济基础作为划分社会结构的唯一标准，他认为宗教、教育、政治与经济有着同样的重要地位。韦伯认为冲突是长期存在的，人类社会无法进化到一种完美、无冲突的境地。

基于马克思与韦伯理论观点上的差异，在冲突论的发展过程中呈现了两大传统，一是以马克思为代表的理论传统，他们认为“社会学家具有批判社会的义务，社会终将进化到不再有冲突的境界”①。二是以韦伯为代表的理论传统，他们认同冲突存在长期性和必然性，但是他们反对带有价值判断的社会分析，倡导一种客观的冲突分析。这种客观分析的方法在韦伯理论中主要体现在“价值中立”的思想。“价值中立”的思想曾在社会学界引起激烈的争论，其中一个重要的论题是研究者在整个的研究过程中能否保持价值中立。

另一位不可忽视的冲突论学者是帕累托（Vilfredo Pareto）。他与马克思和韦伯相比没有激进的色彩，是一位保守主义者。面对社会矛盾，帕累托提出一种归纳性的、自然主义的社会冲突理论，旨在“识别和解释那些决定社会系统达到平衡的实际力量”②。帕累托认为社会并非是一个静止的状态，相反它是一种动态的过程，与冲突和变迁相伴存在。

到了20世纪前半期，影响全球进程的重大社会事件（两次世界大战）的发生阻碍了学术界对社会冲突理论的深入研究。但是，该时期社会矛盾的突出引起了社会各界对马克思、韦伯等学者的社会冲突理论的重新重视。在这一阶段，帕克（R. E. Park）和凡勃伦（Thorstein B. Veblen）为推动社会冲突理论发展做出了一定的贡献。帕克关注了个人与群体的空间分布，认为“人类谋求生存的斗争必然会导致竞争、冲突和适应的过程”③。凡勃伦注意到了“闲散好奇心”这一人类个性的重要性。他认为“闲散好奇心会带来科学技术改革，而后者又是社会进化与变迁的主要动力”④。“闲散好奇心”是

① 贾春增．外国社会学史［M］．北京：中国人民大学出版社，2000：251.
② 贾春增．外国社会学史［M］．北京：中国人民大学出版社，2000：252.
③ 贾春增．外国社会学史［M］．北京：中国人民大学出版社，2000：252.
④ 贾春增．外国社会学史［M］．北京：中国人民大学出版社，2000：253

导致冲突、剥削经济结构的一个重要因素。总的来讲，20 世纪前半期是社会冲突理论发展的低潮期。此时，社会冲突理论发展明显得到了经典理论社会学家对动荡社会观察与分析的深刻影响。

进入 20 世纪 60 年代，社会冲突理论迎来了发展的高潮期。这一时期涌现出了众多的新生力量，其中具有代表性的是米尔斯（Mills）、科塞（Lewis Coser）以及达伦多夫（Ralf G. Dahrendorf）。

米尔斯对社会冲突理论的重要贡献主要表现在他对美国中产阶级白领人群的研究以及提出权力精英理论。在其著作《白领：美国的中产阶级》一书中，自始至终都贯穿着马克思异化理论以及韦伯科层理论的影响。米尔斯以马克思的异化理论为基础，分析了美国白领阶层的生活以及形成过程，又以韦伯的科层理论为依托分析了白领阶层的社会地位和职业特征。米尔斯对权力的研究主要见于他的著作《权力精英》一书中。他一方面分析了美国权力精英们的社会来源；另一方面“揭穿了流行于西方社会的一个神话，即所谓的‘平衡理论’”。而科塞的冲突论观点最为人们所熟知的是他的“安全阀”理论。他认为社会安全阀机制可以通过潜在的冲突维持一个群体。他用排放蒸汽形象比喻了“安全阀”理论的重要性。科塞强调，过量蒸汽的排放不但不会破坏现有结构，而且会起到“净化空气”的作用。科塞关注了冲突在维持社会结构稳定中的积极作用。达伦多夫则是在社会压制模式的基础之上发展了社会冲突理论。

社会冲突理论在不同时期都有其一定的发展。不同时代学者对社会矛盾、冲突考量的角度不同。而在众多的社会冲突理论中，最为后人熟知且应用较广的则是科塞“安全阀”理论。这一理论为冲突与社会结构稳定之间的关系存在提供了一种独特的解释模式。

（二）大学学生组织教育功能的冲突论解释：以科塞的“安全阀”理论为例

冲突存在是社会冲突理论的一个重要基础，无论是马克思、韦伯、帕累托这些经典学者，又或是米尔斯、达伦多夫这些后起之秀都秉承这一点。在这样的条件下，学院（学校）机构或组织也是充满矛盾和冲突的。在学院

（学校）机构中，学生与学生之间、学生与管理者之间的关系是与学生切身相关的，他们之间关系的良性运行对于大学教育功能的认知有着重要的意义。冲突的存在是必然的，那么如何发现冲突，并制定出及时应对策略是避免冲突恶化的关键。科塞认为冲突“增强而不是降低了特定社会关系或社会群体的适应或调整”①。这是他关于社会冲突理论的假设。基于冲突的这种形式，他提出了一种“安全阀”理论。科塞与其他冲突论者不同的是，其看到了冲突在维持社会稳定以及社会整合中的积极作用。这是“安全阀”理论的一个重要内容。“安全阀”理论告诉我们，冲突有助于一个动乱人群“净化空气”，而安全阀“可以充当发泄敌意的出口”②。科塞“安全阀”理论提供了理解学生组织形成的另一种视角。

第一，学生组织具有“安全阀”的功能。

在解决群体冲突的过程中，“直接对话”并非是一种令人满意的途径，特别是针对潜在的冲突。潜在的冲突是指“在组织和个人关系所处的特定环境里，潜伏着但尚未凸显出来的冲突”。学生群体中的文化呈现多样性，比如，在民族、家庭背景、性格、生活习惯等方面具有差异，这些都是导致潜在冲突发生的根源。而这些潜在冲突的存在通常是被管理者忽视或者是不被发掘，但是它们长期存在最终会影响整个群体的稳定。

发现冲突是解决冲突的必然过程。学生组织在学生工作管理中充当的重要功能之一就是发现冲突。这里的冲突主要指潜在冲突。发现潜在冲突避免了较大冲突发生的可能性，这有助于维持学生群体的良性运行。选拔学生组织成员是建立学生组织的一个重要过程。选拔学生组织成员的一个重要标准是既服从管理者，又在学生群体中具有一定声望。通过选拔的人被认可并成为学生组织成员，其自然而然被赋予了相应的权力。权力的赋予以及声望的获得对于学生组织维持群体良性运行有着重要作用。

当发现潜在冲突后，要采取相应策略来缓解或者降低冲突的程度。发现潜在冲突的方式以及策略的选择依据冲突主体不同有所差异。在学院（学

① 贾春增．外国社会学史［M］．北京：中国人民大学出版社，2000：263.
② 贾春增．外国社会学史［M］．北京：中国人民大学出版社，2000：268.

校）机构日常运行中，冲突的来源主要有两个方面：一是学生与学生之间；二是学生与管理者之间。当潜在冲突被发现的时候，学生组织起到安全阀的作用，让潜在的冲突得以发泄，避免其不断的积累，降低恶性事件发生的可能性。学生组织在处理学生与学生之间、学生与管理者之间冲突的过程中所采取的策略有所不同，这是因为冲突主体间存在差异。

第二，学生组织是潜在冲突发现者，以及管理层实施管理策略的关键执行者。

按照社会学的解释，管理者与学生之间存在一种鸿沟，它被“敬畏”之类情感的客观存在所区隔。管理者与学生之间的交流更多是一种强迫性的，而非自愿的。学生在与管理者的互动过程中，通常会将冲突的情感掩藏。因为在管理者面前发泄消极情绪会影响管理者对学生的印象。学生通常会向自己信任的人来发泄自己对待某件事情或某个人的敌对情绪。

学生群体易生潜在冲突，导致潜在冲突发生的因素很多，例如，莫名的看不惯、说脏话、争抢男女朋友等。从身心发展特征上看，学生群体是情感因素占支配地位的群体，在成年的管理者看来，其通常会陷入冲突，但事后又很懊悔。针对存在的潜在冲突，如果不能给予及时的处理，很容易导致较大的甚至群体性事件的发生。学生组织是及时发现学生群体间潜在冲突的重要单位。学生组织的成员是从学生群体中选拔而来，他们与普通学生一起生活、一起学习。学生群体里产生的某种敌对情绪，与管理者相比，学生组织发现的机会更大。学生组织成员在发现学生群体中存在潜在冲突之后，则要告知管理者。管理者和学生组织对学生与学生之间发生的潜在冲突进行评估，并制定出应对策略。而策略实施的主体通常是学生组织。学生组织通过协商后挑选适合行使策略的组织成员。行使策略的人不但要被组织信任，而且还要在潜在冲突的群体中被认可，这对于其完成组织的任务有着重要的作用。

比如，虽然“聊天”是日常沟通中最为普遍的手段，但对于管理层来说，与普通学生的“聊天”是难以达成的。聊天过程是让潜在冲突的载体发泄的过程。冲突情感的发泄可以降低冲突凸显的可能性，起到平复冲突载体的作用。学生组织成员在与潜在冲突主体聊天的过程中，一个重要技巧是站在对方的角度来思考问题，这有助于加强彼此间的信任度。在聊天过后，学生组织成员将获得的信息进行处理，向发生潜在冲突双方传达对方的态度，并进行游说。学生组织成员使得冲突主体的敌对情绪在聊天过程中得以发泄，并且获知冲突另一方的态度，在游说后潜在冲突的程度则会削减，维持在稳定的范围内。

第三，学生组织是协调学生与管理者之间冲突的代理人与必需中介。

学生与管理者之间发生冲突是潜在冲突存在的另一种方式。学生与管理者之间敌对情绪的发生主要是缘于不公平的存在。这种不公平现象主要体现在资源的分配上。绝对理性是不存在的，情感因素的介入通常降低了理性判断的水平。大多数学生期待绝对理性地分配资源是无法实现的。未能获得稀缺资源的学生容易产生敌对情绪。而管理者比学生组织成员更有可能感知这种敌对情绪的产生，其通常可以从敌对情绪载体行动方式转变中进行判断。公平性在被边缘化的学生群体中受到了质疑。因此，一种潜在的学生与管理者之间的冲突就产生了。对于发生潜在冲突的双方，需要一种力量来帮助他们之间协调这种敌对情绪，将其控制在一个双方都能够忍受的程度之内，而这种力量的载体通常是学生组织。学生组织的这种作用是均被双方认可的。在这个过程中，学生组织成员以代理人的身份出现，他们将对方的看法分别向双方表达，让对方了解这种潜在冲突发生的根源，以便做出应对的策略。冲突一旦发生是很难被消灭的，其只能被压制在一个可以接受的范围内。

学生组织是为了缓解冲突的程度，维持群体或团体的稳定而存在的。学生组织在处理冲突、矛盾的过程中并非每一次都是有效的。换句话说，学生组织并非每次都能将潜在冲突控制在一个理想的范围内。学生组织成员调节冲突的过程实际上是冲突双方发泄敌对情绪的过程。敌对情绪发泄是避免较大冲突事件发生的重要手段或工具。

与其他社会冲突理论不同，科塞“安全阀”理论强调冲突在社会生活中的积极作用。这为理解大学学生组织教育功能的生成提供了重要研究视角。学生组织在处理敌对情绪或矛盾的过程中充当“中间人”角色。聊天是学生组织实现其功能的重要方式之一。另一种方式是学生组织通过举办各种学生活动来增强团体或群体的凝聚力，进而达到减少群体或团体中敌对情绪或矛盾发生的可能性。但是“安全阀”的机制不能解决冲突，其只能将冲突控制在一个相对安全的范围内。这是科塞“安全阀”理论的一个不足之处。总的来说，科塞的社会冲突理论为了解大学学生组织教育功能形成过程提供了重要视角，也为降低社会生活中大事件的发生提供了可能性，其有助于维持群体或团体的稳定、和谐。

三、大学学生组织教育功能建构式生成

（一）建构主义理论的发展

建构主义理论兴起于20世纪80年代。它是一个具有国际影响力，但又备受争议的研究领域。建构主义理论在不同学科都得到了应用，无论是哲学，还是社会学等都验证了这一点。

建构主义理论的产生同它所处的时代背景有着重要关系，它是后现代社会理论、哲学、第二次认知革命思潮以及知识社会学综合的结果。建构主义有着悠久的理论渊源。苏格拉底（Socrates）的“助产术”、柏拉图（Plato）的理念论以及康德（Immanuel Kant）的认知论都强调知识是被建构的，这为处于萌芽时期的建构主义理论提供了有益土壤。而黑格尔（Georg Wilhelm Friedrich Hegel）强调的理性相对性和动态性至今还被建构主义者使用。维科（Giambattista Vico）的研究被大多数学者认为是与建构主义关系最为密切的，他强调从自身的角度来关切历史。到了近当代时期，社会学家韦伯、齐美尔（Georg Simmel）以及米德（George Herbert Mead）对建构主义理论的发展有着重要的贡献，他们都强调认知是在互动中建构的。该时期对建构主义理论发展有影响力的学者还有涂尔干、皮亚杰（Jean Piaget）等。布鲁尔（D. Bloor）提出的“强纲领”对于建构主义理论则有着直接的影响。

沃特斯（Malcolm Waters）对建构主义进行了概括，他认为“建构主义（主观的/个体论的）寻求的是理解个人和主体间的意义与动机，人被看作有资格能力和沟通能力的行动者，他们积极主动地创造或建构着社会世界”①。

① 罗英豪．建构主义理论研究综述［J］．上海行政学院学报，2006（9）：87－88.

古兰（D. Geelan）将建构主义的形式划分为六类，分别为个人建构主义、激进建构主义、社会建构主义、社会建构论、批判建构主义和语境建构主义。这六类建构主义的形式融合在其理论发展进程中。接下来，我们以六类建构主义形式为主线，对建构主义理论的发展及其代表人物和观点进行梳理。

凯利（G. A. Kelly）、皮亚杰是个人建构主义的代表人物。凯利认为个体通过对频繁发生的社会事件的理解来建构知识。他强调了知识形成过程中的个体性。皮亚杰注重建构认知的重要性。他认为“认识起因于有效与不断的建构，客体只是通过内部结构的中介作用才被认识的”①。皮亚杰提出的建构论观点是将结构主义发展为个人建构主义。个人建构主义处于建构主义理论发展的早期阶段。总体来说，它强调在建构知识过程中人的主动性。

激进建构主义者认为社会或者其某个部分是由实践、制度、理论建构的产物。它的代表人物是布鲁尔和冯·格拉斯菲尔德（Ernst von Glasersfeld）。激进建构主义与个人建构主义的共同点是它们都强调建构知识过程中的个体性。社会建构主义是古兰划分六类建构主义形式中的第三类。社会建构主义者强调社会性在主体认识客体过程中的重要性。它以语言习得理论为基础，代表人物是英国的所罗门（Joan Solomon）。社会建构主义的主要论点是“只有当个人建构的、独有的主观意义和理论跟社会和物理世界‘相适应’，才有可能得到发展，因为发展的主要媒介是通过交互作用导致的有意义的社会协商”②。社会建构论是古兰划分六类建构主义形式中的第四类。“强纲领”是社会建构论的重要部分。“强纲领”是爱丁堡学派的代表性理论，它包括四项原则，即因果性、无偏见性、对称性和反身性。批判建构主义主要体现在后现代心理学领域。它批判经验主义、本质主义、普遍主义。批判建构主义的理论框架是“站在新的逻辑起点即超越‘内成论—外源论’的二元对立即在对经验主义和理性主义的双重否定之后，将研究的视点转向关注‘话

① 罗英豪．建构主义理论研究综述［J］．上海行政学院学报，2006（9）：88.
② 罗英豪．建构主义理论研究综述［J］．上海行政学院学报，2006（9）：88.

语’和‘互动’”①。语境建构主义是古兰划分六类建构主义形式中的第六类。该学派的主要观点是知识源于社会的建构；情绪、态度、人格等是人类互动以及文化的产物。语言是人类先天的本能，它决定了思维的方式。我们只有超越对历史和文化的普遍性认识，理解社会时才不会被时间、空间、制度等因素制约。而话语分析是语境建构主义的重要研究方法。

针对建构主义理论，我国学者也提出了相关论点，尤其是以苏国勋和郑杭生为代表的主流学者。苏国勋提出了“建构社会问题”，一语道破建构主义理论的主旨。他强调一切知识都有其内在的价值和意识形态。在社会生活中，一切认识都有本体论和认识论的特性。郑杭生认为，建构主义的关键在于要用过程的、动态的视角对待社会现象。在建构主义者看来，社会事实是通过动态过程建构出来的。

建构主义理论在文化、政治、经济等领域有着重要的表现，无论是哈贝马斯（Jürgen Habermas）的沟通行动理论、埃利亚斯（Elias）的文明化理论还是布迪厄（Pierre Bourdieu）的文化再生产理论都能说明这一点。时至今日，建构主义理论在学术界都有着重要的影响和广泛的应用，它对人类日常生活实践具有指导性的意义，为人类理解社会世界提供了多元的视角。从建构主义理论的发展史可以清楚地认识到，不同的学者对建构主义都有着不同的理解。但是，这些建构主义者的观点都有个共同之处，即知识是被建构的，并且强调建构知识过程中人的主动性。

（二）大学学生组织教育功能的建构主义理论解释：以哈贝马斯“沟通行动理论”为例

哈贝马斯是德国著名的社会学家。他深受韦伯、涂尔干、帕森斯、马克思等人的影响。哈贝马斯的“沟通行动理论”核心概念是“沟通理性”。“沟通理性”的提出是建立在哈贝马斯对“科技理性”批判基础之上的。他强烈批判“科技理性”对人类的控制。“哈贝马斯由这个起点而建构出来‘规范基础’并不纯然是个人的主观意念，而是有一定客观依据的。这便是哈贝马

① 罗英豪．建构主义理论研究综述［J］．上海行政学院学报，2006（9）：88.

斯‘沟通理性’的重点所在。”①

虽然哈贝马斯的理论备受争议，但是其“沟通行动理论”在理解社会现象上有着重要的意义。据此，我们将以哈贝马斯“沟通行动理论”为基础，对大学学生组织教育功能的生成过程进行解释。在这里我们将会继续以学院（学校）与学生的互动为例来论述。

哈贝马斯指出了语言在人际互动过程中的重要性。“我们懂得运用第一句语言和别人沟通或者要达到了解的时候，已经显示出我们是在追求一个普遍没有制约的共识了。换言之，‘达到了解’是潜藏在人类语言里的一个‘目的’，而这个目的是进一步蕴含着一个没有任何制约的‘理想沟通情境’。”② 管理者与学生沟通的目的是“达至了解”。但是，管理者与学生之间的沟通被众多的因素制约，使得了解无法达成。比如，在管理者与学生交流的过程中，经常会呈现这样的一种状态，即学生听，管理者说。在这个过程中，管理者的权威制约着学生的自然表达。因此，学院（学校）机构或组织需要某种工具的协助，以达到对学生群体的真正意义上的理解。学生组织的出现实现了与学生之间理性沟通的可能性。

学生组织在与学生群体沟通的过程中，要“规范着语句的使用或人的语言行为”③。其主要表现在哈贝马斯提出的三个有效宣称上。这些有效宣称可以帮助学生组织的说话者运用正确语言与普通学生进行沟通。

一是“真理宣称”。其主要体现在沟通的过程中。也就是说，学生组织说话者与普通学生（或反之）沟通的过程中，使用的语言要能够反映出说话者所要表达事物或事件的事实，并且将这些相关事实告诉对话者。那么，学生组织说话者使用句子的有效性在于他能否表达事物或事件真相。比如，当两个学生之间发生了冲突，彼此大打出手，导致双方都受伤。作为学生组织的成员，要将这种冲突事实以及冲突发生的原因向管理者转述。在这个过程中，学生组织的说话者不能够仅凭自己片面的了解而在管理者面前对冲突发生始末进行非确切性的描述。若如此，则违背了“真理宣称”的原则。学生

① 杨善华. 当代西方社会学理论［M］. 北京：北京大学出版社，1999：174.
② 杨善华. 当代西方社会学理论［M］. 北京：北京大学出版社，1999：172.
③ 杨善华. 当代西方社会学理论［M］. 北京：北京大学出版社，1999：173.

组织说话者应该通过对在场学生以及发生冲突的双方询问，对事情发生始末进行真实性的认识。

二是“正当宣称”。“正当宣称是语言使用者和别人沟通时，要遵守支配着人与人沟通的社会规范，人际关系很大程度上是由这些规范构成的。”① 人与人之间的交流互动，通常都要依赖语言的使用才能完成。对于学生组织的成员也是如此。在使用语言的过程中，学生组织成员要遵守使用语言时的规范，这样才能合理和正当地进行沟通。比如，在学生组织成员与学生或者教师进行沟通的过程中，不能使用带有贬义的词汇，要给予对方足够的尊重，说话要谦虚、谨慎，使用对方听得懂的语言。这些因素直接影响到学生组织成员是否能够与学生或教师实现良好沟通。正当语言的使用在人与人互动过程中起到了积极作用，也是决定良好互动能够实现的关键因素。所以，遵守“正当宣称”是学生组织成员的必备条件之一。

三是“真诚宣称”。“我们使用的句子是希望别人相信这是真诚地表达我们内心想法和感觉。”② 真诚是人与人之间良好沟通的前提。社会中纷繁复杂、不真诚的沟通时有发生。比如，人们热议的一个话题，“老奶奶摔倒了你扶不扶?”一部分认为应该扶，这是中华民族的传统美德。一部分则认为不要扶，因为老奶奶有时会诬陷扶她的好心人。后者则是一种不真诚沟通的表现，而不真诚沟通的发起人则是被好心人扶起来的老奶奶。所以，真诚沟通是人与人之间信任的基础。这在学生组织与学生群体以及学院（学校）机构互动中也是存在的。如果学生组织成员在普通学生和管理者的沟通中说假话，没有真诚地对待对方，那么这种沟通最后将导致恶性的结果，即失去了普通学生和管理者对学生组织成员们的信任。因此，真诚对于互动双方而言是至关重要的，其有助于沟通的顺利进行和最终目标实现。

学生组织的设置是学院（学校）系统所采用的一种协调方法。学院（学校）系统通过这样的协调方法规避制约与学生群体沟通的因素，进而实现对学生群体“达到了解”。

---

① 杨善华．当代西方社会学理论［M］．北京：北京大学出版社，1999：173.

② 杨善华．当代西方社会学理论［M］．北京：北京大学出版社，1999：173.

在学院（学校）机构与学生沟通的过程中，学生组织充当“中间人”的角色，实现双方之间的彼此了解。而学生组织作为“中间人”，无论是与普通学生之间，还是与学院（学校）机构之间的沟通，只有遵守真理宣称、正当宣称、真诚宣称三个有效宣称，才能够真正地“达到了解”。同时，学生组织也是学院（学校）机构为了能够与学生群体之间进行有效沟通而建立的。学生组织是学院（学校）机构的一个重要组成部分，其是学院（学校）协调资源，满足各自欲望的重要手段或工具。在这种方式下，针对具体的事物或事件，学院（学校）机构与学生群体之间达成某种共识，进而实现了有效沟通。学生组织的出现，让学院（学校）与学生之间达到了一个有效的沟通。

四、大学学生组织教育功能博弈式生成

（一）博弈论的发展

博弈论又称为对策论，既是应用数学的一个分支，也是运筹学的一个重要组成内容。[①] 博弈论译自英文 Game Theory，其字面意思是游戏理论或者说来自游戏的理论，实际上博弈论就是起源于对赌博、棋和扑克等一类游戏的数学研究。[②] 一般认为，博弈论萌芽在 20 世纪 20 年代。1928 年冯·诺依曼（John von Neumann）发表了关于博弈论的文章《论策略博弈理论》，并于 1944 年和摩根斯坦（Oskar Morgenstern）合著了《博弈论与经济行为》，标志着博弈论的初步创立。[③] 20 世纪 40 年代后，研究博弈论的学者越来越多，1950 年和 1951 年约翰·纳什（John Forbes Nash，Jr.）的两篇关于非合作博弈论论文《n 人博弈中的均衡点》和《非合作博弈》的发表是对冯·诺依曼的合作博弈的一种挑战和革命。它揭示了博弈均衡与经济均衡的内在联系，奠定了现代非合作博弈论的基石，后来的博弈研究基本上都沿着此线展开。20 世纪

① 张伟．区域性产学研合作创新体系研究［M］．西安：西安地图出版社，2009：151.
② 尚宇红．博弈论前史研究［M］．上海：上海财经大学出版社，2011：1.
③ 尚宇红．博弈论前史研究［M］．上海：上海财经大学出版社，2011：68－77.

60 年代，博弈论在生物学中得到应用。90 年代，博弈论作为一种分析方法在经济学、政治学、军事学等多学科中得到应用。博弈论最开始作为运筹学的一个分支，后划分到了应用经济学门类，其发展历史不足百年，而传入中国已有五十多年，自 90 年代中期，我国陆续出版了一些全面介绍博弈论的书籍，如今利用博弈论分析各种社会现象已逐渐变成热点。无论是日常生活还是国际交往都充满了博弈现象，利用博弈论的观点和方法可以使我们对于诸多事物和社会现象进行合理分析，从而启发思考，制定策略，解决实际问题。

罗杰·B. 迈尔森（Roger B. Myerson）在《博弈论：矛盾冲突分析》一书中给博弈论的定义是：博弈论是对智能的理性决策者之间冲突与合作的数学模型研究，所以描述博弈论更为准确的术语是“冲突分析”或“相互影响的决策理论”。其中所谓理性，是指决策者在做出追逐其目标的决策时能保持前后一致性；所谓智能，是指参与人也称作局中人彼此知道此博弈所包含的信息，并能根据这些信息做出各方都能做出的一切推断。①

我国学者张维迎认为，一个博弈是指一种包括两个或多个参与人在内的社会局势，而博弈论就是研究这个局势系统中相互依存对象的理性行为是如何行动的。他的主张与 2005 年因对博弈论的贡献而获得诺贝尔经济学奖的 Robert Aumann 教授的说法相近，后者认为博弈论就是研究互动决策的理论。所谓互动决策，即各行动方［局中人（player）］的决策是相互影响的，每个人在决策时必须将他人的决策纳入自己决策考虑之中，当然也需要把别人对于自己的考虑同样纳入考虑之中……在如此迭代考虑情形下进行决策，选择最有利于自己的战略（strategy）。

博弈论透过不同角度给出了不同的观点，为解决日常生活中的一些现象提供了理论参考，博弈可以从三个角度来看其观点。第一个角度：根据博弈中参与人的先后顺序分为静态博弈和动态博弈。静态博弈是指博弈的参与人同时或相继做出各自孤立的策略而并不知道其他参与者采取了什么具体行动。

---

①［美］罗杰·B. 迈尔森. 博弈论矛盾冲突分析［M］. 于寅，费剑平，译. 中国经济出版社，2001：1－3.

动态博弈是指博弈的参与人有行动的先后顺序且后参与者能够观察到先参与者所做出的行动。第二个角度：根据博弈参与人中的一方对他方的了解程度，分为完全信息博弈和不完全信息博弈。每一位参与人知晓其他参与人的特征、策略空间及收益函数等准确信息的博弈为完全信息博弈；反之则为不完全信息博弈。第三个角度：根据博弈中的参与人之间是否具有合作意愿和行为，分为合作博弈和非合作博弈。合作博弈亦称为正和博弈，是指参与人之间存在一个对彼此具有约束力的协议，博弈在这个协议范围内进行，其结果是各方的利益都有所增加，或者至少是一方的利益增加，而另一方的利益不受损害，即策略选择问题[①]。

在博弈论的众多理论中，纳什提出了博弈论中最为重要的概念——纳什均衡，对合作博弈和非合作博弈的区别予以介绍，对非合作博弈最重要的贡献是阐明了包含任意人数局中人和任意偏好的一种通用解概念，也就是不限于两人的零和博弈，并给出“纳什均衡”的定义：多人参加的博弈中，每个人根据他人的策略制定出自己的最优策略。所有人的这些策略组成一个策略组合，其中没有人会主动做出容易导致自己收益减少的策略调整，所以任何其他的理性参与人不会主动改变自己的策略，此时所有参与人的策略便达成了一种平衡，这种平衡就是“纳什均衡”。纳什均衡开辟了博弈论一个全新的研究领域。

（二）大学学生组织教育功能的博弈论解释

博弈论的实质是两方或多方在平等的局势中相互利用对方的策略改变自己的对抗或合作策略，最终达到利己或取胜的目的。从博弈论的视角来看，博弈产生的前提是必须有两个及两个以上博弈主体的存在，大学学生组织教育功能的生成是三个主体——国家、大学、学生组织共同博弈的结果，学生组织代表学生群体的利益，但大学学生组织的教育功能绝不仅仅是满足学生的需要，而是满足博弈主体共同的需要（为了方便分析，笔者做了以下三个模式图，见图3－1）。

---

① 舟渡．奥运博弈：大国智慧与中国崛起［J］．四川广播电视杂志编辑部，2008（7）．

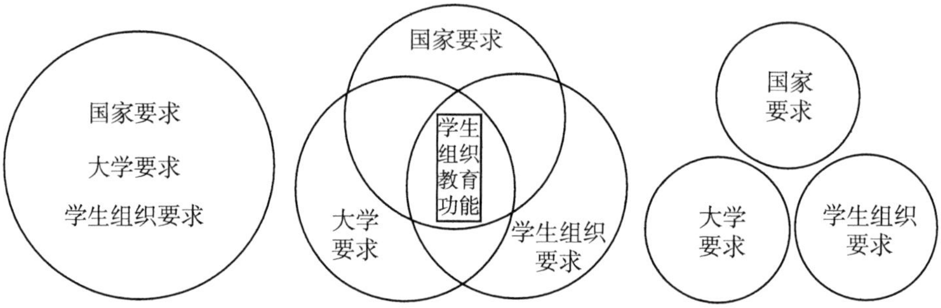

（a）理想共赢状态　（b）可以达成的博弈共赢状态　（c）负和博弈状态

图 3－1　模式图

第一，博弈的“三个主体”是客观存在的，也是不可能缺失的。大学生是大学学生组织教育功能产生的基础，大学学生组织就是代表学生并维护学生利益的，没有学生就谈不上学生组织，更谈不上教育功能；从大学学生组织教育功能演变过程来看，无论是专制时代还是民主时代，社会政治对大学学生组织的影响一直存在，也就是国家对大学学生组织教育功能的影响一直存在；大学是为了满足学生求知的欲望而产生的，大学的产生既满足了学生学习的要求，也实现了国家通过大学控制学生和控制人才的目的。只要有人类存在，就会有学生，有学生大学就不会消亡。国家从其产生之日起，在现实性上是很难消亡的。因此，大学学生组织教育功能博弈生成的“三个主体”是始终共存的。

第二，博弈的“三个主体”都希望通过大学学生组织对大学生产生影响，使自己的利益得到最大化满足。在博弈过程中，“三个主体”的博弈是动态的，先后顺序是国家、大学然后是学生，后参与者知道前参与者的要求。“三个主体”的博弈又是完全信息，每个主体都知道其他主体的要求。“三个主体”的博弈是合作的，它们彼此有一个具有约束力的协议即通过学生组织促进人的发展，使整个社会的利益有所增加。所以“三个主体”是动态、完全信息的合作博弈。

第三，博弈的“三个主体”都有其核心利益与非核心利益，彼此能够找出自己对另外两个主体的价值所在，“三个主体”所采用的策略都不仅仅是两利相权取其重，而且还是两害相权取其轻。当“三个主体”的核心利益基本得到满足就能实现可以达成的博弈共赢状态［见图 3－1（b）］。

第四，如果“三个主体”全部利益都得到满足，那就会出现理想共赢状态［见图3－1（a）］。这种状态是完全理想状态，是基本不能实现的状态。在现实性上，“三个主体”的博弈是在理想共赢状态［见图3－1（a）］与负和博弈状态［见图3－1（c）］之间徘徊，也就是始终处在可以达成的博弈共赢状态［见图3－1（b）］。如果“三个主体”的核心利益全部不能得到满足，就会出现负和博弈状态［见图3－1（c）］。这种状态也很难出现，只有国家内部发生重大事件，才有可能出现。

与其他理论相比，博弈论是为决策者之间的冲突与合作提供一种方法的方法论，其强调各自利益的最大化，同时又追求博弈后的共赢。这为大学学生组织教育功能的生成提供了全新的研究视角，学生组织通过各种活动实现对学生的教育引导，达到不同主体核心利益基本得到满足和非核心利益适度得到满足。

五、大学学生组织教育功能生成“四种理论”的分析

大学学生组织教育功能对国家、大学和学生本人的发展都具有重要的作用。无论是大学学生组织教育功能的冲突论解释、结构论解释，还是建构主义理论解释都能验证这一点。科塞、帕森斯以及哈贝马斯等著名社会学家的理论为分析学生组织教育功能形成的过程提供了理论基础。但是，在运用这些理论作为工具对我国大学学生组织教育功能进行分析时，这些理论又各自存在着一些固有的偏颇与局限性。

结构论与冲突论都具有复杂化、抽象化的特点，这也是其不足之处。首先是结构论，以帕森斯为例。帕森斯以建立一个包罗万象的理论体系作为人生的目标，其“理论过于抽象、宏大，使得在解释现实社会问题时暴露出致命缺陷”①。比如，帕森斯的AGIL模型被称为“如此宏大的社会模式对于理解今天社会现实却是无用的”。另外，结构论在分析中，过于注重系统的协调一致与和谐，忽视了社会冲突的存在。从大学学生组织教育功能生成的结构功

① 贾春增．外国社会学史［M］．北京：中国人民大学出版社，2000：237.

能主义理论分析来看，过于强调和依赖功能主义的趋向会导致国家和学校对学生组织的控制，将大学学生组织视为实现国家和学校目标的工具。为了实现社会的和谐，更多强调社会控制而忽视了大学学生组织中学生的需求。这对于理解学生组织中的冲突模式、因素以及演化逻辑等是存在严重缺陷的。这也是结构功能主义所受诟病最为剧烈的地方。

其次是冲突论。20 世纪 60 年代，以帕森斯为代表的结构功能主义学派受到了西方理论界的批判，并走向衰退。冲突论即时兴起并流行。冲突论的产生主要基于对传统结构功能理论的批判。“如果说结构功能主义强调的是社会的稳定和整合，代表社会思潮中的保守主义，那么社会冲突理论则是社会思潮中激进派别的代表，它强调社会冲突对于社会巩固和发展的积极作用。”不过，需要说明的是，冲突论虽然在反结构功能主义上具有积极的理论贡献，但其与结构功能主义的理论范式相比，并没有从根本上对其形成具有压倒性的批判力，因而本身难以形成与结构功能主义一样的影响力。与此同时，冲突论倾向于冲突而非整合，将冲突看作社会现象与组织的常态，无疑过于简化了社会现象和组织本身的复杂性。从大学学生组织教育功能生成的冲突理论分析来看，过于依赖冲突论的分析会将大学学生组织教育功能产生过程简化为冲突，这对于分析大学学生组织教育功能来讲过于简单化。比如，大学学生组织在冲突中往往会起到复杂的“中间人”的作用，在国家和大学具有优势的一方与学生个体或学生群体的冲突中，大学学生组织“中间人”的作用可能是复杂的。如果仅将大学学生组织教育功能的生成视为简单的冲突作用，这会使我们在学生组织教育功能的分析中只看到冲突的一面或只看到冲突整合作用的一面。正如新功能主义代表人物亚历山大（Jeffrey C. Alexander）所指出的，“冲突理论为经验研究提供了一种粗陋的、时而也是深刻的模型，迫使经验研究引入很不完备的剩余范畴和无效的特别解释”。

相比前二者，建构主义理论在当代组织研究中得到了更多的关注，尤其是在后现代组织研究中，其得到更为广泛的应用和继续阐释。不过，其同样存在着偏颇之处。一是过分夸大偶然性因素的作用，甚至在研究立场上不明晰；二是其解释偏重微观研究，缺乏对宏大变迁的呼应；三是忽视结构性的分析技术，因而对于结构性的要素和问题很少给予关注。从大学学生组织教育功能生成的建构主义理论分析来看，建构主义强调互为主题，建构主义理论更注重微观层面即学生层面的作用，忽视了国家和大学对大学学生组织教育功能的影响和制约作用，哈贝马斯在设定沟通情境时强调理性行动是在一个没有内在和外在制约因素影响的情境中实现的，而大学学生组织教育功能的发挥必然要受到组织内部和组织外部因素的制约。归根结底地看，建构主义理论有意尝试摒弃结构、功能和冲突等概念的纠结，其更注重对过程性和在过程中的“主体间性”的考察，并因此“带有突出主观建构性而忽视或有意回避客观制约性的不足”。

尽管笔者从结构论、冲突论和建构主义理论分析了大学学生组织教育功能的生成，但是三大理论都不能完全合理地解释大学学生组织教育功能的生成。而博弈论的观点恰恰为大学学生组织教育功能的生成提供了较为合理的解释。因为国家、大学和学生都希望各自要求在学生组织中得到最大化体现，“三个主体”的要求是均衡得到体现，还是某一个或某两个主体的要求获得更多的体现，不是别的因素决定的，而是“三个主体”博弈的结果。因此笔者从大学学生组织教育功能的博弈生成论视角来分析大学学生组织教育功能。

第四章

博弈论视域下大学学生组织教育功能体系

当今社会的发展与进步极为迅速，大学学生组织教育功能也并非一成不变。大学学生组织教育功能在不同的发展阶段呈现出不同的特征。从大学学生组织教育功能的历史演变过程和博弈论的视角，我们看到国家、大学和学生组织是影响大学学生组织教育功能生成的三大因素，笔者利用学习有关博弈论带来的启示，并运用博弈论和其观点对当下我国大学学生组织教育功能体系的生成进行分析。

一、大学学生组织教育功能博弈生成的合理性分析

我们可以根据大学学生组织教育功能场域的固定性、目标的一致性、主体的多元性、规则的守恒性特征来进行大学学生组织教育功能博弈生成的合理性分析。

（一）场域的固定性

显而易见，大学学生组织教育功能的博弈场域指向学校，其最基本特点就是它的固定性。大学学生组织教育功能场域的固定性主要包括三个方面：首先，国家教育政策方针最终要落实到学校。国家出台有关教育的政策和各项方针是国家根据社会发展和人的全面发展需要制定的对某一历史阶段教育

工作的指导思想和行动纲领。而学校是社会为实现教育目的而设立的专门教育机构。因此，国家的教育政策、方针包括对大学学生组织的相关规定也就必须最终落实到学校这个学生存在的基本场域，由学校贯彻执行。其次，学校的各项管理工作都在校园内进行。学校内部的各项规章制度的建立和各项管理工作的实施，其目的是使学校更好地运转与发展。最后，学生的学习和活动都在学校中进行。无论是正式的还是非正式的大学学生组织，无论其举办什么形式的实践活动，其活动基本上都是围绕着大学校园这个基本场所开展的。学生在各种理论课程及实践活动中有所习得的地点是学校，即使一些关于社会实践的校外活动，其主题和参与人也都与学校这个核心概念密不可分。从以上三个方面来看，大学学生组织教育功能存在博弈合理性的首要因素就是指向了学校这个固定场域。

（二）目标的一致性

大学学生组织教育功能存在博弈合理性的第二个因素就是国家的教育目的、学校的培养目标以及学生的学习目标总体保持一致。国家的教育目的从狭义上看是指一个国家为教育确定的培养人才的质量规格和标准，是社会通过教育过程要在受教育者身上形成其所期望的结果或达到的标准。学校的培养目标是指国家的教育目的在各级各类学校教育机构的具体化。每所学校由于社会特定需要的不同、受教育对象年龄层次的不同和受教育者的学习需求的不同所制定的培养目标各有侧重，但总的来说其目标无非是为社会及各行各业培养所需要的合格人才。课程目标以及细化了的教学目标是指教学活动预期达到的结果，是教师完成教学任务所要达到的要求和标准，这种要求和标准也可简单地理解为不断提高教学的质量和效益，促进学生主动全面发展，促使学生知识的内化、技能的生成和情感的升华。学生的学习目标是学生学习行为的动机所在，既包括大学时期的阶段学习目标，也包括对未来个人职业发展方向的展望，是自我成长的战略性宏观愿望和战术性具体想法的结合。以上无论从国家或学校还是学生的维度来看，其总体目标都是一致的：教育学生以使学生全面成长。而任何一方的目标发生改变都会引起如蝴蝶效应般的整体改变，但改变之后的最终结果仍然是保持一致性。

（三）主体的多元性

大学学生组织教育功能存在博弈合理性的第三个因素是主体的多元性。国家、学校及学生组织共同存在于博弈之中。几个主体之间呈现出相辅相成、缺一不可的关系。第一，任何一个大学学生组织都需要国家的引导，这种引导是指国家对学生在组织中达到的教育目的和对学生组织核心价值观的牢牢把握。国家价值观、主流意识的引导和组织成员的个别思想、非主流意识之间就是一种博弈的状态。第二，学生组织建立在学校中，就必然会受到学校各种规章制度的制约。学校的管理制度影响着人们的行为活动，这种依照制度的客观管理和人们的主观行为也构成了博弈。第三，学生组织存在的意义就在于作为关键主体的学生成长和发展。学生组织成员之间以各种方式存在着相互影响的关系，每个学生的付出不同、最终收获不同，所以成员之间也存在博弈。由此可见，国家、学校和学生组织构成了大学学生组织教育功能博弈的多元主体，且这几个主体之间存在博弈，如当学生认为自己的利益没有达到满意时，会采取行动争取权益，而整个博弈的微妙之处就在于牵一发而动全身的各方策略的微调。

（四）规则的守恒性

从宏观层面来看，所有的博弈都有四个要素，即参与人、行动、支付、信息，这四点总称为博弈规则。上文已经提到大学学生组织教育功能博弈中的参与人包括国家、学校及学生组织，而这几个参与人是固定不变的；在这个博弈中的各方所采取的行动都具有一致的向心性，都是指向学生的全面发展；各参与方为了自我利益最大化，都支付了最大化的努力程度；在学校中信息可能是全面公开的，也就是说每一方都掌握了其他参与人以及所处环境的所有信息，但也有信息不对称的情况，但无论怎样，信息存在于学校总体环境之中。因此，从总体规则的守恒方面上看，大学学生组织教育功能博弈具有合理性。

从具体层面来看，规则是指博弈主体在博弈过程中应该遵守的规章制度。非合作博弈的实质在于人们行为的不可预期，为了提高人们行为的可预期度，制度是一个很好的策略。[①] 通过制度来规范博弈主体的行为尤为重要，国家作为博弈中的第一个向其他人显示合作意图的主体，自然担负起制定规章制度的重要任务，而考虑到学生组织设立于学校之内，国家制定的博弈规则应当考虑到学校和学生组织的实际情况，建立能够符合所有博弈参与人的共同利益的规章制度。制度创建后应固定下来，不可轻易更改，一个持久守恒的规则才能得到所有参与人的认可，由此而产生的约束力也才真正有效。

从上述分析来看，利用博弈论的观点对大学学生组织教育功能进行分析具有其现实合理性。由多方构成的博弈参与人各自为了实现自身利益最大化，在学校这个固定场域内，向着同一个目标而采取不同行动，同时各自的行为受到守恒的博弈规则的限制，这是符合博弈的基本观点和要求的。因此，利用博弈论的相关知识来研究大学学生组织教育功能具有科学性和严谨性。

二、多元主体博弈下的大学学生组织教育功能

大学学生组织教育功能是“三个主体”博弈与追求共赢后的结果。在国家层面上，要求大学学生组织必须从我国现实情况出发，体现出共产党和政府所提出的对人才质量的要求，通过大学学生组织的活动要增强维护国家、集体利益的意识，践行社会主义核心价值观，培养学生遵守我国法律，实现教育方针所提出的培养目标；在大学层面上，要求大学学生组织必须符合其所在大学对学生的具体要求，能够传承其所在大学良好的学风和校风，促进大学生的社会适应能力，提升自我教育能力，为大学生的全面发展提供保障；从大学生层面上，要求大学学生组织能够维护学生合法权益，为大学生的特长发展、实践能力和创新能力发展提供平台，通过大学生参与学生组织的各种活动能够实现大学生的全面、健康、可持续性的发展。通过大学学生组织在宏观、中观和微观方面教育功能的发挥，最终实现教育促进社会的进步和人的发展的目的。

---

① 方原，吴江．博弈视域下大学生自组织发展研究［J］．长春工业大学学报，2014：117－119.

（一）国家主导下的大学学生组织教育功能

1. 国家对大学学生组织教育功能的影响

从历史发展的渊源来看，大学是社会发展到一定历史阶段的产物，当大学还未进入国家发展的视野当中时，大学的发展主要沿着社会的发展在不断地前行，大学学生组织教育功能的实现在很大程度上是一种自觉活动。但是，随着社会的发展，大学正逐渐成为国家发展的重要动力，国家开始把大学纳入国家的重要发展战略地位，这时候大学学生组织的教育功能就不可避免地打上了国家的烙印，国家成为大学学生组织教育功能实现的一个最重要的博弈者。

（1）国家意志影响大学学生组织教育功能。

大学生是国家宝贵的人才资源和财富，大学所培养出来的学生质量和规格必须符合我国人才的要求，大学生的未来决定了国家的未来走向。培养大学生社会主义核心价值观就是我国当下国家价值的体现。社会主义核心价值体系形成于2006年10月中共十六届六中全会通过的《中共中央关于构建社会主义和谐社会若干重大问题的决定》。2007年10月，党的十七大进一步指出了“社会主义核心价值体系是社会主义意识形态的本质体现”。2012年11月，中共十八大报告明确提出“三个倡导”，即“倡导富强、民主、文明、和谐；倡导自由、平等、公正、法治；倡导爱国、敬业、诚信、友善，积极培育社会主义核心价值观”。这是对社会主义核心价值观的最新概括。

法律法规往往是统治阶级意志最为集中的表现，国家通过法律法规及相关文件要求大学学生组织教育功能体现国家利益。在1995年3月18日第八届全国人大第三次会议上颁布的《中华人民共和国教育法》第一章总则第五条规定：“教育必须为社会主义现代化建设服务，必须与生产劳动相结合，培养德、智、体等方面全面发展的社会主义事业的建设者和接班人。”《中华人民共和国教育法》第二章对我国教育基本制度的相关法律规定也体现出国家对大学学生组织教育功能的意志规范，要求大学学生组织教育功能的发挥必须使学生要爱国爱党，拥护社会主义现代化建设。以马克思列宁主义、毛泽东思想和中国特色社会主义理论为指导是构建社会主义和谐价值体系的理论保障。这些要求对大学生的思想政治素养、成才立志做出了国家政策性的导向，这也要求大学学生组织在引领高校学生形成以社会主义核心价值体系为代表的思想政治道德素养中发挥作用。在其指导下，我国大学学生组织在举办组织活动时，必须始终坚持马克思主义意识形态在学生组织思想阵地中的指导地位，弘扬我国民族优秀文化传统，充分调动学生组织内部的积极因素，凝聚组织共识、激发组织成员活力，夯实组织成员思想道德基础，形成学生组织整体奋发向上的精神力量与团结和睦的精神纽带，为培育社会主义核心价值观提供精神动力和智力支持。

《中华人民共和国高等教育法》第一章总则中的第三条“国家坚持以马克思列宁主义、毛泽东思想、邓小平理论为指导，遵循宪法确定的基本原则，发展社会主义的高等教育事业”，第四条“高等教育必须贯彻国家的教育方针，为社会主义现代化建设服务，与生产劳动相结合，使受教育者成为德、智、体等方面全面发展的社会主义事业的建设者和接班人”，第五条“高等教育的任务是培养具有创新精神和实践能力的高级专门人才，发展科学技术文化，促进社会主义现代化建设”，分别对我国高等教育事业举办的指导思想、办学方针以及人才培养做出了明确的要求。马克思主义指导思想是社会主义核心价值体系的灵魂。马克思主义是我们立党立国的根本指导思想，是社会主义意识形态的旗帜和灵魂。在社会主义核心价值体系中，马克思主义提供的是科学世界观，是认识世界和改造世界的立场、观点、方法。中国共产党坚持把马克思主义基本原理同中国具体实际紧密结合，从而形成了毛泽东思想、邓小平理论和“三个代表”重要思想，形成了科学发展观和构建社会主义和谐社会等重大战略思想。这些理论成果是中国化的马克思主义。这表明，让大学生群体有组织地、系统地接受马克思主义思想教育，成长为社会主义新中国建设者和接班人是大学学生组织的教育功能之一。

2004 年中共中央、国务院在颁发的《关于进一步加强和改进大学生思想政治教育的意见》中明确提出：“加强和改进大学生思想政治教育，提高他们的思想政治素质，把他们培养成中国特色社会主义事业的建设者和接班人，对于全面实施科教兴国和人才强国战略，确保我国在激烈的国际竞争中始终立于不败之地，确保实现全面建设小康社会、加快推进社会主义现代化的宏伟目标，确保中国特色的社会主义事业兴旺发达、后继有人，具有重大而深远的战略意义。”2010 年，在《国家中长期教育改革和发展规划纲要(2010—2020 年)》中又提道：“坚持德育为先、立德树人，把社会主义核心价值体系融入国民教育全过程。加强马克思主义中国化最新成果教育，引导学生形成正确的世界观、人生观、价值观；加强理想信念教育和道德教育，坚定学生对中国共产党领导、社会主义制度的信念和信心；加强以爱国主义为核心的民族精神和以改革创新为核心的时代精神教育；加强社会主义荣辱观教育，培养学生团结互助、诚实守信、遵纪守法、艰苦奋斗的良好品质。加强公民意识教育，树立社会主义民主法治、自由平等、公平正义理念，培养社会主义合格公民。”2013 年 12 月，在中共中央办公厅印发的《关于培育和践行社会主义核心价值观的意见》中明确提出把培育和践行社会主义核心价值观融入国民教育全过程。2015 年 1 月，在中共中央办公厅、国务院办公厅印发的《关于进一步加强和改进新形势下高校宣传思想工作的意见》中强调，意识形态工作是党和国家一项极端重要的工作，要大力加强社会主义核心价值观教育，把培育和弘扬社会主义核心价值观作为凝魂聚气、强基固本的基础工程，成为高校全体师生的价值追求和自觉行动，为实现中华民族伟大复兴的“中国梦”提供人才保障和智力支持。

从以上法律法规及相关文件我们可以看到，国家高度关注大学生的思想动态。大学生是高校最大的群体，是高等教育的主体，大学学生组织教育功能必须体现国家意志，高校学生组织教育功能的发挥也必然要体现这些法律法规及相关文件要求，大学学生组织活动的开展必须以法律法规为准绳，开展相关活动，发挥其对大学生的教育功能。

（2）社会主义市场经济影响大学学生组织教育功能。

十一届三中全会以来，我国逐步确立了社会主义市场经济体制，这种由过去的计划经济转变为社会主义市场经济不仅影响和改变着社会的经济生活，也同样会导致大学生价值取向、意识形态发生变化。

不可否认，社会主义市场经济的浪潮对大学产生重要影响，它也正在使大学学生组织教育功能发生着巨大的变化。面对市场经济，大学学生组织的种类比过去任何一个时期都多，各种各样的大学学生组织应社会主义市场经济的大发展而竞相迸发。由于大学学生组织的日益增多导致大学学生组织的教育功能也正在日趋多样化，过去单一的思想道德的教育功能正在逐步被多种类和多取向的大学学生组织教育功能所取代。随着社会主义市场经济的发展，大学学生组织对国家政治的关注没有以前那么高，大学学生组织更注重对大学生个人未来发展的引导，更加注重学生社会性发展、特长发展和个人成长的培养。激烈竞争的社会现实正影响大学生在大学学生组织中渴望增加自己的智慧和才能，渴望在大学学生组织中获得有益发展。

社会主义市场经济为大学生参与各种活动提供了平台，这在客观上使大学学生组织教育功能发挥作用成为可能。我国社会主义市场经济的快速发展对大学学生组织影响最大的是价值观的变化，过去是追求铁饭碗，力求稳定、好逸恶劳，一切靠国家和政府，现在讲究多劳多得、按劳分配，需要靠自己的本事和能力。这些因素也影响大学学生组织中的大学生为适应社会需求，需要从知识储备、经验锻炼、道德素质等多方面提升自己。

另外，由于市场经济是把“双刃剑”，使得大学学生组织教育功能也可能走向异化，这种异化很可能会严重导致大学学生组织偏离我国大学正确的教育方向。我们看到：一方面，大学学生组织中的大学生在追求效益和效率，努力进取的同时有着正确的利益观；另一方面，某些大学生的拜金主义、利己主义、享乐主义不断抬头，这些腐朽落后的生活方式正在侵蚀着大学生，大学学生组织就有可能沾染上某种恶习，其所发挥的教育功能不是正面的而是负面的。

（3）国家媒体的舆论宣传影响大学学生组织教育功能。

媒体是国家的喉舌，媒体的报道和宣传具有强烈的导向作用，对大学学生组织教育功能会产生潜在的深远影响。回顾改革开放40多年的历史，我们会发现如果国家媒体在舆论宣传方面的导向发生错误，就会导致大学学生组织教育功能产生严重偏差。例如，在20世纪80年代，资产阶级自由化思潮在中国泛滥，加上一些媒体的导向发生问题，导致1989年政治风波的形成。在这里列举两个实例。1988年，中央电视台在黄金时间两次播出电视系列专题片《河殇》。《河殇》播出后，一批“文化精英”在报刊上进行吹捧，许多报刊刊载其解说词。《河殇》的主题思想是彻底否定中华民族的优秀文化，否定共产党领导下的民主革命，倡导“全盘西化”、走“蓝色文明”之路，其实质是倡导走资本主义道路是中国唯一的出路。这个系列专题片在当时中国社会产生了极大的震荡。笔者现在对此系列专题片仍然记忆深刻。1985 年 11 月 2 日，《工人日报》发表了署名马丁的《当代我国经济学研究的十大转变》文章，此文章一经发布，立即引起了国内外轩然大波，当时被称为“马丁事件”。在那个年代鼓吹资产阶级自由化的文章比较多，尽管以邓小平同志为核心的党的第二代领导集体对此进行了猛烈抨击，但是这种思潮已经在大学学生组织中产生了影响，学生组织对大学生的引导背离了国家的方向，大学学生组织所发挥的是其负向教育功能，最终导致了 1989 年的政治风波。

国家媒体宣传的内容会直接影响大学生价值判断，当其明晰地进行正向舆论宣传，大学学生组织教育功能的发挥就会是积极向上的。当其不明晰的时候，尤其在价值观方面出现混乱的时候，就会造成大学生在价值观方面出现混乱。大学一直是各种思潮、各种价值观的必争之地。党的十八大明确提出了社会主义核心价值观及其具体内涵。国家大力倡导培育和践行社会主义核心价值观的实际就是要重新建立中华民族的信仰问题，重新树立民众的信仰问题，明确了我国社会主义价值导向。国家媒体的舆论宣传也激励了大学学生组织在活动中引导大学生培育并践行社会主义核心价值观。

2. 国家主导的大学学生组织教育功能特征

从国家层面而言，大学学生组织教育功能首先要体现国家属性，就是追求社会主义核心价值观的实现，具体而言，国家主导下的大学学生组织教育功能具有以下三方面特征。

（1）必须坚持社会主义方向。

社会的和谐与稳定首先需要政治的稳定与和谐，我国是社会主义制度，坚持中国共产党的领导，坚持社会主义办学方向，大学学生组织教育功能必须满足国家要求。大学生是接受过良好教育的社会公民，他们是国家未来的领导者和建设者，他们的人生观、世界观和价值观将直接而深刻地影响着我国社会未来的发展方向与社会的稳定。通过大学学生组织对大学生的引导，使大学生们认清自己在特定的历史条件下时代所赋予的历史使命，承担社会的责任，坚定正确的政治方向，践行社会主义核心价值观，弘扬社会正义，成为民主与法制社会的积极建设者，促进社会主义的物质文明、精神文明、政治文明以及和谐社会的发展。

(2) 必须促进大学生全面发展。

推进素质教育，促进学生的德、智、体、美等全面发展，是我国教育不懈追求的目标。对大学生来说，也是如此。党的十八大报告明确提出：把立德、树人作为教育的根本任务，培养德智体美全面发展的社会主义建设者和接班人。可以看出，在人的全面发展教育中，德育是根本，是灵魂。加强大学生思想政治教育是国家始终坚持的一项国家政策，这决定着大学生个人发展的方向和国家未来的发展。通过思想政治教育和爱国主义教育，把大学生个人的命运与祖国和人民的利益紧紧联系在一起，激发大学生的责任感。大学生是国家未来的人才，是民族未来的希望，国家的发展也需要他们成为全面发展的人。

(3) 必须培养大学生创新精神。

创新精神主要包括创新意识、创新思维和创新能力。江泽民同志多次指出，创新是一个民族的灵魂，是国家兴旺发达的不竭动力。我国改革开放设立的“深圳特区”，邓小平同志倡导的“一国两制”，袁隆平同志的“杂交水稻”等，都是创新的结果。创新思维的有无，对国家将决定其兴衰，对个人将决定其发展。创新精神需要以丰富的知识为基础，能够对事物进行优化组合，能够对各种信息进行科学评判。大学学生组织的活动都是强调自愿、自主，体现自由。大学生也都是根据自己的兴趣和爱好来选择学生组织。这为大学学生组织培养学生的创新精神提供了可能。大学学生组织要开展丰富多彩的活动，在活动中激发学生学习知识的兴趣。在活动中培养学生发现问题、分析问题和解决问题的能力，拓宽学生的知识面，开阔学生的视野，一点一滴地培养学生的自信，培养学生的创新精神。

(二) 大学主导下的大学学生组织教育功能

1. 大学对大学学生组织教育功能的影响

大学是培养人才的场地，其在培养大学生成长、成才的过程中必须贯彻国家对人才质量和规格的要求，但大学又不仅仅是一个简单被动的执行者，其在培养大学生过程当中也有自身的具体要求。不同的大学，学生组织特色不同。大学在执行国家对大学学生组织教育功能设定的前提下，大学也需要将自身的要求在大学学生组织中得到体现。因此，大学必须合理地参与到大学学生组织教育功能的博弈中来。大学主要通过教学科研组织、党团组织、学校规章制度以及学校校园文化影响着大学学生组织教育功能。

（1）大学教学科研组织影响大学学生组织教育功能。

教学与科研是大学的最重要的功能，每一所大学都会依照国家宏观教育目标要求并结合自身实际情况来确立本校教育教学和科学研究的目标，为能够又快又好地实现自身目标也都会在不同层次上成立具有自己特色的教学组织和科学研究组织，这种组织的出发点和落脚点很大程度上是在大学生身上得到体现，特别是大学的本科教学更是如此。即使是科学研究也更大限度上要求具有研究能力的学生来参与其中，这样就不可避免地对大学学生组织教育功能产生要求。鼓励大学生更多地参加教育教学和科学研究活动，并把学术型的学生组织融入进来，使大学生在校期间就受到教育教学和科学研究的实际训练与锻炼，这有助于大学生整体素质的加强和提高。

大学生的挑战杯和大学生创新创业计划是大学教学与科研对大学学生组织教育功能影响的最重要的体现，它们正在成为大学生参与大学的教育教学和科学研究甚至是社会服务的一个最重要的利器，也是大学培养大学生创新能力和实践能力的重要基地，在提高大学生综合素质，引导大学生适应社会和促进大学生成才与就业等方面发挥着极其重要的作用，是深化教育改革的新形势下有效凝聚学生、开展大学生思想政治教育和使大学学生组织健康良性发展的重要组织方式。大学生科研创新团队塑造了大学生的主体能力，发挥了学校对大学学生组织教育功能的有效影响，激发了大学生的求知欲并陶冶了大学生的情操，扩展了大学生的知识面，挖掘了大学生的潜能，有利于深化课堂教学，能够培养大学生的科研与创新能力，提升大学生的综合素质，加强当代大学生的责任感与合作意识，起到了学校对大学学生组织教育功能的引领作用。

（2）党团组织影响大学学生组织教育功能。

2014 年，中共中央办公厅印发的《关于坚持和完善普通高等学校党委领导下的校长负责制的实施意见》中明确了大学特别是公立的高等学校是中国共产党领导下的事业团体，大学必须体现党所要求的发展方向。共青团是中国共产党的先锋组织，在高校同样占有极其重要的地位。《中华全国学生联合会章程》第一条规定，中华全国学生联合会是在中国共产党领导下的中国高等学校学生会、研究生会和中等学校学生会的联合组织。因此全国各个大学学生组织也都是在大学党委的领导下和团委的指导下开展活动。这表明大学的党团组织对大学学生组织教育功能必然产生影响，这也是高校坚持党委领导下的校长负责制的本质要求。

大学党团组织通过政治优势和组织优势对大学学生组织提出要求，并通过学生组织对学生产生教育影响，使高校党团组织政治优势和组织优势转为大学学生组织教育的重要资源，学生组织也自然引导大学生学习马克思主义理论，培养社会主义核心价值观。大学党团组织对学生组织教育功能的发挥起到监督和导向作用，使大学学生组织的教育功能不发生偏离。

在高校，党团组织必须成为大学学生组织的思想核心，党团组织实时掌握学生组织的思想动态，及时归纳大学生的所思所想并统一思想，对大学学生组织进行正确引导。在发生重大事件时，党团组织会迅速行动，指导大学学生组织的各种活动。因此，大学党团组织对大学学生组织教育功能发挥的影响程度是最深的。

（3）大学规章制度影响大学学生组织教育功能。

大学制定的规章制度影响大学学生组织教育功能。在笔者对大学学生组织管理者的访谈中，受访者普遍认为，当学校重视学生组织时，学生组织就活跃，其教育功能发挥的效果就很好。比如，大学为了体现“依法治校”，为了引导大学生合理反映自身诉求，全国各所大学基本确立了比较完善的大学生申诉制度。其目的就是当大学生权益受到一定的侵害时，大学学生组织能够利用学校的相关规章制度来引导大学生合理反映自身诉求，从而发挥其教育功能。

比如，笔者工作的大学为了加强诚信教育出台了《“考场零作弊”——大学生诚信教育活动实施方案》，将大学生诚信教育作为重点工作，旨在以期末考试“零作弊”免监考的诚信考场来强化学生考风、考纪建设工作。在全校范围内开展了“考场零作弊”主题教育系列活动，包括短剧大赛、演讲比赛、漫画大赛、征集诚信考场标识、诚信论文答辩等。这项工作带动了更多的大学生参与到诚信教育活动中来。通过学生组织的活动，达到强化意识、深刻思想、身体力行、践行诚信的目的。使大学生在活动中得到反思，培养了大学生的诚信品质，使大学生在成长中受益，对进一步推进良好校风、学风建设工作意义深远。从这一实例中我们看到，正是大学相关规章制度的出台，使大学学生组织关于诚信的教育功能得到发挥。

再如，笔者所在的大学，2009 年出台文件，开始对优秀大学生实施“卓越人才培训工程”。其宗旨是加强学生综合素质和实践能力培养，进一步提高人才培养质量，在本科生中培养一批“思想素质过硬、专业基础扎实、实践能力突出、示范作用明显”的卓越人才。其一方面是为了让这些大学生更好地适应社会需要；另一方面是为在校大学生发挥示范表率作用，带动大学生群体积极向上，促进学校学风、校风建设。这一培训工程在学生当中产生了积极影响，学生争先恐后报名，以能够参加培训工程而自豪，这些成员基本都成为大学学生组织的主要负责人，在引领学生组织发挥其教育功能上起到了积极的、正向的作用。

可见，大学制定的规章制度具有指挥棒的作用，对大学学生组织教育功能发挥的广度和深度都有极深的影响。

（4）大学校园文化影响大学学生组织教育功能。

校园文化是依托校园这种小环境、小气候，通过长期的发展逐渐沉淀下来，形成特有的思想观念、行为准则、处世方式、生活态度、价值标准、舆论方向并得到学校师生广泛认同的物质文化和精神文化的总和。大学校园文化是社会文化的有机组成部分，属于社会亚文化（subculture）范畴，具有文化质的规定性、继承性和传播性等特点，由于校园文化构成要素和活动方式的独特性，它必然表现出许多有别于其他亚文化的特定含义。我国大学生的学习和生活基本都在校园，学生组织的活动多数都在校园中进行，校园文化必然会通过学生组织对大学生个体产生影响。

大学校园文化通过学生组织对大学生个体产生教育的过程就犹如“水滴石穿”，是长期浸润的结果。大学校园文化并不是强行地灌输于大学生的，而是各种有形无形的因素结合在一起通过学生组织渗透并作用于大学生。校园文化提倡什么，崇尚什么，大学生就会追求校园文化所倡导的东西。如果一所学校的校园文化中充满了低俗、消极因素（例如，学生恋爱成风、吸烟成群、打架成帮），学生组织想实现国家和学校要求的正向教育功能是不可能的，因为校园文化具有导向功能。如果在大学的校园文化里，健康向上的、高雅格调的、有益身心的各类精神文化活动多，就可以激励大学生强化个人修养，培养自己正确的审美观、积极的审美意识。因为大学校园文化具有软制约的特点，可以通过校园文化中的精神、道德、制度、行为、规范和价值标准内化为个人自律意识与自律行为，使校园群体以及其成员在同一规范内活动，进行自我管理和制约，形成良好的校风。这对于学生组织发挥其正向教育功能起到积极的促进作用。

大学校园文化，作为学校教育的一部分，影响大学生个人思想品质、行为准则和人格塑造等方面。校园文化影响学生的人生观、世界观、价值观，关系到国家未来的发展。校园文化是大学学生组织正向教育功能是否得以发挥的重要环节，好的校园文化能够促使学生不断完善自己，适应社会发展要求。不好的校园文化就会导致学生走向背叛社会的一面。所以加强校园文化建设是大学学生组织正向教育功能得以发挥的重要保障。

2. 大学主导下的大学学生组织教育功能特征

（1）必须与学校的核心工作一致。

当大学居于主导地位的时候，必然要求学生组织为学校的核心工作服务，学生组织教育功能的发挥也必然要与学校的核心工作保持一致。教学和科研工作是支撑中国大学发展的两个最为重要的支柱，学校所有工作都是紧密围绕其展开的，学生组织及其教育功能也不例外，学生组织是在大学校园中存在的，大学直接影响并决定着学生组织的自治程度和学生组织教育功能发挥的方向。当大学主导学生组织教育功能时，也是学生组织自治性和其教育功能自主性发挥最不充分的时候。

学校为完成其核心工作，可以通过文件或者以下达任务的方式传达给学生组织，通过学生组织去影响学生。学生组织为了完成学校布置的工作，自主活动的时间和空间被大量压缩，其自我教育功能减弱。长期如此，学生组织对学校就会形成依附性和顺从性，缺少了创造性，学生组织教育功能只能服从学校的要求。

（2）促进学生全面发展。

促进学生全面发展不仅是国家的要求，也是学校所希望的。通过笔者的调查问卷发现大学学生组织的活动多以娱乐性为主，这说明学生组织活动内容的单一。要想依靠课堂教学来促进学生的全面发展，那是根本做不到的。大学生的全面发展必须依靠学生组织的活动来促进，学校希望通过对学生组织的影响，使大学学生组织的教育功能达到理想状态，得到充分发挥。这对学生完善自身知识结构、锻炼实践能力、提高综合素质、丰富校园文化都能起到促进作用。

大学生的全面发展是大学本身发展的历史和现实的必然选择，如果每一个大学学生组织都只是侧重于学生的某一个方面的特长展示和发展，势必会造成学生在发展过程中逐渐成为“跛脚鸭”。因此，学校必须干预大学学生组织教育功能的方向问题。学校的德育和核心价值观必然要在大学学生组织教育功能中得以体现，这是人才培养的方向问题。大学创新人才的培养是针对全体学生，培养学生全面发展是为创新人才奠定广阔基础。所以大学要求学生组织必须发挥促进学生全面发展的教育功能。笔者认为，一个优秀的大学学生组织，是能够彰显学校的主流价值观的发展方向，是能够将组织倡导的价值观潜移默化地传递给大学生，这是大学本身对大学学生组织的根本要求。

（3）引导学生遵守学校的规章制度。

学校的规章制度是要求成员共同遵守的准则，然而在校园的现实生活中，大学生违规违纪的事情经常发生，有时会导致学校与学生之间产生法律纠纷。因此，在现实性上，大学学生组织作为学校的重要组成部分要积极主动地引导组织成员去遵守学校的规章制度。学校的规章制度也是校园文化的重要方面，校园文化对大学学生组织的教育功能具有深远影响。大学的规章制度在不同的时间和不同的环境中影响着大学学生组织，每一个大学生都会自觉或不自觉地受到学生组织的影响，学生组织也会有意或无意地引领组织里的成员去遵守学校的规章制度。

比如，大学规定晚上十点学生寝室关门。如果学生组织晚上十点之后从来不查寝，那么学生晚归寝的现象会逐渐增多。如果学生组织晚上十点之后不定期或者天天查寝，那么学生晚归寝的现象就非常少。所以，学生组织在引导学生遵守学校规章制度方面具有非常重要的作用。

（三）学生组织主导下的大学学生组织教育功能

1. 学生对大学学生组织教育功能的影响

学生是大学最重要的主体之一，大学生希望能够参与到学校管理事务中来，希望学生自己的事情由自己来解决，这样能够使大学生们感受到自己是学校的主人，能够产生强烈的责任感与主人翁意识，不再是简单的接受与服从管理。学生的自我管理有利于激发主体的自觉性，从而达到从他律向自律方向发展。大学学生组织教育功能的实际发动者一定是大学生本身，大学学生组织是大学生利益的代言人，大学生在国家和学校对大学学生组织教育功能的双重影响下并不会无所作为，事实上，大学学生组织教育功能的发挥在很大程度上取决于大学生对大学学生组织的要求。在这一过程里，大学学生组织代表大学生也正在与国家和学校在合理、合法的范围内进行必要的博弈。大学生对于学生组织教育功能的要求有助于我们探索大学学生组织教育功能发挥的影响因素，进而为完善大学学生组织和促进学生发展提供有益的思考与建议。

（1）大学生特长发展的需要影响大学学生组织教育功能。

大学生出于自身特长发展与融入社会的需要，更加愿意通过加入学生组织促进自身特长发展或者新特长的形成。这是因为每一类学生组织的成员基本由具有相同的兴趣爱好和特长的学生建构而成，它是当前大学生正规学习生活之外的主要业余生活方式。大学生参加学生组织更多出于自身发展的需求，有不同特长的学生选择不同类型学生组织的时候，首先会考虑学生组织能否使其自身的特长得到发挥和进一步发展，他们的目的在于通过参加组织活动使其个人特长得到发挥并获得认可，使其人际交往能力和沟通能力得到完善，从而提高社会适应性和在社会中的竞争能力。

大学生希望通过两个方面使特长得到发展：一方面，通过参与组织活动，如各种形式的篮球、足球、体操、演讲、歌舞比赛等文体活动，使自身的特长得到发展或者培养了自身新的特长，而且通过组织活动有助于使自身的素质得到进一步的提高，还可以习得良好的社会适应能力、人际交往能力，并能妥善控制自我的情绪，加深对自我的认知，发挥特长优势有利于形成积极客观的自我评价；另一方面，他们希望通过亲自参与组织活动与组织建设，使大学学生组织更好地得到改善，为他们提供更多、更广阔的特长展示平台来服务于他们自身发展的需要，达到自身特长得到充分展示的目的，同时也能够服务于学校和社会的发展。

（2）大学生能力提升的需要影响大学学生组织教育功能。

大学生是国家未来发展的主力军，决定着国家未来发展的进程，“物竞天择，适者生存”这是自然界生存的法则。社会主义市场经济以及我国高等教育的大众化对大学生能力提出了更高的要求，市场经济不仅需要专业型人才，更需要复合型人才。高等教育大众化使大学生就业竞争激烈化。大学生自身也意识到能力得不到提升，走上社会就缺乏竞争能力。学生在大学中获得能力提升主要通过两种渠道：一是通过课堂学习；二是通过参加大量的学生组织活动。大学生通过活动将课堂知识固化、深化和消化，通过活动将理论与实践结合，通过活动提升解决问题能力，包括解决复杂问题能力的锻炼。

大学生能力提升的强烈需求要求大学学生组织必须搭建广阔的平台。如果大学学生组织只是满足国家和学校的要求，忽视学生自身发展的需要，那么大学学生组织就失去了存在的基础，没有广泛学生参与的学生组织也就失去其存在的意义。因此，大学学生组织要开展广泛的学生活动，与社区、工厂、实验室、农场等进行对接，展开相关的社会实践活动，为大学生将理论知识与具体生产生活实践结合搭建平台，为学生锻炼处理复杂问题的能力提供可能。通过学生组织独立自主开展的各种活动，增强学生自身的实践欲望，从而达到提升其一般实践能力、专项实践能力以及处理突发事件的能力。没有学生组织的活动，就没有大学生展示能力的平台，就不会激发学生创新的欲望，学生能力也就不会得到提升。

（3）大学生维护自身权益的需要影响大学学生组织教育功能。

大学学生组织从其产生之日起，就代表广大学生利益，就有维护学生权利和利益的功能。随着社会的进步与时代的发展，大学生群体与社会的联系越来越密切，观念也在不断地更新，呈现出思想的多元性和行为的独立性，其主体意识和权利意识不断增强。尤其是在维护自身权益方面，学生与学生、学生与学校以及学生与社会之间的矛盾不断显现。大学生维权意识显著提高，维权主动性不断增强，越来越多的大学生选择行政、司法途径维护自身权益。[①]“权益”可以理解为“法律为保障主体实现某种利益而允许其行为的界限”[②]。大学生权益是指大学生在接受高等教育过程中应享有的权利及由此带来的利益。大学生的权益包括健康权、姓名权、荣誉权、隐私权、名誉权、入学权及升学权、教育选择权、公平评价权、就业权等。[③]

现在我国高校大学学生组织基本都有维护学生在校合法权益的部门，虽然大学生维护权益意识和自我保护意识不断增强，但由于大学生处理社会事务的能力比较低，其维权具有依靠性和盲目性，维权力量薄弱，维权意识还是比较淡薄的特点决定了学生在校内或校外合法权益受到侵害时，有的自认倒霉，有的乱闹一气，他们不知道如何正确维护自身权益。这加剧了大学生维权的难度，这也使大学学生组织维护学生权益的作用得以凸显。大学学生组织是获得学生信赖和支持的自治组织，所以大学生要求学生组织在维护其权益方面应承担起责任。不仅仅是帮助学生维护自身权益，更重要的是通过活动和实践，帮助学生提升自我维权能力，让学生知道如何合理地反映自身诉求。这也客观上要求大学学生组织开展相关活动，引导学生树立正确的主体意识与权益意识，通过法律知识培训、模拟法庭、社会实践等活动，推动学生维权意识的发展。从社会稳定的角度来看，大学学生组织也应增强对大学生维护权益的教育功能，任何一所高校的大学生维权活动，都很容易通过互联网、新闻媒体等方式在社会上产生广泛响应，产生规模效应。因此，作为大学生自己的组织即大学学生组织应该切实教育和引导大学生正确、合理地维护自身的合法权益。

---

① 付建龙．高校共青团组织应切实维护大学生的合法权益［J］．思想政治工作，2010（3）：78.

② 彭万林．民法学［M］．北京：中国政法大学出版社，1999：72.

③ 邓亮．论大学生权益维护［J］．高教高职研究，2011（54）．

2. 学生组织主导下的大学学生组织教育功能特征

（1）成为学生自身特长发展的舞台。

大学生都是根据自己的兴趣、特长、爱好和志向来选择自己钟爱的大学学生组织。一所大学，特别是规模较大的学校，大学学生组织较多，大学生参加什么样的学生组织完全由大学生根据自己的特长和特点自主选择，自由进出。现今的大学生虽然可以重新选择自己的专业，但是专业性的学习还总是显得异常枯燥乏味，每一个大学生都有不仅一个专业性的爱好，而大学里种类繁多的大学学生组织可以在一定程度上满足学生摆脱专业困境和求其所爱的需要，也满足了大学生自身发展的需要。基于相同的兴趣和爱好，有着相同价值观和志向的大学生自发地走到一起，以爱好、兴趣为纽带形成了不同的大学学生组织，其中共同的特长和爱好是形成群体组织的重要元素。大学生还可以根据自己的特长、爱好同时参加不同类型的大学学生组织，可以不受专业和院系甚至学校的限制。

大学学生组织是基于共同的兴趣爱好而形成的，无论是学生会还是各种社团与协会的存在，为有相同爱好、技能、特长的学生聚在一起提供了条件和舞台。这样的大学学生组织通常有良好的合作氛围，强化了成员间合作的意识，举办活动的效率也大大提高。同时，集体活动的开展与组织的发展离不开大学学生组织成员所付出的辛勤劳动。事实上，每项活动的前期策划、准备以及后期经验总结都促使投入其中的每个成员利用大量时间进行私下自主学习和交流，最终发展了学生的个人特长，在展现自我的同时，也极大地促进了整个学生组织的发展。

（2）成为学生能力提升的平台。

大学学生组织对大学生能力的提升发挥着重要的作用。大学生在学生组织的引导下，有意识、有目的地去学习知识和技能，以自己的日常言行塑造校风学风、注重自我能力的培养，并尽可能地提升自我创新能力和实践能力。在大学学生组织中，各个不同专业的大学生在大学学生组织所举行的活动过程中，学会合作并躬身实践，在不知不觉中得到锤炼和提高。能力培养的功能，其主要涵盖以下内容指标：实践的能力（情境实践的能力、实践的动机、普通的实践能力、对专项的实践能力）、创新能力（想象能力、批判与求异思维、创造新产品能力）、自我教育能力（自我认知、自我体验、自我控制）。大学学生组织的活动随时可以尝试以最具时代性、创新性的内容和形式出现在大学校园这个精彩的舞台上。所以，任何一个开创性的想法都有可能得到一定程度的呼应。从内容到形式，大学学生组织的开放性和灵活性使得学生活动高度个性化与多元化，鲜明地体现出了我们这个时代的精神。

大学生在学生组织活动中，通过人与人的交往、沟通、相互学习，加深自己对个人成长、身心发展的一系列认知，并在这些实践活动中不断提升知识与技能、提升自我修养，提升创造性地解决问题的能力。这对于大学生开阔视野、提升相应专业的知识技能具有重要作用。由此所形成的良好社会适应能力对自我、他人以及社会发展起到促进作用，有助于激励大学生个体为实现个人潜能提升提供驱动力。大学学生组织的运行是以服务他人、提升自我为目的，能力培养是大学学生组织的题中之义，大学学生组织是以提升学生的各种能力作为出发点和归宿。

（3）成为维护学生自我权益的站台。

权益是每一个公民在法律规定的范围内享有的权利和利益。在社会经济发展和建设富强、民主、文明、和谐的社会主义进程中，维护大学生的合法权益关系到大学生健康成长和社会发展进步，同时维护学生合法权益已经成为高校事务管理中非常重要的内容。

一个组织如果不代表和维护本组织成员的权益，这个组织就没有凝聚力和活力，就会丧失其群众基础。大学学生组织也是如此，学生组织存在的基础是青年学生，学生组织存在的社会价值和作用就是代表与维护大学生的权益。如果学生组织不代表和维护学生权益，就是脱离广大学生，就成了无本之木、无源之水。所以，学生组织只有代表和维护学生的权益，才有凝聚力、向心力和活力。大学生才能团结在学生组织的周围，学生组织才能具有广泛的号召力，才能发挥桥梁和纽带作用。因此，代表和维护大学生的权益是大学学生组织的基本职能和本质要求，是活力之源、力量之源。① 同时，学生

① 符策良．共青团组织必须切实代表和维护青年权益［J］．山西青年管理干部学院学报，2003（2）．

组织主导学生权益维护工作是高校依法治校和学生自治的客观需要；是实现校园和谐稳定的客观需要；是高校人才培养的客观需要。[①] 维护好大学生的权益关系到社会的安定和经济的发展。一个学生的权益得到保障，学生就会保持健康的心态和良好的精神面貌，就会健康成长，就会在学习、工作、服务社会等方面焕发出积极性和创造性，就会以自己的聪明才智回报社会。

学生组织始终是代表并维护学生权益的组织，在新时期学生组织应该从学生成长和发展的特点出发，注重运用各种形式代表和维护学生的权益，争取学校行政部门等多方的支持。学生组织在维护学生权益方面要处理好局部和整体的关系；解决好眼前问题和建立长远机制的关系；处理好教育引导学生和服务学生的关系。通过确立大学生的权利主体地位，建立尊重学生权益的高校管理制度；加强法制教育，提高法律素养，增强监督机制，增强法律意识等方式来提高学生的维权能力。[②] 通过服务学生来满足学生合理的需求，同时又要注重教育引导学生，把学生培养造就成为有理想、有道德、有文化、有纪律的一代新人。

三、构建符合时代特征的大学学生组织教育功能体系

改革开放以来，中国社会面貌发生了翻天覆地的变化，随着第四次工业革命的到来，我国综合实力的增强，中国迫切需要从“世界工厂”转向“世界研发中心”，国家对人才质量与规格的要求不断提升。大学为了适应社会发展的需求也不断调整人才培养的方向。大学生个体随着社会对人才要求的变化，其自身诉求也发生了巨大变化。大学学生组织教育功能也是随着三个主体需求的变化而不断变化。因此，笔者从大学学生组织教育功能有助于学生实现发展需要的角度，构建了“三个主体”博弈共赢下的、符合时代特征的大学学生组织教育功能体系。主要包括促进学生社会性发展、促进学生特长发展、促进学生实践能力和创新能力发展、促进良好校风学风形成。

---

① 陈如栋，刘秋辰．以学生专业社团为主体的大学生权益维护模式探索［J］．浙江万里学院学报，2011（6）．

② 邓亮．论大学生权益维护［J］．高教高职研究，2011（54）．

（一）促进学生社会性发展

人的社会性主要是指作为社会成员的个体为了自我发展和适应社会生活所应具备与表现出来的包括个性、情感、思维、知识、技能、行为能力等方面的综合社会特征。① 大学生社会性发展所包含的内容很多，能够促进大学生社会性发展的因素也很多，如家庭、社会、学校等。其中，大学学生组织对学生的社会性发展具有重要推动作用，特别是对学生价值观形成和学会合理反映自身诉求两个方面起到独特推动力量与作用。或者说，在学生社会性发展过程中，大学学生组织教育功能在核心价值观的塑造和学生学会合理反映自身诉求两个方面的发展起到独特的推动作用。学校是社会的雏形阶段，学生在学校学习生活的过程既是一个社会化的初级过程，也是促进学生社会性发展的关键期。新时代背景下，大学学生组织促进学生社会性发展的关键是培育社会主义核心价值观和帮助学生学会合理地反映自身诉求。

1. 核心价值观

简单来说，核心价值观就是某一社会群体判断社会事务时依据的是非标准和遵循的行为准则。当代社会的不断发展和世界多元文化的输入对我国社会主义核心价值体系产生了一定影响，造成的现实情况就是社会大众的核心价值信仰缺失，如集体主义的遗失、功利虚荣和奢靡主义等问题，特别是导致一些高校学生中普遍存在的个人本位、人格解体、享乐拜金等问题愈加严重。这些情况都表明大学学生组织在新时代背景下把握核心价值观的重要性和迫切性。那么如何解决这些棘手的问题？具体来说，大学学生组织引领学生牢固树立核心价值观需要做到以下两点。

第一，坚持社会主义核心价值观的引领。学生是社会主义中国未来的建设者，而中国的发展离不开社会主义核心价值体系的培养。党的十八大报告将社会主义核心价值观概括总结为包括“国家”“社会”和“公民个人”三个层面的二十四字，即：富强、民主、文明、和谐；自由、平等、公正、法治；爱国、敬业、诚信、友善。这既为我国社会价值观的建设提供了重要的

① 孙杰远．论学生社会性发展［J］．教育研究，2003（7）：67－71.

理论依据，也为我国高校青年学生价值观的形成确立了思想指导。大学学生组织要坚持社会主义价值观的引导和教育，这对于当代大学生社会价值观的形成和学生社会性的发展具有重要作用，这也是我国社会主义事业发展中对学生教育的重要一环和历史必然。

第二，结合实际，借鉴国外优秀思想。社会在发展，文化在国际交流中不断交错融合，大学学生组织在引导学生坚持我国核心价值观的同时也应积极借鉴外国价值观教育的先进性。现代大学生在掌握基础知识、基本技能方面，特别是思想道德、个人素养和情感态度方面都接受了系统多元的教育。因此，高校学生组织应注意对学生人生观、世界观、价值观进行符合我国要求的选择性引导，在引导过程中要充分与中国社会实际相结合，融合国外优秀思想，这为我国社会价值观教育的顺利开展能够起到推波助澜的作用。

2. 帮助学生学会合理反映自身诉求

这里所说的诉求是指学生的合理利益诉求。作为高校主体的大学生，其利益诉求主要是为实现自身的发展而进行的愿望和要求的表达，包括对健康文化环境、优质教学环境、舒适生活环境、和谐人际环境和自身合理利益的诉求几个方面。[①] 随着学生利益主体地位的日益凸显，大学生作为大学主体的诉求表达也日益强烈。如今学生个性鲜明，观点独特，有些学生在自身利益受到损害时不知道如何合理合法维护，也就是反映自身合理诉求的能力不足。这会造成学生情绪不稳定、抑郁自闭、产生暴力倾向甚至出现反社会行为等。因此，大学学生组织应积极帮助大学生学会利用合理方式与合理渠道表达自身诉求。

首先，培养大学生诉求反映意识。大学学生组织首先要培养学生主动反映自身诉求的意识，能够勇敢地将内心想法和利益要求合理表达。而学生的知情权是学生建立诉求反映意识的前提，可建立信息发布与公示平台，完善学生组织内外部协调机制。另外，通过新生入学教育、培训会议等方式告知学生利益诉求途径和流程，让学生在内心构建合理利益诉求的表达是学生的正当权利。

---

① 李慧秋．关于构建大学生诉求表达机制的思考［J］．高教高职研究，2009（11）：177－178.

其次，扩宽大学生诉求反映平台。要想让学生真正表达出自身想法和利益需求，就必须给予学生表达诉求的渠道。新时代学生诉求表达的平台应是多渠道、多形式的，要充分发挥大学学生组织机构的功能，学生组织是为学生服务、代表学生利益的组织，其代表学生反映学生的合理诉求也是正常的。另外，学生也可通过校院的 QQ 群、学校论坛、建议箱或者定期交流会等方式与学校管理者进行沟通，表达想法。

最后，完善大学生诉求反映制度。完善诉求反映制度就是要让学生在表达自身利益时有据可依、自信无虑。大学学生组织应建立制度化的学生诉求表达方式，既要重视和关注学生的利益要求，也要建立信息处理和反馈机制，做到积极接受、妥善处理、及时反馈。完善学生诉求表达的保障体系，让学生对自己诉求的表达没有顾虑，将这种保障上升到制度层面，只有这样，学生才会更勇敢表达自身合理利益需求。

（二）促进学生特长发展

由于每位学生先天禀赋和成长环境的不同，他们的兴趣爱好和发展水平也不同。由于学生对学生组织的选择是根据自身需要决定的，因此学生组织的活动就应该使其原有特长得到进一步发展并促进新特长形成，但在促进学生特长发展过程中应注意以下三点。

1. 注重健康人格养成和个性发展

学生组织应该在学生接受统一教育的同时，充分考虑到学生的个性发展与健康人格的养成。大学生人格素养的建立是一个漫长、潜移默化的过程，而整个大学期间也正是学生积极态度、科学价值观、人生观和世界观形成的关键阶段。学生组织在对学生实施影响的过程中不仅要让学生特长得到发展，更应促使学生内化做人的基本道德准则，使学生学会关心彼此、团队合作和协调人际关系，为未来走向广阔的社会做准备。学生组织要发挥引导作用，丰富多彩的校园文化活动的开展要坚持以人为本原则，尊重学生个性，让学生在实践中促进自身个性的良好发展。

2. 提供更多展示自我的机会

由于我国大学学生组织行政味道仍然很浓，为学生提供自我展示的机会不多，导致学生表现力不足。这就需要学生组织在工作上要不断创新，尽可能多地给学生提供能够展现自我的舞台，在活动中培养学生自我表现能力。自我表现能力的培养是一个人心胸、气度、精神境界、自制能力的修炼过程，也是走向成熟和稳健的过程，它能够悄悄地改变我们最为普通的日常生活、学习和工作。[①] 因此，提供更多展示机会能够让学生在展现特长时更自由、更自信和更放松。

3. 建立合理评价机制增强学生自信

合理评价机制有利于学生树立公平、公正理念和大学学生组织威信。所以，学生组织制定的评价方式应公平合理，应采取多维系统的评价体系，评价体系要符合学生组织活动的灵活多样、实践活动与课堂教学有机联系的特点。评价标准必须理性公正，能够尊重学生的个性差异，能够以学生的视角审视问题，关注学生所关注的领域，与学生感同身受。对学生的想法和实施的行动应给予欣赏与期待。坚持合理的评价方式能够使学生在展示特长的同时也能感受到自己的点滴进步，从而唤起肯定自我的意识，也能够使学生特长由被动展示转变为主动发展，在发挥自身优势、发展自己特长的过程中体验到现实成功感和幸福感。

（三）促进学生实践能力和创新能力发展

实践能力和创新能力是学生走向社会的核心竞争力。第四次工业革命最需要的就是具有创新精神的人，实践能力是创新能力发展的前提。大学生是未来社会的人才，大学学生组织应该为大学生实践能力和创新能力的发展提供平台。

1. 拓宽实践途径

我国大学教育阶段的普遍特点是重理论而轻实践，系统的课程教学最大的优点是能够使学生的基础知识和理论素养得以提升，但课堂教学对学生实践能力的培养是缺失的。这种培养方式下的大学生在一定外部因素的作用下很容易面临“毕业即失业”的困扰，即使步入了工作岗位，如果职业适应力

---

① 周岩．大学生如何提高自我表现能力［J］．价值工程，2010：165－166.

不强，角色转变不快，也不能够很快适应工作岗位要求。所以，大学学生组织在此必须担负起其促进学生实践能力与创新能力提升的重要任务。当代大学生思维灵活开放、个性鲜明，也渴望被接受和被欣赏，学生组织应根据当代大学生的现有特点优化实践路径。

其一，丰富体验，寓教于乐。学生组织开设实践活动的关键应该是能够让学生在活动体验中知“道”和知“乐”双丰收。这种基于“做中学”理念的活动安排能够让学生体会生命存在的意义和生活的真谛。活动开展不能只停留在做宣传或拍摄校园文化视频这种流于形式的表面功课，也不能每学期举办一次活动就草草收场，应充分考虑到学生的主体地位，让学生成为实践的主人，将教育融入实践中，从而作用在学生身上，让学生在丰富的体验中成长。

其二，发挥学生自主能动性。学生组织在开展活动时应注意给学生足够的发挥空间。如社团活动与课堂教学活动相比，最大的优势就是实践性和自主性突出，所以要对已经成立的社团给予积极的支持和关注，突出社团的自主实践性功能。① 从现实情况来看，有些组织在活动时并不注重学生自主能动性，仍然存在一定的强制任务或形式主义，让学生在经历最初的新奇与期待后表现出极大的失望情绪，造成学生成员初期积极参与，后期消极怠工，从而影响学生对组织活动的激情和参与的主动性，极大地削弱了学生组织主体性教育功能和自我教育功能的发挥。

2. 提供创新思维环境

学生组织有的活动规范性过强，重视传承性而忽视了创新性。如果活动缺乏创新，学生只是循规蹈矩，这个组织将会变成一潭死水，学生组织被认可程度和学生投入的积极性就会降低。因此，怎样焕发学生组织在学生中的魅力，使活动不断被注入新观点、新思想，这是学生组织良性发展与持久循环的关键要素。

其一，培养学生独立思考的习惯。在课堂教学中教师通常会培养学生独立思考问题的习惯。学生组织在开展活动过程中也应如此，好的活动能够启

---

① 杨玉翠．大学生社团的教育功能及其优化策略研究［J］．西南大学，2013：41－42.

发学生手脑并用，让思维和表达同步发展，让学生独立自主地思考问题是培养创新精神的前提。独立思考是不盲从、不附和，也是发现学习或意义学习的基础。培养学生独立思考的习惯，不仅对日常生活和学习大有裨益，最重要的是对大学生毕业后的职业生活会产生积极和深远的影响。

其二，宽松的氛围是创新的基础。在学生组织日常活动中，要敢于打破原有的条条框框，更新活动内容。在活动过程中解放学生的天性，让学生勇于思考、积极创造。学生的创造能力不是依靠强制性灌输得来的，而是在思维的过程中迸发而来。学生组织在活动中应更多地设置一些鼓励学生的个性发展、表达自己的见解、训练学生灵活思维和变通能力的活动。

（四）促进良好校风学风形成

校风与学风是一个学校在办学过程中长期积淀而形成的，具有相对的稳定性，是衡量一所学校教学质量和精神风貌的重要标志。良好的校风对学生组织具有无形的约束力和影响力，其能够让学生组织自觉地加强自身建设并感染学生。反过来，学生组织的风气也对校风有影响，当学生组织内部形成某种风气后，就能够通过学生个体扩散到学校的每一个角落。因此，一个学校的校风和学风是绝对不可忽视的，好的校风能够促进良好学风的形成，好的学风更能推进良好校风的发展。它们之间总会相互影响并都对学生的发展具有引领作用。因此，促进良好校风、学风形成是大学学生组织教育功能的核心内容之一。

1. 强化社会引导和学校宣传

从宏观来看，学校校风和学风的形成离不开社会整体环境的引导与作用，大学生也是社会中的人，其在社会活动过程中，社会风气是否正派、公众价值观念是否健康，都会潜移默化地影响学生组织的风气和氛围；从微观来看，良好校风建设也需要学校强有力的宣传，学校在发展中取得的成绩、学校中的榜样人物、学校中的好人好事等都需要通过自身的宣传去影响每一个人。通过学校的宣传能够让学校的精神文化渐渐融入每个组织成员的意识深处，这是优良校风和学风传承的重要手段。

2. 教师的示范性和思想政治教育

大学学生组织校风学风的传承需要教师的示范作用。教师在学生组织运行过程中关键节点处的指导，以及其本身思想素养、人格魅力都会感染熏陶大学生。因此，在日常工作中教师的职业规范、教师的教风德风、教师投身教育科研的状态都是对大学学生组织和学生的一种感召式与模范式教育。随着新时期外部社会意识形态和人们观念的变化，大学学生组织内部文化迎来了新的挑战，教师作为人类知识的传播者，其对学生思想观念的影响很大，或者说学生思想观念的发展方向受到教师影响。所以，教师需要准确分析和掌握学生组织内部的意识流态与思想动态，对学生适时进行有针对性的思想宣传和政治教育，使符合国家要求的主流意识占领学生思想主位，从而扩散到大学学生组织，使其能够自主把握自身的发展方向。

3. 发挥学生骨干作用，培养学生自觉性

校风学风的传承除了受社会和学校的影响之外，更重要的是培养学生自觉践行良好校风学风，学生自觉性的培养是一个长期努力的结果。当学生认同并接受其所在学校的校风学风，才能主动对照寻找差距，才能够自觉接受其约束并进行弘扬，从而达到校风学风的教育功能。学生自觉意识的形成有助于校风学风的稳定发展。在学生认同校风学风的过程中应注重发挥学生组织骨干的引领作用，将适度引导和大胆授权相结合，赋予学生干部一定的发挥空间，培养他们在日常管理服务过程中展现良好校风学风，学生骨干在一定程度上决定着大学学生组织校风学风传承的效果。

综上所述，构建符合时代特征的大学学生组织教育功能体系，必须坚持主流价值观的引领，同时照顾到学生主体的自身利益，从而促进其社会性发展、学生特长发展、学生实践能力和创新能力发展，最终为学生营造一个有助于自身发展的大学学生组织。

第五章

大学学生组织教育功能的现实状态

大学学生组织是为实现一定目标而有意建构的社会单位，在这个社会单位中有明确的组织活动边界、规范的组织规则、权威等级、沟通及协调系统①。大学学生组织在外部受学校办学目标、行政系统及其活动及社会制度的影响，在内部通过组织活动对学校发展、组织自身及组织成员发展、其他组织及教师等多个主体产生影响②。大学学生组织发展到今天，已由单纯的维权功能演进为多种功能，包括教育功能、管理功能、学术功能、社会服务功能和社会批判功能等，笔者认为其核心功能仍为教育功能。在当今的时代背景下，这种教育功能不仅局限于专业知识与技能的专业化教育，而是包括了现代社会民主、自由、法制素养和社会责任的全面教育。对此，笔者已论述了在当代背景下，大学学生组织理应具有的四种教育功能：创新实践能力培养、发展社会适应性、促进特长发展和校风学风传承。那么，大学学生组织教育功能的真实状态如何？当前大学生参与学生组织的现状怎样？大学生参与学生组织的态度怎样？学生因素、组织因素对于大学学生组织教育功能发挥有怎样的影响？……对于这些问题的考察与解答，将会有助于我们了解当前大学学生组织的生存样态，厘清大学学生组织教育功能发挥的影响因素，

---

① ［美］理查德·H. 霍尔. 组织：结构、过程及结果［M］. 张友星，刘五一，沈勇，译. 上海：上海财经大学出版社，2003：34－35.

② 陈莉. 中国大学生组织发展研究：结构文化主义视角［D］. 华中科技大学博士论文，2007：12－13.

进而为改善大学学生组织和促进大学发展提供有益的思考与建议。

本章主要运用量表编制技术，对测量大学学生组织教育功能的原始项目进行编码、项目分析和因子分析，考察大学学生组织教育功能测度的指标结构。在此基础上，进一步运用推断统计技术考察不同群体的大学生对教育功能认知的差异并进行比较，厘清大学学生组织教育功能发挥的影响因素，从而加强大学学生组织活动开展的实效性。

一、研究对象与分析过程

（一）调查对象

本研究选取的调查样本包括东北大学、辽宁大学、辽宁中医药大学、沈阳师范大学、沈阳航空航天大学、沈阳医学院、沈阳工程学院和沈阳大学的2500名大学生。共发放问卷2500份，回收问卷2296份，回收率91.84%。排除“没有参加过学生会、社团和协会等其他学生组织”的346名调查对象后，剩余1950份问卷，其中有效问卷1840份，问卷有效率为94.36%。从样本信息可以看到（见表5-1），各个人口统计学变量内部的各水平分布比例与大学生的构成基本相符，样本具有较好的代表性。

表5-1　调查样本基本信息

		频次	百分比/%
学校	沈阳师范大学	944	51.3
	东北大学	122	6.6
	辽宁大学	131	7.1
	沈阳大学	97	5.3
	沈阳工程学院	148	8.0
	沈阳航空航天大学	120	6.5
	辽宁中医药大学	101	5.5
	沈阳医学院	177	9.6

续表

		频次	百分比/%
专业类型	文科	579	31.5
	理科	701	38.1
	工科	560	30.4
性别	男	737	40.1
	女	1103	59.9
年级	大一	1005	54.6
	大二	571	31.0
	大三	264	14.3
生源地	农村	496	27.0
	乡镇	313	17.0
	县城	353	19.2
	地级市	452	24.6
	省会或者直辖市	226	12.3
学生组织内身份	干部	542	29.5
	普通成员	1015	55.2
	两者都不是（活动参加者）	283	15.4
参加学生组织的年限	刚刚参加	102	5.5
	1 年以下	824	44.8
	1～2 年	671	36.5
	2～3 年	243	13.2

（二）分析过程

本研究主要采用问卷调查方法，对大学生参与学生组织的行为、态度以及大学学生组织教育功能认知水平进行调查。

1. 运用自编“大学学生组织教育功能认知问卷”的第一部分

用自编“大学生学生组织教育功能认知问卷”调查大学生参与学生组织活动的行为与态度。对于调查数据，运用描述性统计方法分析大学生参与学生组织行为的状况，运用推断统计分析方法，比较不同群体大学生的组织态度特点。

2. 运用自编“大学学生组织教育功能认知问卷”的第二部分

用自编“大学学生组织教育功能认知问卷”测量大学生对学生组织教育功能的认知水平。运用项目分析和探索性因子分析对量表进行项目筛选，并确定大学学生组织教育功能的因子结构。在此基础上进一步考察大学生对学生组织教育功能认知的影响因素，具体采用推断统计分析技术考察不同群体大学生对学生组织教育功能认知水平的差异，采用相关分析方法考察大学生组织态度与教育功能认知水平间的关系，以此分析不同的组织变量、学生变量对于教育功能认知的影响。

二、大学生参与大学学生组织活动现状调查

了解大学生当前参与学生组织的状态及其对于组织的态度，是我们深入分析大学学生组织现状及其教育功能发挥的基础背景。我们通过考察不同群体大学生参与学生组织的行为、态度特点，进而深入分析群体间的内在属性差异，如城乡文化冲突、行政主导与学生自治、学生组织活动与课堂教学的矛盾等因素怎样影响着组织行为选择和态度差异，为后续分析学生组织教育功能发挥的影响因素提供基础。

（一）大学生参与大学学生组织活动的行为分析

1. 大学生参与学生组织的类型分析

由图 5 - 1 可知，首先大学生参与最多的学生组织类型是社团、协会等形式的学生组织，占样本总数的 42.3%，这与张文海的研究结论是一致的。[①] 在当前高校学生自主管理性质较强的社团、协会等学生组织快速发展的背景下，学生出于自身发展与融入社会的需要，更加愿意选择社团、协会等形式的学生组织。这些组织大多因为组织成员间具有相同的兴趣爱好而形成，它

① 张文海. 高校学生组织状况调查与发展对策研究［D］. 河北师范大学硕士论文，2010：25.

构成了当前大学生正规学术学习生活之外的主要业余生活方式。当前我国大学生社团、协会就其主要功能可以分为娱乐功能为主和专业学术功能为主，在社团、协会中大学生既可以娱乐身心，又可以在学术知识与技能方面获得组织成员间的相互影响。因此，社团、协会也就成为当前大学生选择正规学生组织的首选。其次是既参加学生会又参加社团、协会等其他形式的学生组织，占样本总数的31%。这表明大学生一方面希望通过参与学生会这一行政功能较强的学生组织融入社会；另一方面又希望通过参与社团、协会等其他学生组织完善自身。最后是“只加入学生会”的学生，占样本总数的26.7%。当我们问到“如果可以自由选择的话，你会选择加入哪类学生组织?”时，由图5－2可知，有672名大学生选择“加入社团、协会等其他组织”，占比为36.5%；有625名大学生选择“两者都参加”，占比为34%；有384名大学生选择“加入学生会”，占比为20.9%。

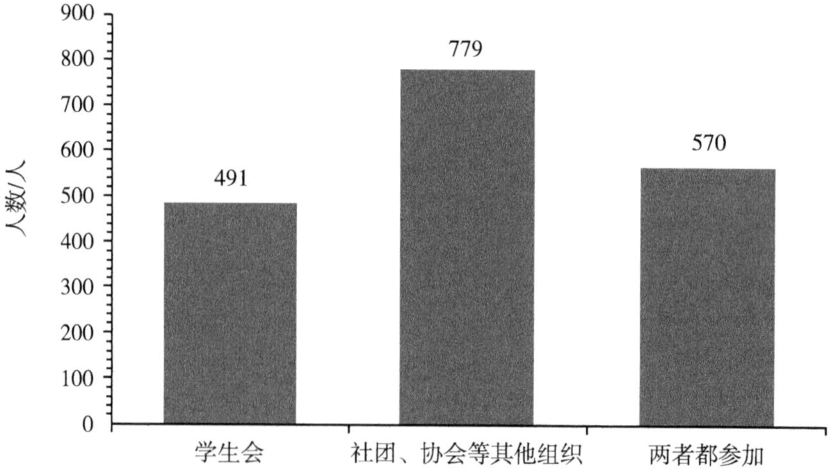

图5－1 大学生参与学生组织的类型分析

调查结果表明，当给予大学生对学生组织类型的自由选择权利时，他们就更加倾向于选择“社团、协会等其他组织”，我们从中可以感受到大学生对学生组织发展与建设体现出强烈的自主性需求，他们希望通过参与组织建设，能够使学生组织更好地服务于他们自身的发展，与此同时也能够服务于学校和社会的发展。另外，我们从中似乎也隐隐约约地感受到在大学生与学

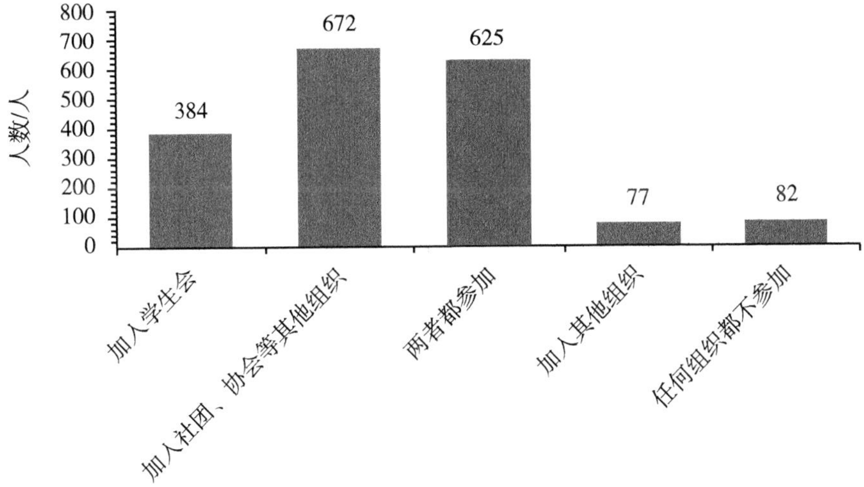

图 5－2　大学生对于学生组织类型自由选择倾向分析

校之间，就学生组织的诉求目标可能存在的错位或冲突现象。大学生参加学生组织更多出于“个体”的“自利性”需求，目的在于通过参加组织活动完善自身以提高未来竞争的适应性；而学校则从学生培养目标和学校发展角度，将学生组织作为服务于学校学生工作、促进全体学生和学校发展的重要组织形式，更多对学生组织进行了“群体”的“利他性”公共服务组织定位。这种不同活动主体在活动目标诉求上的差异、错位甚至冲突，势必影响到大学生组织的建设、组织活动的开展，最终影响到组织功能的发挥。那么，如何调节这种冲突，就成为大学生组织建设与发展的重要议题。

此外，从调查结果中，需要引起我们重视的是有 4.2% 的大学生选择了“加入其他组织”，4.5% 的大学生选择了“任何组织都不参加”。这一方面表明当前大学生组织样式的多样性，特别是随着网络技术的发展，网络虚拟组织已在大学生中间悄然生成，吸引了一部分大学生加入其中；另一方面，也说明了当前主流的“学生会”和“社团、协会”等组织的发展尚存不尽如人意的地方，缺乏对一部分大学生的吸引。

为了考察大学生专业类型与学生组织类型选择上的关系，我们进行列联表分析以观察学生组织类型选择是否受到学生专业类型的影响。Pearson 卡方检验结果显示，$\chi^2 = 24.547$，$P = 0.000 < 0.01$，专业类型与学生组织选择之

间存在显著的相互关联；Pearson 相关系数为 0.115，$P=0.000<0.01$，两者呈现低度相关。观察表 5-2 可知，选择“社团、协会等其他组织”的人群分布上，理科学生比例高于文科、工科学生，而选择“学生会”的人群分布上，工科学生比例高于文科、理科学生。

研究结果表明，理科大学生对于“社团或协会”具有更高的选择比例，而工科大学生对于“学生会”具有更高的选择比例。什么原因会产生学生组织类型选择上的“专业”类型间差异呢？笔者认为这可能一方面反映了在组织类型选择上不同专业类型学生间的主体特点差异，理科大学生更希望通过社团或协会娱乐身心、结交朋友、增进学术能力。工科大学生更希望通过参与学生会这种由学校行政更多控制的组织来实现管理能力与公民素养的培养。除此之外，这也可能与不同专业类型学生所在学校中学生组织类型有关，理科学生所在学校可能建立了更多的社团和协会，从而大学生具有更多的选择自由性；而工科学生所在学校可能因为社团或协会建立得不充分，从而限制了大学生对于其他组织的选择。

表 5-2　专业类型与学生组织类型选择的独立性检验

专业类型划分		参加过的学生组织		
		学生会	社团、协会等其他组织	两者都参加过
文科	计数	124	244	211
	百分比	21.4%	42.1%	36.4%
理科	计数	183	314	204
	百分比	26.1%	44.8%	29.1%
工科	计数	184	221	155
	百分比	32.9%	39.5%	27.7%

为了考察大学生年级与学生组织类型选择上的关系，我们进行列联表分析以观察学生组织类型选择是否受到学生年级的影响。Pearson 卡方检验结果表明，$\chi^2=13.024$，$P=0.011<0.05$，年级与学生组织类型选择之间存在显著的相互关联；Pearson 相关系数为 0.084，$P=0.011<0.05$，两者呈现弱相

关。观察表5－3可知，选择“社团、协会等其他组织”的人群分布上，大三学生比例高于大一、大二学生，而选择“学生会”的人群分布上，大二学生比例高于大一、大三学生。

表5－3　年级与学生组织类型选择的独立性检验

年级		参加过的学生组织		
		学生会	社团、协会等其他组织	两者都参加过
大一	计数	244	427	334
	百分比	24.3%	42.5%	33.2%
大二	计数	181	230	160
	百分比	31.7%	40.3%	28.0%
大三	计数	66	122	76
	百分比	25.0%	46.2%	28.8%

研究结果表明，大三学生对于“社团、协会”具有较高的选择比例，而大二学生对于“学生会”具有较高的选择比例。当前大学学生会中所谓的主要“领导”和“干部”大多由大三学生担任，而这只是大三学生中极少的一部分人群，因此更多的大三学生会选择加入某一“社团、协会”融入大学集体生活；此外，大三学生即将面临考研、求职就业等重要事件，他们往往也通过加入“可去可不去”的“社团、协会”等组织，寻求更多的时间来应对这些即将面临的挑战。① 而大二学生则构成了众多学生会成员的主体，在经过第一年的校园生活后，他们逐渐适应大学校园学习、生活节奏和特点，不再满足于寝室、班集体范围，转而在更广阔的学生会平台上展示自己的才能，寻求更多的学习与锻炼机会。他们或者已经逐渐成为学生会的骨干成员，或者正在学生会中努力工作、服务，因此大二学生会有更高的比例选择“学生会”。

为了考察大学生性别与学生组织类型选择上的关系，我们进行列联表分

① 张文海．高校学生组织状况调查与发展对策研究［D］．河北师范大学硕士论文，2010：32.

析以观察学生组织类型选择是否受到学生性别的影响。Pearson 卡方检验结果表明，$\chi^2 = 11.214$，$P = 0.004 < 0.01$，性别与学生组织类型选择之间存在显著的相互关联；Pearson 相关系数为 0.078，$P = 0.004 < 0.01$，两者呈现弱相关。观察表 5－4 可知，选择“学生会”的人群分布上，男大学生比例高于女大学生，而选择“两者都参加”的人群分布上，女大学生比例高于男大学生。

表 5－4　性别与学生组织类型选择的独立性检验

性别		参加过的学生组织		
		学生会	社团、协会等其他组织	两者都参加过
男生	计数	225	308	204
	百分比	30.5%	41.8%	27.7%
女生	计数	266	471	366
	百分比	24.1%	42.7%	33.2%

研究结果表明，“男权社会”文化意识在大学生的学生组织类型选择上也得到体现，男大学生更希望选择“学生会”这种“官方”色彩较浓的组织。这也恰恰提示我们要警惕当前大学学生会组织中的“社会世俗化”倾向，当我们的大学生在学生会中的工作更多出于为自己谋取“政治经验”的积累，以为将来就业、升学提供优势时，当我们的学生会工作者更热衷于“江湖”式的各种活动时，当他们听到别人称其为“干部”“领导”而内心升腾出一种巨大的优越感和自豪感时，那么他们实际上就在远离学生组织的本质属性——一种服务于学生与学校发展的公共服务组织。

为了考察大学生生源地与学生组织类型选择上的关系，我们进行列联表分析以观察学生组织类型选择是否受到学生生源地的影响。Pearson 卡方检验结果表明，$\chi^2 = 28.370$，$P = 0.000 < 0.01$，生源地与学生组织类型选择之间存在显著的相互关联；Pearson 相关系数为 0.123，$P = 0.000 < 0.01$，两者呈现弱相关。观察表 5－5 可知，选择“学生会”“两者都参加”的人群分布上，来自地级市和省会级城市的大学生比例要高于来自农村与乡镇的大学生；

而选择“社团、协会等其他组织”的人群分布上，农村与乡镇的大学生比例要高于地级市和省会级城市大学生。

表 5-5　生源地与学生组织类型选择的独立性检验

生源地		参加过的学生组织		
		学生会	社团、协会等其他组织	两者都参加过
农村	计数	135	231	130
	百分比	27.2%	46.6%	26.2%
乡镇	计数	70	158	85
	百分比	22.4%	50.5%	27.2%
县城	计数	88	149	116
	百分比	24.9%	42.2%	32.9%
地级市	计数	132	163	157
	百分比	29.2%	36.1%	34.7%
省会或者直辖市	计数	66	78	82
	百分比	29.2%	34.5%	36.3%

研究结果表明，来自农村和乡镇的大学生会更加倾向于选择加入社团、协会等其他组织，而来自地级市、省会级城市的大学生更加倾向于选择学生会或者两者都参加。由于中国城乡二元化的不平衡发展，对于农村学生来说，来自城市大学生在基础教育质量与公共文化资源等方面具有巨大优势，从而在学生会组织成员准入选拔过程中占有优势，在学生会的工作中他们也能够更好地通过“个人能力”适应“市民文化主流意识”的学生会这一组织形态的内部生活，从而在学生会中获得“身份认同”。而来自村镇的大学生则通过在“情感联系”较为紧密的“社团、协会”等“群体意识”较强的组织中，获得“身份认同”，而这恰恰与他们一直生活于其中的中国乡村“群体（家族）文化”意识经验相一致，于是来自村镇的大学生会有更高的比例选择社团、协会等其他组织。

2. 大学生参与学生组织的规模分析

由图 5-3 可知，大学生参与学生组织规模中，按照人数由高到低依次为

10 人及 10 人以下、11～50 人、51～100 人、100 人以上、不清楚。

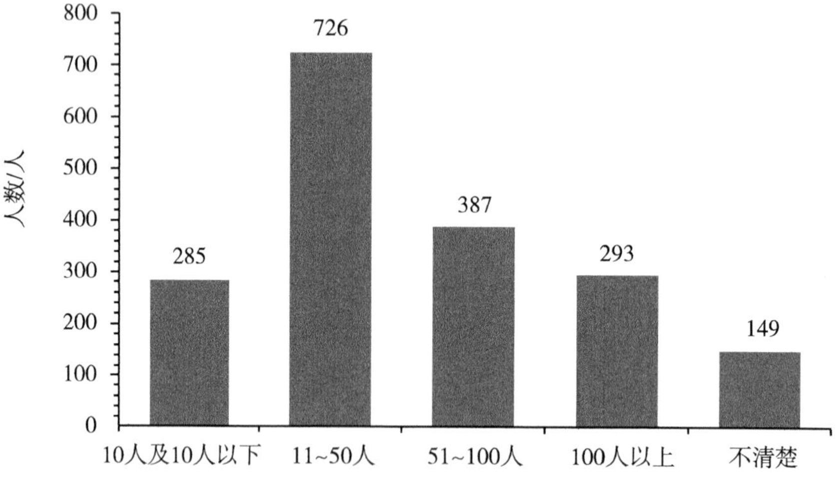

图 5-3　大学生参与学生组织的规模分析

调查结果表明，大学生参与学生组织的规模集中在 11～50 人，这也反映了当前大学生组织规模的基本现实。大学学生组织多由学生自发形成，组织规模较小，这符合大学生认知自我、社会互动需求与高中生时代相比较在逐渐提高的基本特点。在这样较小的组织规模内，大学生之间可以进行思想、情感、价值观等方面深入的交流与相互影响。此外，是否不同的组织规模也代表着大学生所在组织类型的差别呢？对此，我们对组织规模与组织类型间进行独立性检验，研究结果表明（见附录 3 中的附表 2），组织规模在 11～50 人以及组织类型为社团、协会的比例较高，这与大学生选择“社团、协会”比例最高的基本现实是一致的。

为了考察大学生专业类型与学生组织规模选择上的关系，我们进行列联表分析以观察学生组织规模选择是否受到学生专业类型的影响。Pearson 卡方检验结果表明，$\chi^2 = 36.665$，$P = 0.000 < 0.01$，专业类型与学生组织规模选择之间存在显著的相互关联；Pearson 相关系数为 0.140，$P = 0.000 < 0.01$，两者呈现低度相关。观察表 5-6 可知，选择“10 人及 10 人以下”的人群分布上，工科大学生比例高于文科、理科大学生。组织规模在 10 人及 10 人以下的学生组织，多以小范围的兴趣小组、学术或技能培养类团队为其主要形

式。这反映了工科大学生在参与学生组织活动方面的一个显著特征。这也提醒我们要重视对工科大学生科研、技能培养类小型组织的建设与管理。

表 5-6　专业类型与学生组织规模选择的独立性检验

专业类型		参加的学生组织的人数规模				
		10 人及 10 人以下	11～50 人	51～100 人	100 人以上	不清楚
文科	计数	69	225	134	91	60
	百分比	11.9%	38.9%	23.1%	15.7%	10.4%
理科	计数	102	261	156	134	48
	百分比	14.6%	37.2%	22.3%	19.1%	6.8%
工科	计数	114	240	97	68	41
	百分比	20.4%	42.9%	17.3%	12.1%	7.3%

为了考察大学生年级、性别与学生组织规模选择上的关系，我们继续进行列联表分析以观察学生组织规模选择是否受到学生年级、性别的影响。年级与学生组织规模选择的独立性检验结果表明，$\chi^2=10.759$，$P=0.216>0.05$，年级与学生组织规模选择之间不存在相互关联。性别与学生组织规模选择的独立性检验结果表明，$\chi^2=5.967$，$P=0.202>0.05$，性别与学生组织规模选择之间不存在相互关联。

3　大学学生组织开展活动的频率分析

大学生参与学生组织每学期开展活动频率分析结果表明（见图 5-4），每学期开展 4～6 次活动的学生组织最多，然后依次为 7～9 次、3 次及 3 次以下、10～18 次，每学期开展 18 次以上组织活动的比例是最低的。我们以每学期 18 个教学周计算，可包含 4 个半月时间，那么每学期开展 4～6 次组织活动就意味着每个月开展 1 次多一点的活动，而我们的调查结果却恰恰表明大学学生组织活动就是处于这种活动频率，这种组织活动频率对于大学生的影响是非常有限的。大学学生组织的存在是以活动的开展为基本条件，这是大学学生组织存在的前提，只有通过活动才能实现大学学生组织服务于大学生及促进大学发展。如此低的活动频率，势必给大学生造成“为了活动而活动”的印象，使大学生客观上认为活动只不过是“政绩”的需要而已，自己也只不过是活动的“群众演员”，试想这样的活动频率会对大学生有什么积极的教育影响呢？从笔者的调查数据也可以看到，每学期开展18次以上活动即每周一次组织活动的比例是最低的，研究结果提示我们要认识到大学生组织活动开展过少这一客观现实，这势必会削弱大学学生组织教育功能的发挥。

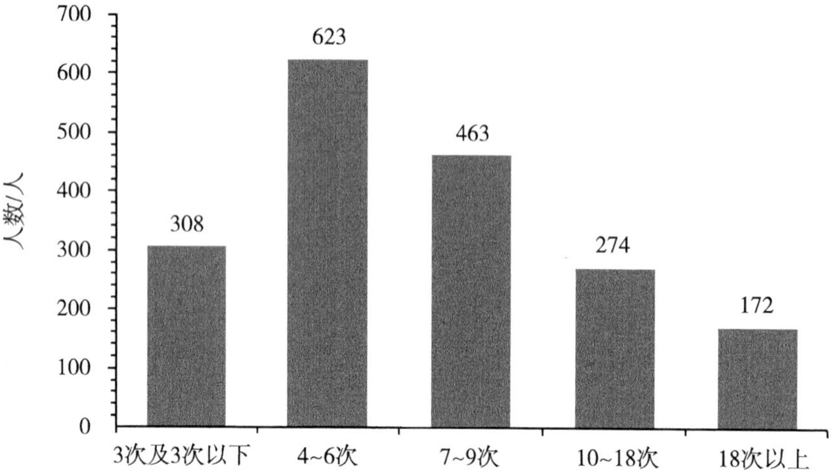

图5-4　大学学生组织每学期开展活动的频率分析

为了考察大学学生组织类型与开展组织活动频率的关系，我们进行列联表分析以观察学生组织活动频率选择是否受到学生组织类型的影响。Pearson卡方检验结果表明，$\chi^2 = 44.024$，$P = 0.000 < 0.01$，学生组织类型与学生开展组织活动频率之间存在显著的相互关联；Pearson相关系数为0.153，$P = 0.000 < 0.01$，两者呈现低度相关。观察表5-7可知，每学期开展组织活动“3次及3次以下”的人群分布上，参加社团、协会等其他组织的大学生要高于学生会、两者都参加的大学生；在每学期开展“10～18次”组织活动的人群分布上，两者都参加的大学生要高于只选择学生会和只选择社团、协会等其他组织的大学生。而在每学期开展“18次以上”组织活动的人群分布上，只参加学生会和两者都参加的大学生要高于只参加社团、协会等其他组织的大学生。

表 5 - 7　学生组织类型与学生开展组织活动频率的独立性检验

学生组织类型		参加的学生组织每学期开展活动的次数				
		3 次及 3 次以下	4～6 次	7～9 次	10～18 次	18 次以上
学生会	计数	76	164	121	69	61
	百分比	15.5%	33.4%	24.6%	14.1%	12.4%
社团、协会等其他组织	计数	163	278	189	107	42
	百分比	20.9%	35.7%	24.3%	13.7%	5.4%
两者都参加过	计数	69	181	153	98	69
	百分比	12.1%	31.8%	26.8%	17.2%	12.1%

研究结果更加具体地呈现出当前大学学生组织的生存样态。“学生会”是“正规军”，能够开展更多的组织活动。“社团、协会”是“杂牌军”，开展的活动较少。“学生会”作为学校学生工作的重要组织，往往因为得到来自学校各级行政机构、制度以及活动资金等方面更多的支持，而能够开展更加丰富的活动。而“社团、协会”等其他组织是由大学生自发组织并发展起来的，更多需要依靠自身的资金、自身活动策划等开展组织活动，在现实中活动所需的资金、活动场所、管理与组织人员等资源并不能完全满足它们自身活动的需要，因而经常性的组织活动是不能得到可靠保障的。这表明，“学生会”因为得到更多的支持而开展更多的组织活动，因而在发挥学生组织教育功能过程中占据主导地位；而大学生选择比例最高的“社团、协会”等其他组织则因“民间的”背景而可能较少得到学校行政系统的支持，因而开展组织活动频率较低，从而也就难以发挥其更大的影响。那么，我们不禁要思考：大学生和学校对大学生社团、协会等其他组织要采取怎样的态度与行为呢？学校应该投入更多的资金从而加强对“社团、协会”的行政管理与控制，还是投入资金支持的同时仍然保持其“高度自治”的特点？大学生自身仍然保持目前“社团、协会”成员众多但影响甚微的现状，还是打破校园限制、拓宽资源渠道，在开展丰富活动过程中服务大学生自身的同时开展社会服务，从而生成更大的社会影响力？路径的选择，何去何从，这是值得我们思考的问题。

4. 大学生参与学生组织活动情况分析

大学生参与学生组织活动频率分析结果表明（见图5－5），大部分参加的占62.6%，其次依次为少部分参加、全部参加、偶尔参加、从不参加。

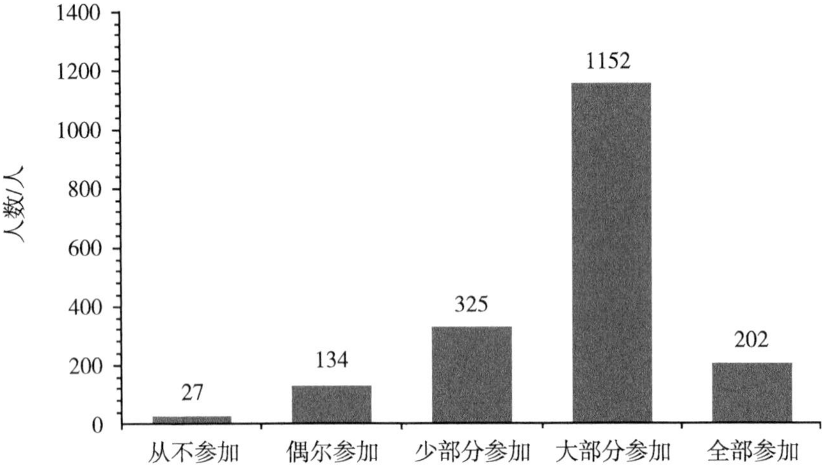

图5－5　大学生参与学生组织活动情况的频率分析

研究结果表明，大学生在参与学生组织活动中是比较积极的，大部分能够参加学生组织开展的活动。大学生在完成专业教育的学习任务以外，其主要通过参加各种学生组织提高组织沟通能力、学会人际交往、了解社会、完善自我。因此，参加学生组织活动的热情是很高的。特别是大学低年级学生，他们从激烈甚至残酷的高考竞争中步入一切都要自主抉择的大学生活，在大学生活初期的适应是其面临的重要问题。他们往往对于参加学生组织，进而融入大学集体生活，并从中获得身份认同和角色参与意识具有特别高的积极性，这对于他们尽快地适应大学生活是具有重要价值的。但是，调查结果也显示大学生在参与学生组织活动中也存在选择性，全部参加的只占11.0%，绝大部分学生是选择性参加组织活动，有26.5%的大学生选择“少部分参加”“偶尔参加”甚至“从不参加”组织活动。这说明大学生在参与组织活动中存在选择性甚至存在消极“逃离”行为。这种状况是组织原因还是学生自身原因造成的，需要我们深入考察。从组织的角度来看，这可能与学生组织活动开展贫乏、活动内容没有吸引力、组织管理涣散、人员流动性大等现实相关；另外，从大学学生组织成员参与活动的现实性来看，活动参与者主要是以大一、大二学生为主，大三学生很少参加学生组织活动，这在一定程度上影响了其他年级学生对组织活动的积极性。

为了考察大学生专业类型与参与组织活动频率的关系，我们进行列联表分析以观察学生参与组织活动频率是否受到学生专业类型的影响。Pearson 卡方检验结果表明，$\chi^2 = 19.264$，$P = 0.014 < 0.05$，学生专业类型与学生参与组织活动频率之间存在显著的相互关联；Pearson 相关系数为 0.102，$P = 0.014 < 0.05$，两者呈现低度相关。观察表 5－8 可知，在“全部参加”的人群分布上，理科和工科大学生比例要高于文科大学生。

表 5－8　学生专业类型与学生参与组织活动频率的独立性检验

专业类型		参与学生组织活动的频次				
		从不参加	偶尔参加	少部分参加	大部分参加	全部参加
文科	计数	11	49	105	375	39
	百分比	1.9%	8.5%	18.1%	64.8%	6.7%
理科	计数	6	48	121	436	90
	百分比	0.9%	6.8%	17.3%	62.2%	12.8%
工科	计数	10	37	99	341	73
	百分比	1.8%	6.6%	17.7%	60.9%	13.0%

研究结果表明，理工科大学生参加组织活动比较积极的群体比例较高。在前述不同专业类型学生对组织类型选择分析中，我们也发现理工科大学生对“学生会”选择比例较高，学生会的活动更多具有行政“强制性”，自然要求组织所有成员都要按照要求参与活动；另外，传统意识中我们也认为理工科学生的专业训练也会养成他们严谨、服从、尽责等职业道德素养，这些群体特质也是理工科大学生参加组织活动比较积极的一个重要原因。

为了考察大学生参与组织类型与参与组织活动频率的关系，我们进行列联表分析以观察学生参与组织活动频率是否受到参与组织类型的影响。Pearson 卡方检验结果表明，$\chi^2=71.391$，$P=0.000<0.01$，学生参与组织类型与学生参与组织活动频率之间存在显著的相互关联；Pearson 相关系数为 0.193，$P=0.002<0.01$，两者呈现低度相关。观察表 5－9 可知，“全部参加”和“大部分参加”的人群分布上，“只参加学生会”和“两者都参加”的大学生要高于“社团、协会等其他组织”的大学生；而在“从不参加”“偶尔参加”和“少部分参加”的人群分布上，参加社团、协会等其他组织的大学生比例较高。这表明学生会组织由于具有较强的组织纪律并带有一定的强制性，提升了学生对组织活动的参与率；而社团、协会等其他学生组织由于组织纪律相对宽松，具有更大的自愿参与性质，从而带来了组织活动参与率不高的消极影响。

表 5－9　学生参与组织类型与学生参与组织活动频率的独立性检验

学生组织类型		参与学生组织活动的频次				
		从不参加	偶尔参加	少部分参加	大部分参加	全部参加
学生会	计数	8	20	58	320	85
	百分比	1.6%	4.1%	11.8%	65.2%	17.3%
社团、协会等其他组织	计数	15	81	171	446	66
	百分比	1.9%	10.4%	22.0%	57.3%	8.5%
两者都参加过	计数	4	33	96	386	51
	百分比	0.7%	5.8%	16.8%	67.7%	8.9%

为了考察大学生组织内身份与参与组织活动频率的关系，我们进行列联表分析以观察学生参与组织活动频率是否受到学生组织内身份的影响。Pearson 卡方检验结果表明，$\chi^2=159.465$，$P=0.000<0.01$，学生组织内身份与学生参与组织活动频率之间存在显著的相互关联；Pearson 相关系数为 0.282，$P=0.000<0.01$，两者呈现低度相关。观察表 5－10 可知，在“全部参加”和“大部分参加”的人群分布上，干部和普通成员的比例要

高于活动一般参与者；而在“少部分参加”“偶尔参加”和“从不参加”的人群分布上，活动一般参与者的比例要高于干部、普通成员。这表明学生组织中干部和普通成员对于组织活动的参与行为更为积极，而由于在组织内身份感的缺失，活动的一般参与者对于组织活动的参与行为就相对要消极一些。

表 5－10　学生组织内身份与学生参与组织活动频率的独立性检验

组织内身份		参与学生组织活动的频次				
		从不参加	偶尔参加	少部分参加	大部分参加	全部参加
干部	计数	2	14	58	388	80
	百分比	0.4%	2.6%	10.7%	71.6%	14.8%
普通成员	计数	10	71	188	643	103
	百分比	1.0%	7.0%	18.5%	63.3%	10.1%
两者都不是（活动参加者）	计数	15	49	79	121	19
	百分比	5.3%	17.3%	27.9%	42.8%	6.7%

为了考察大学学生组织每学期开展活动频率与大学生参与组织活动频率的关系，我们进行列联表分析以观察学生参与组织活动频率是否受到学生组织开展活动频率的影响。Pearson 卡方检验结果表明，$\chi^2 = 148.518$，$P = 0.000 < 0.01$，学生组织开展活动频率与学生参与组织活动频率之间存在显著的相互关联；Pearson 相关系数为 0.273，$P = 0.000 < 0.01$，两者呈现低度相关。观察表 5－11 可知，在“全部参加”的人群分布上，每学期开展 3 次及 3 次以下活动的大学生比例最高，但同时“从不参加”“偶尔参加”和“少部分参加”的人群分布上，同样也是每学期开展 3 次及 3 次以下活动的大学生比例最高。这表明每学期开展的学生组织活动过少，可能会带来学生对组织活动较低的参与率。而从“大部分参加”的比例来看，每学期开展 4～18 次或者超过 18 次组织活动，会带来学生对组织活动的高参与率。

表 5-11 学生组织开展活动频率与大学生参与组织活动频率的独立性检验

学生组织每学期开展活动的次数		参与学生组织活动的频次				
		从不参加	偶尔参加	少部分参加	大部分参加	全部参加
3 次及 3 次以下	计数	17	54	61	130	46
	百分比	5.5%	17.5%	19.8%	42.2%	14.9%
4~6 次	计数	2	26	116	418	61
	百分比	0.3%	4.2%	18.6%	67.1%	9.8%
7~9 次	计数	1	32	78	309	43
	百分比	0.2%	6.9%	16.8%	66.7%	9.3%
10~18 次	计数	4	19	54	168	29
	百分比	1.5%	6.9%	19.7%	61.3%	10.6%
18 次以上	计数	3	3	16	127	23
	百分比	1.7%	1.7%	9.3%	73.8%	13.4%

为了考察大学生年级、性别与参与组织活动频率间的关系，我们继续进行列联表分析以观察学生参与组织活动频率是否受到学生年级、性别的影响。年级与学生参与组织活动频率的独立性检验结果表明，$\chi^2=10.459$，$P=0.234>0.05$，年级与学生参与组织活动频率之间不存在相互关联。性别与学生参与组织活动频率的独立性检验结果表明，$\chi^2=2.897$，$P=0.575>0.05$，性别与学生参与组织活动频率之间不存在相互关联。

5. 大学生参与学生组织活动的基本现状

研究结果表明，大学生参与的学生组织以“社团、协会等其他组织”为主要类型。这表明大学生对于学生组织发展与建设具有强烈的自主性需求，大学生追求组织带给他们自我完善的“自利性”需求与学校对于学生组织服务性、公共组织的“利他性”定位之间可能存在潜在的冲突，这将最终影响到组织教育功能的发挥。大学生参与学生组织的“自利性”需求，通过在不同专业、年级、性别、生源地学生间组织类型选择的差异得到体现：理工科、大二、男性、来自城市的大学生更倾向于选择“学生会”；大三、女性、来自乡镇的大学生更倾向于选择“社团、协会等其他组织”，这种选择间的差异，可能暗含着学生组织内部潜在的传统“官本位”文化和“自组织”文化间的冲突、城乡二元文化间的冲突等，这是需要我们加以注意的。如何协调文化冲突、建构组织内新文化，这是学生组织建设理论与实践不容忽视的问题。

大学生以选择11～50人规模的学生组织为主，这些组织多以“社团、协会”的组织形式体现，但是在组织活动开展频率上，这些“非官方”的组织活动却远低于“学生会”，这表明在当前中国高等院校，强大的行政力量在高校学生组织活动开展中仍然得到体现，“学生会”因为能够获得更多的学校行政支持而开展更为丰富的活动，从而也就具有更大的影响力。大学两类主要学生组织的发展现实是需要高校学生管理者认真思考的问题，如何让两类大学学生组织获得平等的支持与发展空间，以便更好地为学生和大学的发展服务。

大学生对于学生组织活动的总体参与性较高，由于“学生会”更大的影响力、更高的组织活动频率自然就带来学生活动参与水平的提高，而“干部”由于身份感的获得使其参与热情得到提升。研究结果提示我们，如何通过组织重构，使不同的组织成员在组织中都能得到相应的认同、社会责任担当和自我完善，将是完善学生组织的重要议题。

（二）大学生参与大学学生组织活动的态度分析

1. 大学生对所在学生组织态度的总体分析

笔者从大学生对其所在组织的“了解程度”和“满意程度”、对组织活动的“喜欢程度”和“投入程度”四个角度考察大学生对组织的态度。每种组织态度均采用五等级评定（见表5－12）。

表5－12　大学生对所在组织态度的描述性统计量

	N	*M*	*SD*
对所在大学学生组织的了解程度	1840	3.6348	0.75655
对所在大学学生组织的满意程度	1840	3.5821	0.82168
对学生组织开展的活动的喜欢程度	1840	3.6103	0.80496
对于参加活动的投入程度	1840	4.0000	0.85361

注：每种态度的取值范围在1～5，共5个等级。

大学生对所在组织了解程度的描述性统计分析结果显示（见表 5－12），大学生对学生组织了解程度的 $\bar{x}=3.6348$。这表明大学生对学生组织的了解程度处于中等偏上水平。观察图 5－6 也可以看到 52.2% 的大学生对学生组织的了解程度评定为第四等级“比较了解”，但是还有 33.0% 的大学生对所在学生组织的了解程度“一般”。

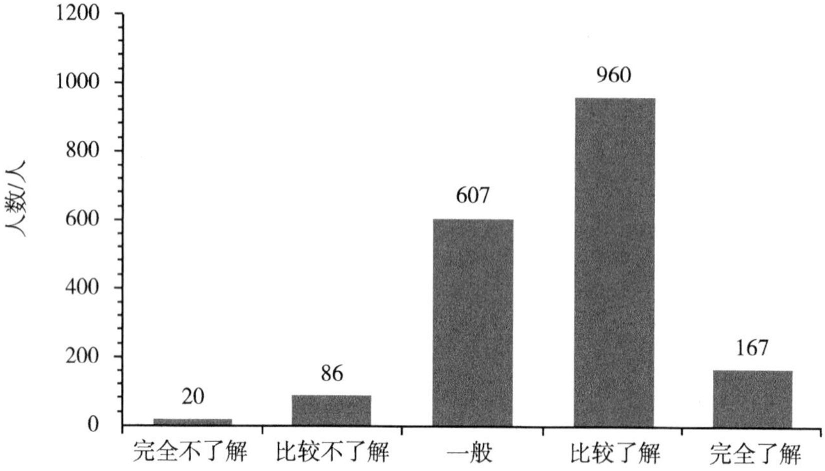

图 5－6　大学生对所在学生组织了解程度的频数分析

研究结果表明，当前大学生对所在学生组织的了解是有限的。笔者对大学学生组织活动开展频率的调查结果表明（见图 5－4），当前大学学生组织活动开展的频率比较低，如此低频率的组织活动又怎么能够提高大学生对于学生组织的了解呢？当然笔者也不能排除有一部分大学生加入学生组织只是为了娱乐或打发时间，很少参与组织活动而未能了解组织。这就需要我们在加大组织活动的频率与资金投入的同时，还要加强对于大学生加入学生组织的合理引导，使其在保障完成专业教育任务的同时，能够结合自身的兴趣爱好、能力发展需求特点，选择适合自己的学生组织；而对那些选择了多个社团的大学生则要引导其加强时间管理，处理好与各个组织间的关系，适当取舍。

大学生对所在组织满意程度的描述性统计分析结果显示（见表 5－12），大学生对学生组织满意程度的 $\bar{x}=3.5821$。这表明大学生对学生组织的满意程度处于中等偏上水平。观察图 5－7 也可以看到 46.4% 的大学生对学生组织的满意程度评定为第四等级“比较满意”，但是还有 35.8% 的大学生对所在学生组织的满意程度“一般”。

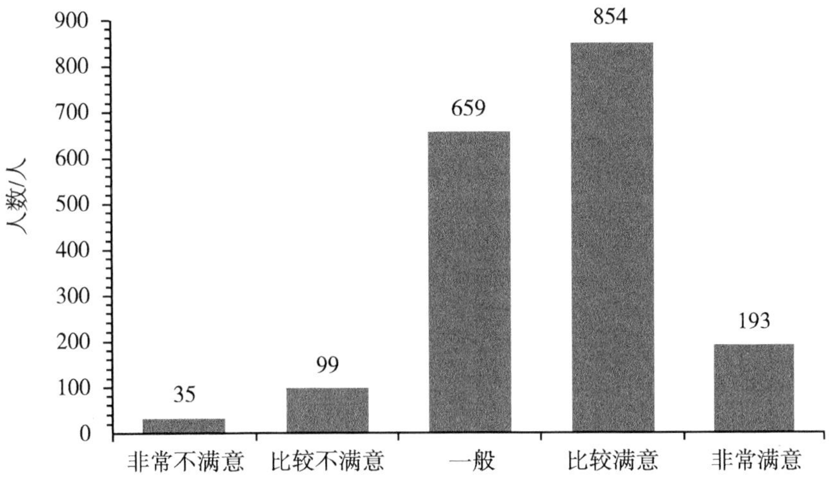

图 5 –7　大学生对所在学生组织满意程度的频数分析

研究结果表明，当前大学学生组织尚有很多工作需要改善，以提升活动参与者的满意度。当前大学学生组织在干部选拔、制度保障、经费保障和行政支持等方面还存在许多问题。在学校的行政支持上，由于当前高校纷纷创建“国内一流、世界知名”大学，而将更多注意力与资源放在了科研、教学、设备更新、校舍建设等“硬性”考核指标建设上，而学生工作只要保持稳定、不出事就是对其他主流活动的重大支持，学生组织建设在资金和行政支持上非常薄弱。学生组织在干部选拔过程中还存在内部指派、选举不公等诸多问题，一些当选的学生干部服务意识不强，官本位思想浓重，对上唯唯诺诺、对下颐指气使，严重挫伤了一般组织成员和活动参与者的积极性。此外，当前学生组织的制度建设还很薄弱，管理松散、人员流动性过大，导致加入组织初期投入火热、后期冷冷清清的不良局面。而有些组织虽建立了自己的章程和制度，但基本是流于形式，导致组织成员一盘散沙。这些问题的存在，在客观上造成了大学生对当前学生组织的满意程度还不是很高。

大学生对组织活动的喜欢程度的描述性统计分析结果显示（见表 5 – 12），大学生对组织活动喜欢程度的 $\bar{x} = 3.6103$。这表明大学生对组织活动的喜欢程度处于中等偏上水平。观察图 5 – 8 也可以看到 49.5% 的大学生对学生组织活动的喜欢程度评定为第四等级“比较喜欢”，但是还有 33.5% 的大学生对组织活动的喜欢程度“一般”。

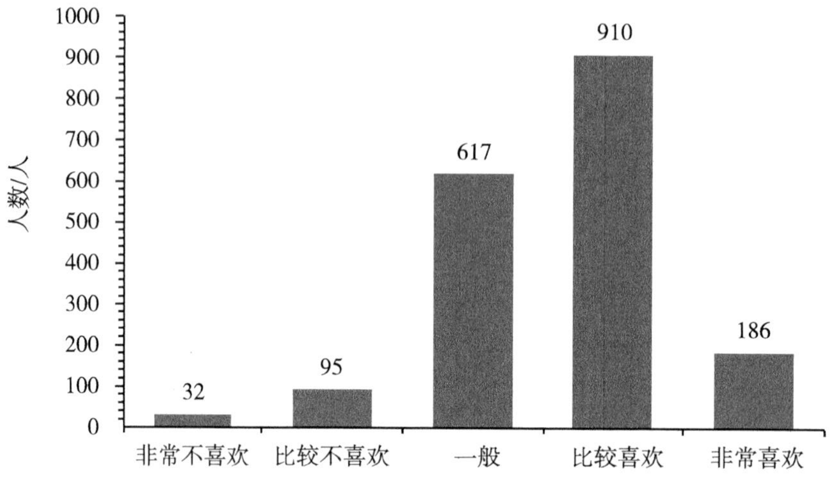

图5－8　大学生对学生组织活动喜欢程度的频数分析

研究结果表明，当前大学学生组织尚需要通过工作的改善来提升参与者对组织活动的喜欢程度。对此，张文海指出目前大学学生组织活动普遍存在内容固定、形式呆板单调、活动质量不高的问题。① 所谓铁打的学校、流水的学生。学生组织成员随着毕业生的离校和新生的入学总在不断发生变化，但是由于学生组织工作方法与工作思路经过多年积淀所形成的传统性，造成了成员每年都在改变，可是一些传统活动却在不同年级学生间循环轮转。这在客观上是由于习惯的力量，组织者在开展活动中会更加熟悉和省力，便于管理。但是，僵化的形式、固定的内容却难以吸引学生参与和投入其中。大学学生组织开展的活动往往在形式上也比较单一或简单，群体性活动居多而对于个体差异照顾不足，从目前已有的活动内容来看主要以文体类娱乐活动为主，尚缺乏紧密结合大学生专业知识、技能而进行的学术科研类活动，“选秀”文化在大学学生组织互动中也大行其道。这虽然在短时间内迎合了大学生的娱乐需要，但是他们知识获取、技能提升，在组织中通过活动而获得尊重、自我实现等高层次需要并未能得到很好满足。这在长远上影响了大学生参与组织活动的积极性。此外，一些学生组织开展活动时过于注重活动的数量而忽视了活动的质量，学期和学年活动计划不足，往往是为了完成任

① 张文海．高校学生组织状况调查与发展对策研究［D］．河北师范大学硕士论文，2010：39.

务临时抱佛脚，活动开展常常是“为了活动而活动”，对大学生起不到锻炼与提升的目的。

大学生对组织活动的投入程度的描述性统计分析结果显示（见表 5－12），大学生对组织活动喜欢程度的 $\bar{x}=4.0000$。这表明大学生对组织活动的投入程度处于较高水平。观察图 5－9 也可以看到 54.5% 的大学生对组织活动的投入程度评定为第四等级“比较尽力”，但是还有 26.5% 的大学生对于组织活动“完全尽力”。

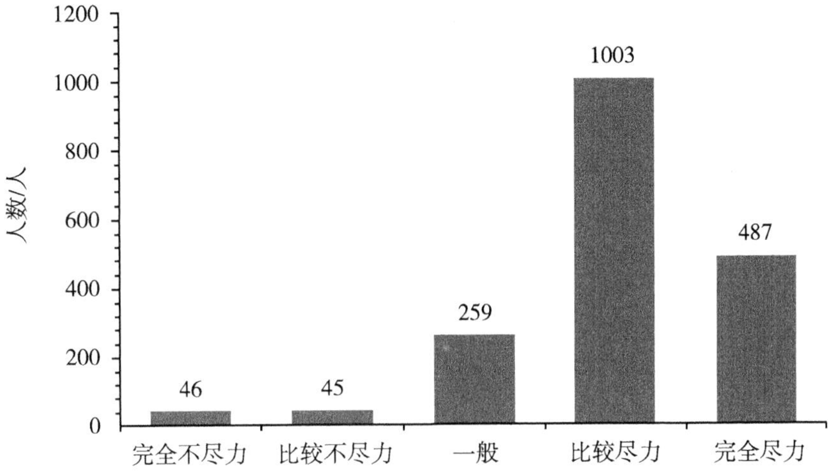

图 5－9　大学生对学生组织开展活动投入程度的频数分析

研究结果表明，当前大学生对组织的参与动机非常强烈，他们对组织活动具有较高投入水平。虽然大学生对学生组织的了解程度、满意程度以及对组织活动的喜欢程度还不尽如人意，但是他们仍然对学生组织活动保持较高的参与动机和投入程度。这表明大学学生组织对当代大学生发展的重要价值。大学生在接受专业知识与技能教育之外，参加学生组织活动成为追求自我发展的重要阵地，甚至常常会听到有些已经毕业的大学生说：我们可能已忘记了大学所学过的专业知识，但对在大学活动中经历的人和事却记忆犹新。在大学学生组织活动中，大学生可以通过参加、组织、策划等锻炼自己的管理能力、协调能力，将专业知识与具体实践相结合，培养自己的创新能力和实践能力，同时通过集体活动也能够学到如何与人为善、信守承诺等为人处世的基本原则。这在客观上增强了大学生的社会适应能力，促进了大学生的全面发展。在此，我们要看到大学生对参加学生组织、完善自身的强烈需求，而我们的学生组织及其活动开展还尚未能满足大学生的需要，我们只有不断改善学生组织工作、提升组织活动质量，才能促进大学生及大学的发展。

2. 不同群体大学生的组织态度比较

为了考察不同群体大学生对学生组织态度的特征，我们对“学生组织了解程度”“学生组织满意程度”“组织活动喜欢程度”“组织活动投入程度”在不同学生群体间进行比较。以专业类型、年级、性别、生源地、组织类型、组织内身份、加入组织年限、组织规模、组织开展活动频率为分组变量（自变量），以学生对组织“4 个态度”为因变量，采用均数比较技术考察不同群体大学生组织态度的特点。

（1）不同性别大学生的组织态度比较。

独立样本 t 检验结果显示（见表 5－13），男女大学生对于组织了解程度不存在显著差异（$P=0.067>0.05$）；男女大学生对于组织满意程度不存在显著差异（$P=0.487>0.05$）；男女大学生对于组织活动的喜欢程度不存在显著差异（$P=0.871>0.05$）；男女大学生对于组织活动的投入程度不存在显著差异（$P=0.051>0.05$）。研究结果表明，男女大学生对大学学生组织具有同等参与程度，男女大学生对大学学生组织表现出同等认知水平。

表 5－13　男女大学生组织态度的 t 检验结果

	性别	*N*	*M*	*SD*	*t*
对所在学生组织的了解程度	男	737	3.6744	0.79558	1.835
	女	1103	3.6083	0.72847	
对所在学生组织的满意程度	男	737	3.5984	0.85586	0.696
	女	1103	3.5712	0.79823	
对学生组织活动的喜欢程度	男	737	3.6065	0.86594	－0.162
	女	1103	3.6129	0.76190	
对学生组织活动的投入程度	男	737	3.9525	0.88261	－1.952
	女	1103	4.0317	0.83258	

（2）不同年级大学生的组织态度比较。

单因素方差分析结果显示，不同年级大学生对学生组织了解程度存在显著差异（见表 5－14），事后多重比较检验结果表明（见表 5－15），大二和大三学生显著高于大一学生。这表明随着入学时间的增加，大学生在组织活动中投入了更多的时间，积累了更多的经验，大二、大三学生对组织了解程度高于大一学生。研究结果显示（见表 5－14），不同年级大学生对于组织满意程度、组织活动喜欢程度、投入程度均不存在显著差异。这表明由于不同年级大学生对组织具有同等参与程度，从而表现出对组织同等水平的满意程度、喜欢程度和投入程度。

表 5－14　不同年级大学生对组织态度的单因素方差分析结果

	变异来源	*df*	*MS*	*F*
对所在学生组织的了解程度	组间	2	4.057	7.135**
	组内	1837	0.569	
对所在学生组织的满意程度	组间	2	1.827	2.711
	组内	1837	0.674	
对学生组织活动的喜欢程度	组间	2	1.099	1.698
	组内	1837	0.647	
对学生组织活动的投入程度	组间	2	0.374	0.513
	组内	1837	0.729	

注：* 表示 $P<0.05$；** 表示 $P<0.01$。后同。

表 5－15　不同年级学生对“组织了解程度”的描述性统计量及事后多重比较结果

	N	*M*	*SD*	均值的 95% 置信区间		事后多重比较检验结果（LSD 法）
				下限	上限	
大一	1005	3.5751	0.75584	3.5283	3.6219	大二、大三＞大一
大二	571	3.6953	0.74337	3.6342	3.7564	
大三	264	3.7311	0.76993	3.6378	3.8244	

（3）不同专业类型大学生的组织态度比较。

单因素方差分析结果显示，不同专业类型大学生对于学生组织的了解程度、满意程度，对于组织活动的喜欢程度、投入程度均存在显著差异（见表5－16），事后多重比较检验结果表明（见表5－17），理科和工科大学生对于组织的了解程度显著高于文科大学生，而对组织的满意程度、对组织活动的喜欢程度和对组织活动的投入程度，理科大学生显著高于文科和工科大学生。从不同专业类型大学生对学生组织活动的参与程度上看（见表5－8），我们也会发现理科大学生对学生组织活动的参与程度要高于文科大学生。研究结果表明，理科大学生因为对学生组织活动有着更高的参与程度，从而对学生组织的了解程度、满意程度以及对学生组织活动的喜欢程度和投入程度都显著高于文科大学生和工科大学生。

表5－16　不同专业类型大学生对组织态度的单因素方差分析结果

	变异来源	*df*	*MS*	*F*
对所在学生组织的了解程度	组间	2	5.059	8.914**
	组内	1837	0.567	
对所在学生组织的满意程度	组间	2	10.498	15.800**
	组内	1837	0.664	
对学生组织活动的喜欢程度	组间	2	6.716	10.471**
	组内	1837	0.641	
对学生组织活动的投入程度	组间	2	3.433	4.730**
	组内	1837	0.726	

表5－17　不同专业类型大学生对组织态度的描述性统计量及事后多重比较结果

	组别	*N*	*M*	*SD*	均值的95%置信区间		事后多重比较检验结果（LSD法）
					下限	上限	
对所在学生组织的了解程度	文科	579	3.5337	0.74649	3.4727	3.5946	理科、工科＞文科
	理科	701	3.7118	0.75573	3.6558	3.7679	
	工科	560	3.6429	0.75728	3.5800	3.7057	
对所在学生组织的满意程度	文科	579	3.4853	0.75173	3.4240	3.5467	理科＞文科、工科
	理科	701	3.7175	0.79828	3.6583	3.7767	
	工科	560	3.5125	0.89514	3.4382	3.5868	

续表

	组别	N	M	SD	均值的95%置信区间		事后多重比较检验结果（LSD法）
					下限	上限	
对学生组织活动的喜欢程度	文科	579	3.5199	0.73060	3.4602	3.5795	理科 > 文科、工科
	理科	701	3.7161	0.79148	3.6574	3.7748	
	工科	560	3.5714	0.87822	3.4985	3.6443	
对学生组织活动的投入程度	文科	579	3.9775	0.82637	3.9101	4.0450	理科 > 文科、工科
	理科	701	4.0742	0.81077	4.0141	4.1343	
	工科	560	3.9304	0.92499	3.8536	4.0071	

（4）不同生源地大学生的组织态度比较。

单因素方差分析结果显示，不同生源地学生对组织了解程度、满意程度，对组织活动的喜欢程度、投入程度均存在显著差异（见表5－18），事后多重比较检验结果表明（见表5－19），省会或者直辖市的大学生对于组织了解程度、满意程度显著高于其他生源地大学生，对于组织活动的喜欢程度、投入程度显著高于农村和县城大学生；而来自农村的大学生对于组织了解程度、满意程度、喜欢程度、投入程度相对较低。

表5－18　不同生源地学生对组织态度的单因素方差分析结果

	变异来源	df	MS	F
对所在学生组织的了解程度	组间	4	3.744	6.622**
	组内	1835	0.565	
对所在学生组织的满意程度	组间	4	6.898	10.427**
	组内	1835	0.662	
对学生组织活动的喜欢程度	组间	4	3.026	4.707**
	组内	1835	0.643	
对学生组织活动的投入程度	组间	4	2.846	3.930**
	组内	1835	0.724	

研究结果表明，来自省会或者直辖市的大学生对组织态度较为积极，而来自农村的学生对于组织态度的认知水平较低。对于学生生源地与组织内身份的独立性检验结果表明（见附表3），来自省会或者直辖市的大学生中担任干部的比例要高于来自其他生源地大学生，而一般性参与者中来自农村和乡镇大学生的比例也远高于来自省会级、地级市的大学生。不同生源地的大学生由于其在学生组织内角色重要性的不同，而对其组织态度产生了较大的影响。来自省会或者直辖市以及地级市的大学生，因其在学生组织中或者担任干部或者作为主要组织成员参与学生组织管理、策划等活动，从而在学生组织中扮演着一定的角色、发挥着重要作用，这一方面使其更加了解组织发展，另一方面也因为角色担当而对组织具有更为积极的满意水平，从而也会更喜欢、更加投入地参加组织活动。由于中国城乡二元化发展带来的城乡教育质量的不均衡，“城市”与“乡下”的学生对于以“市民文化”为主流的大学校园，其早期的适应是有很大差异的。来自农村或乡镇的大学生在加入组织的初期大多为组织的一般性参加者或组织成员，其加入组织的初期主要面临的问题就是如何适应这个新的“文化”，其间难免会产生诸多的不适应，这也就造成了来自农村或乡镇的大学生对于组织相对消极一些的组织态度。如何消解“城市”与“农村”两种文化群体大学生在学生组织中的文化认知的偏见与误解、矛盾与冲突，这是我们在开展学生组织活动过程中不得不面临的具体问题。

表5-19　不同生源地学生对组织态度的描述性统计量及事后多重比较结果

	组别	*N*	*M*	*SD*	均值的95%置信区间		事后多重比较检验结果（LSD法）
					下限	上限	
对所在学生组织的了解程度	农村	496	3.5242	0.76239	3.4569	3.5915	省会或者直辖市＞农村、乡镇、县城、地级市；乡镇、地级市＞农村
	乡镇	313	3.6581	0.74769	3.5750	3.7413	
	县城	353	3.5921	0.75989	3.5125	3.6716	
	地级市	452	3.6858	0.75545	3.6160	3.7557	
	省会或者直辖市	226	3.8097	0.71436	3.7161	3.9034	

续表

	组别	N	M	SD	均值的 95% 置信区间		事后多重比较检验结果（LSD 法）
					下限	上限	
对所在学生组织的满意程度	农村	496	3.4435	0.84378	3.3691	3.5180	省会或者直辖市 > 农村、乡镇、县城、地级市；乡镇、地级市 > 农村；乡镇和地级市 > 农村和县城
	乡镇	313	3.6294	0.80266	3.5401	3.7187	
	县城	353	3.4929	0.79814	3.4094	3.5765	
	地级市	452	3.6549	0.82392	3.5787	3.7310	
	省会或者直辖市	226	3.8142	0.76069	3.7144	3.9139	
对学生组织活动的喜欢程度	农村	496	3.5060	0.82141	3.4336	3.5785	省会或者直辖市 > 农村、县城；乡镇、地级市 > 农村；乡镇和地级市 > 农村
	乡镇	313	3.6454	0.86905	3.5487	3.7420	
	县城	353	3.5807	0.80119	3.4969	3.6646	
	地级市	452	3.6460	0.77282	3.5746	3.7175	
	省会或者直辖市	226	3.7655	0.71358	3.6720	3.8590	
对学生组织活动的投入程度	农村	496	3.9718	0.85470	3.8964	4.0472	省会或者直辖市 > 农村、乡镇、县城；地级市 > 县城
	乡镇	313	3.9744	0.82001	3.8832	4.0656	
	县城	353	3.8952	0.84464	3.8068	3.9836	
	地级市	452	4.0509	0.86805	3.9706	4.1311	
	省会或者直辖市	226	4.1593	0.85963	4.0466	4.2720	

（5）不同组织类型大学生的组织态度比较。

单因素方差分析结果显示，不同组织类型学生间的组织态度存在显著差异（见表 5－20），事后多重比较检验结果表明（见表 5－21），参加学生会的学生对组织了解程度、满意程度、喜欢程度显著高于参加社团、协会和两者都参加的大学生，而对于组织活动的投入程度，加入学生会和两者都参加的大学生显著高于只加入社团、协会等其他组织的大学生。组织对集体与个体可能带来诸多影响，对于组织自身而言，它往往通过塑造组织活动愿景、

表 5－20　不同组织类型学生对组织态度的单因素方差分析结果

	变异来源	*df*	*MS*	*F*
对所在学生组织的了解程度	组间	2	18. 355	33. 191**
	组内	1837	0. 553	
对所在学生组织的满意程度	组间	2	8. 516	12. 776**
	组内	1837	0. 667	
对学生组织活动的喜欢程度	组间	2	3. 386	5. 250**
	组内	1837	0. 645	
对学生组织活动的投入程度	组间	2	8. 103	11. 244**
	组内	1837	0. 721	

表 5－21　不同组织类型学生对组织态度的描述性统计量及事后多重比较结果

	组别	*N*	*M*	*SD*	均值的 95% 置信区间 下限	均值的 95% 置信区间 上限	事后多重比较检验结果（LSD 法）
对所在学生组织的了解程度	学生会	491	3. 8676	0. 74010	3. 8020	3. 9332	学生会 > 社团、协会，两者都参加
	社团、协会	779	3. 5648	0. 72548	3. 5138	3. 6159	
	两者都参加过	570	3. 5298	0. 77072	3. 4664	3. 5932	
对所在学生组织的满意程度	学生会	491	3. 7413	0. 89460	3. 6620	3. 8207	学生会 > 社团、协会，两者都参加
	社团、协会	779	3. 5289	0. 76061	3. 4754	3. 5824	
	两者都参加过	570	3. 5175	0. 81971	3. 4501	3. 5850	
对学生组织活动的喜欢程度	学生会	491	3. 7108	0. 79659	3. 6402	3. 7814	学生会 > 社团、协会，两者都参加
	社团、协会	779	3. 5764	0. 82864	3. 5181	3. 6347	
	两者都参加过	570	3. 5702	0. 77266	3. 5066	3. 6337	
对学生组织活动的投入程度	学生会	491	4. 0916	0. 81925	4. 0190	4. 1643	学生会、两者都参加 > 社团、协会
	社团、协会	779	3. 8909	0. 85724	3. 8306	3. 9512	
	两者都参加过	570	4. 0702	0. 86241	3. 9992	4. 1411	

文化、制定活动准则、提供活动支持等影响组织中的全体成员，而不同的个体结合成为一个集体也可克服在社会活动中个人力量的不足。学生会这种组织在当前中国高校管理体制中是高校行政管理在学生工作中的延伸，其主要通过活动经费支持、人员选拔与奖励等方式管理学生会。在这样的管理体制下，学生会成员和“干部”就成了“体制内”的人，因而占有更多的“体制内”资源的支配权与占有权。学生会成员或“干部”的身份，往往成为各种奖励、评优、入党等基本条件或是竞争优势条件。诸多利益的获得，自然使得学生会成员或“干部”对于组织本身有比较积极的态度。此外，学生会组织往往会得到来自学校行政管理系统的政策、资金支持，使得学生会往往也会开展更多的活动，学生会成员或“干部”自然对于组织的参与程度更高，这也同时增加他们对组织的了解程度和满意程度，更加喜欢投入组织活动中。社团、协会等其他自治组织，具有更强的自我管理、自我服务属性，特别在市场经济日益发展的今天，有很多社团纷纷与校外主动联系，以“大学生”这一庞大的、高素质的未来社会主流消费人群，吸引企业赞助支持社团、协会活动，这无疑增强了社团、协会开展组织活动的能力，但即便这样也还是与学校提供给学生会的人、才、物的强大支持无法相比，这也必然限制了社团、协会的发展。在社团、协会中工作的成员在评优、奖励等学生考评工作中也无法与学生会成员相比，这也是造成社团、协会成员对于组织态度较为消极的一个重要原因。如何处理校园中“学生会”和“社团、协会”两种主要学生组织的管理与互动，这是大学学生组织健康、全面发展的重要议题。

（6）不同组织内身份大学生的组织态度比较。

单因素方差分析结果显示，不同组织内身份学生对组织的态度存在显著差异（见表5－22），事后多重比较检验结果表明（见表5－23），在组织内担任干部的学生对组织的了解程度、满意程度，对组织活动的喜欢程度、投入程度均显著高于普通成员和活动参加者，而组织内的普通成员的组织态度也显著高于活动参加者。

表 5－22　不同组织内身份学生间组织态度的单因素方差分析结果

	变异来源	*df*	*MS*	*F*
对所在学生组织的了解程度	组间	2	38.447	72.388**
	组内	1837	0.531	
对所在学生组织的满意程度	组间	2	21.081	32.286**
	组内	1837	0.653	
对学生组织活动的喜欢程度	组间	2	37.232	61.223**
	组内	1837	0.608	
对学生组织活动的投入程度	组间	2	38.316	55.713**
	组内	1837	0.688	

表 5－23　不同组织内身份学生对组织态度的描述性统计量及事后多重比较结果

	组别	*N*	*M*	*SD*	均值的 95% 置信区间		事后多重比较检验结果（LSD 法）
					下限	上限	
对所在学生组织的了解程度	干部	542	3.9207	0.70853	3.8609	3.9804	干部 > 普通成员 > 活动参加者
	普通成员	1015	3.5704	0.70830	3.5268	3.6141	
	活动参加者	283	3.3180	0.83236	3.2206	3.4154	
对所在学生组织的满意程度	干部	542	3.7768	0.78100	3.7109	3.8427	干部 > 普通成员 > 活动参加者
	普通成员	1015	3.5537	0.79373	3.5048	3.6026	
	活动参加者	283	3.3110	0.90436	3.2051	3.4168	
对学生组织活动的喜欢程度	干部	542	3.8432	0.70340	3.7838	3.9025	干部 > 普通成员 > 活动参加者
	普通成员	1015	3.5970	0.76807	3.5497	3.6444	
	活动参加者	283	3.2120	0.94396	3.1016	3.3225	
对学生组织活动的投入程度	干部	542	4.2343	0.85040	4.1626	4.3061	干部 > 普通成员 > 活动参加者
	普通成员	1015	3.9882	0.75097	3.9419	4.0344	
	活动参加者	283	3.5936	1.03188	3.4729	3.7144	

研究结果表明，随着组织内身份重要性的提升，大学生对于组织的态度、

认真程度也在逐渐提高。在组织中担任重要职务的人，由于其身份地位所带来的权力、威望以及利益，无疑会增加其对组织的忠诚和投入，而由于更多、更加深入的组织参与，他们对组织的了解就更加深入。由于受到社会庸俗的“官僚”文化影响，大学学生组织中也客观地存在着两种社会阶层：“干部”与“群众”，当前中国高校科层管理体制也实实在在地影响着大学学生组织的管理体制：学生会主席—各部部长—普通成员—活动参加者，不同层级间由于层级的设置而具有了不同的权力、地位和利益获得。这种管理结构客观上促进了组织活动的高效率，但是也限制了不同层级组织成员间的互动与了解，在一定程度上背离了学生组织所具有的公共服务组织属性，削弱了其提供公共服务产品（互动、学习的平台）的功能。对这样的科层制甚或官僚制的管理结构应用于大学学生组织是否合适，笔者认为还是值得商榷的。在大学学生组织中，不考虑大学生力量的存在，这对大学学生组织而言是最大的灾难。如何破解大学学生组织管理结构、体制难题，也是摆在我们面前的重要问题。

（7）参与学生组织规模不同大学生间的组织态度比较。

单因素方差分析结果显示，参与学生组织规模不同的大学生间的组织态度存在显著差异（见表5－24），事后多重比较检验结果表明（见表5－25），参加组织规模在100人以上的学生对组织了解程度相对较高，组织规模在51～100人、10人及10人以下的学生对组织了解程度及满意程度要高于11～50人和不清楚组织规模的学生。组织规模在11～50人和不清楚组织规模的学生对组织了解程度、满意程度以及对组织活动的喜欢程度都最低。

表5－24　参与不同组织规模大学生组织态度的单因素方差分析结果

	变异来源	*df*	*MS*	*F*
对所在学生组织的了解程度	组间	4	13.710	25.215**
	组内	1835	0.544	
对所在学生组织的满意程度	组间	4	6.823	10.310**
	组内	1835	0.662	
对学生组织活动的喜欢程度	组间	4	10.423	16.633**
	组内	1835	0.627	
对学生组织活动的投入程度	组间	4	12.237	17.392**
	组内	1835	0.704	

表 5－25　参与不同组织规模大学生组织态度的描述性统计量及事后多重比较结果

	组别	N	M	SD	均值 95% 置信区间		事后多重比较检验结果（LSD 法）
					下限	上限	
对所在学生组织的了解程度	10 人及 10 人以下	285	3.7018	0.78195	3.6106	3.7929	100 人以上 > 10 人及 10 人以下、11～50 人、不清楚；51～100 人、10 人及 10 人以下 > 11～50 人、不清楚
	11～50 人	726	3.5647	0.71675	3.5125	3.6170	
	51～100 人	387	3.7494	0.70653	3.6787	3.8200	
	100 人以上	293	3.8328	0.73281	3.7485	3.9170	
	不清楚	149	3.1611	0.83072	3.0266	3.2956	
对所在学生组织的满意程度	10 人及 10 人以下	285	3.7018	0.78195	3.6106	3.7929	100 人以上 > 10 人及 10 人以下、11～50 人、不清楚；51～100 人、10 人及 10 人以下 > 11～50 人、不清楚
	11～50 人	726	3.5647	0.71675	3.5125	3.6170	
	51～100 人	387	3.7494	0.70653	3.6787	3.8200	
	100 人以上	293	3.8328	0.73281	3.7485	3.9170	
	不清楚	149	3.1611	0.83072	3.0266	3.2956	
对学生组织活动的喜欢程度	10 人及 10 人以下	285	3.6982	0.81804	3.6029	3.7936	100 人以上 > 11～50 人、51～100 人、不清楚；11～50 人、51～100 人 > 不清楚；10 人及 10 人以下 > 11～50 人、不清楚
	11～50 人	726	3.5702	0.78073	3.5134	3.6271	
	51～100 人	387	3.6537	0.77794	3.5760	3.7315	
	100 人以上	293	3.7884	0.73298	3.7041	3.8727	
	不清楚	149	3.1745	0.92803	3.0243	3.3247	
对学生组织活动的投入程度	10 人及 10 人以下	285	3.8491	0.88912	3.7455	3.9528	100 人以上 > 10 人及 10 人以下、11～50 人、51～100 人、不清楚；11～50 人、51～100 人 > 10 人及 10 人以下、不清楚；10 人及 10 人以下 > 不清楚
	11～50 人	726	3.9959	0.79045	3.9383	4.0535	
	51～100 人	387	4.0517	0.86223	3.9655	4.1379	
	100 人以上	293	4.2730	0.72186	4.1900	4.3560	
	不清楚	149	3.6376	1.08562	3.4618	3.8133	

研究结果表明，参与50人以上组织规模的学生，对组织态度较为积极，而组织规模在11～50人和不清楚组织规模的学生对组织态度较为消极。研究结果表明，规模在50人以上的组织对学生参与是有帮助的，很少组织参与和不清楚组织规模的学生对组织认识是有限的。这势必会限制学生组织对于其自身成长所带来的价值。此外，研究结果提示我们，是否不同的组织规模代表着大学生所在组织类型的差别，对组织规模与组织类型的独立性检验结果表明（见附录3中的附表2），组织规模在50人以上的组织类型为学生会、两者都参加的比例较高，而组织规模在11～50人以及不清楚组织规模的类型为社团、协会的比例较高。

（8）参与组织年限不同的大学生组织态度比较。

单因素方差分析结果显示，不同参与组织年限大学生的组织态度存在显著差异（见表5－26），事后多重比较检验结果显示（见表5－27），参与组织年限在1年以下、1～2年、2～3年的大学生对于组织的了解程度、满意程度、喜欢程度和投入程度均显著高于刚刚参加学生组织的大学生。研究结果表明，参加了一定组织年限的大学生对组织的认识逐渐加深，对组织的认可和投入也在不断加强。

表5－26　参与组织年限不同的大学生组织态度单因素方差分析结果

	变异来源	*df*	*MS*	*F*
对所在学生组织的了解程度	组间	3	10.820	19.474**
	组内	1836	0.556	
对所在学生组织的满意程度	组间	3	3.842	5.735**
	组内	1836	0.670	
对学生组织活动的喜欢程度	组间	3	10.825	17.146**
	组内	1836	0.631	
对学生组织活动的投入程度	组间	3	7.578	10.562**
	组内	1836	0.717	

表 5－27　参与组织年限不同的大学生组织态度描述性统计量及事后多重比较结果

	组别	N	M	SD	均值的 95% 置信区间		事后多重比较检验结果（LSD 法）
					下限	上限	
对所在学生组织的了解程度	刚刚参加	102	3.1471	0.83722	2.9826	3.3115	1～2 年 >1 年以下、刚刚参加；2～3 年、1 年以下 > 刚刚参加
	1 年以下	824	3.5995	0.71253	3.5508	3.6482	
	1～2 年	671	3.7332	0.72405	3.6784	3.7881	
	2～3 年	243	3.6872	0.86299	3.5782	3.7963	
对所在学生组织的满意程度	刚刚参加	102	3.2745	0.82242	3.1130	3.4360	1～2 年、1 年以下、2～3 年 > 刚刚参加
	1 年以下	824	3.5947	0.81646	3.5388	3.6505	
	1～2 年	671	3.6274	0.79067	3.5675	3.6874	
	2～3 年	243	3.5432	0.89603	3.4300	3.6564	
对学生组织活动的喜欢程度	刚刚参加	102	3.0784	0.94068	2.8937	3.2632	1 年以下、1～2 年、2～3 年 > 刚刚参加
	1 年以下	824	3.6650	0.75212	3.6136	3.7165	
	1～2 年	671	3.6408	0.76922	3.5825	3.6991	
	2～3 年	243	3.5638	0.92656	3.4467	3.6809	
对学生组织活动的投入程度	刚刚参加	102	3.5784	1.12079	3.3583	3.7986	1 年以下、2～3 年、1～2 年 > 刚刚参加
	1 年以下	824	4.0716	0.72348	4.0221	4.1211	
	1～2 年	671	3.9762	0.88909	3.9088	4.0435	
	2～3 年	243	4.0000	0.97489	3.8768	4.1232	

（9）组织活动频率不同的大学生组织态度比较。

单因素方差分析结果显示，组织开展活动频率不同的学生组织态度存在显著差异（见表 5－28），事后多重比较检验结果显示（见表 5－29），组织活动频率在 10～18 次、18 次以上的学生对组织的了解程度显著高于其他 3 组学生，而组织活动频率在 4～6 次、7～9 次、10～18 次、18 次以上的大学生对组织的满意程度和对组织活动的喜欢程度也显著高于活动频率3次及3次以下的学生，组织活动频率在3次以上的各组，学生对组织活动的投入程度均显著高于活动频率在3次及3次以下的学生。研究结果表明，随着学生组织开展活动频率的提高，也增强了学生对组织的了解程度，广泛而持久地开展组织活动有利于学生组织对学生的积极影响。

表5－28　组织活动频率不同的大学生组织态度的单因素方差分析结果

	变异来源	*df*	*MS*	*F*
对所在学生组织的了解程度	组间	4	8.056	14.489**
	组内	1835	0.556	
对所在学生组织的满意程度	组间	4	4.579	6.868**
	组内	1835	0.667	
对学生组织活动的喜欢程度	组间	4	4.081	6.372**
	组内	1835	0.640	
对学生组织活动的投入程度	组间	4	3.558	4.924**
	组内	1835	0.722	

表5－29　组织活动频率不同的大学生组织态度的描述性统计量及事后多重比较结果

	组别	*N*	*M*	*SD*	均值95%置信区间		事后多重比较检验结果（LSD法）
					下限	上限	
对所在学生组织的了解程度	3次及3次以下	308	3.3766	0.88106	3.2778	3.4754	18次以上、10～18次＞7～9次、4～6次＞3次及3次以下
	4～6次	623	3.6501	0.68012	3.5966	3.7036	
	7～9次	463	3.6328	0.73204	3.5660	3.6997	
	10～18次	274	3.7737	0.71091	3.6892	3.8583	
	18次以上	172	3.8256	0.79754	3.7055	3.9456	

续表

	组别	N	M	SD	均值95%置信区间		事后多重比较检验结果（LSD法）
					下限	上限	
对所在学生组织的满意程度	3次及3次以下	308	3.3669	0.89796	3.2662	3.4676	18次以上、10～18次、7～9次、4～6次>3次及3次以下
	4～6次	623	3.6148	0.76451	3.5546	3.6749	
	7～9次	463	3.6242	0.78488	3.5525	3.6959	
	10～18次	274	3.6788	0.83805	3.5792	3.7785	
	18次以上	172	3.5814	0.89135	3.4472	3.7156	
对学生组织活动的喜欢程度	3次及3次以下	308	3.4416	0.89869	3.3408	3.5423	4～6次、18次以上、10～18次、7～9次>3次及3次以下
	4～6次	623	3.7079	0.74024	3.6496	3.7661	
	7～9次	463	3.5659	0.77814	3.4948	3.6369	
	10～18次	274	3.6131	0.81423	3.5163	3.7100	
	18次以上	172	3.6744	0.85760	3.5453	3.8035	
对学生组织活动的投入程度	3次及3次以下	308	3.8474	0.90570	3.7459	3.9490	18次以上>7～9次、4～6次、3次及3次以下；10～18次、7～9次、4～6次>3次及3次以下
	4～6次	623	3.9920	0.81481	3.9279	4.0561	
	7～9次	463	3.9935	0.86912	3.9141	4.0729	
	10～18次	274	4.1058	0.84717	4.0051	4.2066	
	18次以上	172	4.1512	0.82388	4.0272	4.2752	

3. 大学生组织态度的现状

大学生对组织的了解程度、满意程度，对组织活动的喜欢程度总体处于中等偏上水平。这表明大学学生组织在干部选举、制度保障、经费保障和行政支持等方面还存在一些问题。即便目前还存在着诸多问题，但是大学生对学生组织活动的投入程度较高，这体现了大学生对于参加学生组织、完善自身的强烈需求，我们只有不断改善学生组织工作、提升组织活动质量，才能促进大学生及大学的发展。

城乡大学生之间，学生“干部”与“群众”之间，学生会与社团、协会之间的组织态度存在显著差异，由于资源占有、行政支持、身份认同、个体接受教育质量等多方面的差异，造成了大学生不同群体间组织态度的差异，而城乡大学生之间的文化冲突，组织外部行政干预与内在自治需求的调和，组织管理过程中官僚主义与民本主义冲突等问题，是我们解决大学学生组织发展所必须面对的深层难题。

三、大学生对大学学生组织教育功能的认知水平分析

（一）“大学学生组织教育功能认知问卷”的指标设计

1. 原始问卷项目的收集与项目编码

在前期对大学学生组织应然教育功能的基本结构研究基础上，笔者通过阅读有关大学学生组织教育功能的文献，提炼描述教育功能的词语，经过与教育学和心理测量学领域的专家讨论，确定了最终描述大学学生组织教育功能的基本结构（见表 5－30）。在此基础上我们将三级指标转换成大学生对学生组织教育功能认知表述的语句，作为“大学学生组织教育功能认知问卷”的原始项目共计 26 个（见附录 1），如“通过参加学生组织活动，增强了我维护国家、集体利益的意识”等。

按照教育测量学中量表编制格式，要求对每一个项目描述与自身的符合程度做出 1～5 的等级评定，构成了原始的“大学学生组织教育功能认知问卷”（见附录 1）。采用项目鉴别力对 26 个原始项目进行项目分析，根据“大学学生组织教育功能认知问卷”26 个项目的总分，进行高低排序，选前 27% 为高分组，后 27% 为低分组。高低分组 t 检验结果（见附录 3 中的附表 1）显示，量表所有题目的 CR 决断值均达到极其显著水平（$P<0.01$），这表明高分组与低分组大学生对 26 个项目的认知具有不同水平，从而表明这 26 个项目能够很好地鉴别出高认知水平与低认知水平这两个群体，所以这 26 个项目全部保留。

表 5－30　大学学生组织教育功能的基本结构

一级功能	二级指标	三级指标
发展社会适应性	合理表达自身诉求	合理表达自身诉求
		自我评价合理
	核心价值观	维护国家利益
		增强了自己的民主意识
		培养了自己遵守纪律的习惯
		敬业
		诚信
		友善
培养创新和实践能力	实践能力	实践动机
		一般实践能力
		专项实践能力
		情境实践能力
	创新能力	想象能力
		批判与求异思维
		创造新产品能力
	自我教育能力	自我教育目标清晰
		自我体验积极（自尊、自信）
		自我监督与控制
促进特长发展	特长发展	提供特长发展的平台
		促进已有特长发展
		促进新的特长发展
传承校风学风	校风学风	校风
		学风
	知识	一般知识素养
		专业知识

2. 问卷的效度、信度检验

本研究采用建构效度检验“大学学生组织教育功能认知问卷”的有效

性。统计学上，检验建构效度最常用的方法是因子分析。我们对大学学生组织教育功能的结构，进行探索性因子分析（exploratory factor analysis）。对 26 个量表项目的相关矩阵的 Bartlett 球形检验（Bartlett' s Test of Sphericity）结果显示，Bartlett χ^2 =19772. 761，P =0. 000，检验结果表明构成本量表的 26 个项目之间存在潜在因子，有必要对此相关矩阵进行因子分析；同时，计算取样适当性度量值 *KMO*（Kaiser – Meyer – Olkin），结果 *KMO* =0. 963，大于通行的 0. 8 标准，当 *KMO* 值越大时，表示变量间的共同因子越多，这就说明样本的充足度很好，适合于进行因子分析。采用一般通用的主成分分析法，以特征根大于 1 为标准来截取因子。量表 26 个初始变量的共同度（communality）结果显示，各个初始变量所对应的因子的共同度最大值为 0. 654，最小值为 0. 327，26 个项目可以予以保留。对 26 个项目进行初始因子抽取，得到特征根大于 1 的因子共 3 个，累积解释总变异的 48. 656%。选择最大方差法（varimax）获取初始因素解。根据因子分析的结果，继续筛选项目，筛选项目的标准如下：

（1）删除因子负荷小于 0. 40 的项目。因素负荷过小，表明变量与因子间关系不紧密，变量就不能通过因子来描述，因此要剔除。①

（2）删除共同度小于 0. 30 的项目。根据因子分析的原则，“一个测验项目的共同度越大，该项目测定被试的个别差异的功能越好，因而具有较高的鉴别力。反之，项目的共同度越小，鉴别力就越低。因此项目的共同度可以用作评价项目区分度的高低”②。

（3）删除同一项目在多个因子上具有多重负荷且负荷值比较接近的项目。经过多次的探索性因子分析筛选项目，有 8 个项目未能符合以上要求，分别是“让我对学习和工作的态度更加认真、负责了”“提升了我的一般知识素养”“让我学到了更多的专业知识”“更多地了解和认同校风，并愿意积极践行”“促进了勤奋、严谨、求实等优良学风的形成”“提高了自己的学习能力”“让我学会了如何更好地控制自己的情绪”和“对自己的认识更为客观、合理了”。最终得到 18 个项目、3 个因子组成的大学学生组织教育功能的基本结构（见表 5 –31）。

---

① 江勇．笔迹与人格的关系［D］．华东师范大学博士论文，2005：52.

② 王权．现代因素分析［M］．杭州：杭州大学出版社，1993：7.

表 5-31 18 个项目旋转后的因子负荷矩阵及各项目的共同度

题目	因子			共同度
	Ⅰ	Ⅱ	Ⅲ	
增强了我解决问题的能力	0.733			0.605
让我另辟蹊径地解决问题的能力提高了	0.694			0.520
对自己能够达到的学习目标更加清晰了	0.640			0.586
锻炼了我提出新观点，创造新方案、新产品的能力	0.625			0.516
提高了我身体的力量、耐力、速度和灵活性等	0.615			0.527
提高了我的想象力	0.590			0.470
增强了我自我监督、自我控制的能力	0.581			0.530
增强了我的免疫力，提高了我抵抗疾病的能力	0.503			0.335
增强了我的专业实践能力	0.482			0.401
培养了我合理表达自身诉求的能力		0.721		0.549
让我学会了对人要友善、理解和包容		0.664		0.498
让我学会了与人相处要讲究诚信		0.644		0.524
培养了我维护国家、集体利益的意识		0.597		0.529
增强了我的民主意识		0.585		0.481
培养了我遵守纪律的行为习惯		0.465		0.347
为自己发展特长提供了很好的平台			0.790	0.703
促进了自己特长发展和展示			0.771	0.731
发展了自己新的特长			0.602	0.551

注：表中为删除负载小于 0.40 后的数据。

以 3 个因子所属项目的平均分来表示 3 个因子的水平，以 18 个项目的平均分表示问卷的总平均分，利用相关检验（Pearson 法）考察 3 个因子及其总量表之间的关联程度。如果 3 个因子之间呈现中等以下相关水平，表明量表的 3 个分量表分别在测试不同的概念，量表具有较好的区分效度；如果 3 个因子与总量表之间呈现高等水平相关，表明3个分量表也在同时测量一个更高层次的概念，量表具有较好的汇聚效度。相关检验结果表明（见表5-32），3个因子之间呈中等水平的显著相关（相关系数为0.538～0.623），这表明由3个因子组成的“大学学生组织教育功能认知问卷”具有很好的区分效度；3个因子与总分之间呈现出高度显著相关，因子Ⅰ与总平均分相关系数为0.938（$P<0.01$），因子Ⅱ与总平均分相关系数为0.823（$P<0.01$），因子Ⅲ与总平均分相关系数为0.757（$P<0.01$）。这表明由3个因子组成的“大学学生组织教育功能认知问卷”具有很好的汇聚效度。

表5-32 大学学生组织教育功能3个因子及总平均分之间的相关系数矩阵

	教育功能因子Ⅰ	教育功能因子Ⅱ	教育功能因子Ⅲ
教育功能因子Ⅰ	—		*
教育功能因子Ⅱ	0.623**	—	
教育功能因子Ⅲ	0.603**	0.538**	—
教育功能总平均分	0.938**	0.823**	0.757**

因子分析之后，为了进一步了解问卷的可靠性，要做信度检验。在李克特态度量表中常用的信度检验指标为Cronbach α系数。[①] 大学学生组织教育功能3个因素的Cronbach α系数分别为0.845、0.773和0.746，总问卷的Cronbach α系数是0.900（见表5-33）。

表5-33 大学学生组织教育功能认知问卷的Cronbach α系数

	项目数	*Cronbach's Alpha*
分量表Ⅰ	9	0.845
分量表Ⅱ	6	0.773
分量表Ⅲ	3	0.746
总量表	18	0.900

① 吴明隆.SPSS统计应用实务：问卷分析与应用统计［M］.第1版.北京：科学出版社，2003：107-109.

吴明隆指出，一般性的态度或心理知觉量表，其总量表的信度系数最好在0.80以上，分量表的信度系数最好在0.70以上，如果在0.60～0.70，还可以接受使用。[①] 以上信度分析数据表明，“大学学生组织教育功能认知问卷”具有较高的同质性，符合教育测量学的基本要求。

3. 大学学生组织教育功能认知指标体系构成

对18个项目的相关矩阵的Bartlett检验结果显示，Bartlett $\chi^2=12329.706$，$P=0.000$，检验结果表明构成本调查问卷的18个项目之间存在共同因子；同时，计算取样合适性度量值结果显示 $KMO=0.940$，这表明样本的充足度非常好，适合进行因子分析。各个变量所对应因子的共同度（见表5－31）最大值为0.731，最小值为0.335。3个因子能够解释总变异的52.234%，具有较高的解释力。因此，最后决定抽取3个因子、18个项目作为“大学学生组织教育功能认知问卷”的指标体系（见表5－34）。

因子Ⅰ由以下9个项目构成：“增强了我解决问题的能力”“对自己能够达到的学习目标更加清晰了”“让我另辟蹊径地解决问题的能力提高了”“提高了我身体的力量、耐力、速度和灵活性等”“锻炼了我提出新观点，创造新方案、新产品的能力”“增强了我自我监督、自我控制的能力”“提高了我的想象力”“增强了我的免疫力，提高了我抵抗疾病的能力”及“增强了我的专业实践能力”。主要反映的是通过参加学生组织活动促进了大学生创新实践能力的发展，其中包括了大学生自我教育能力的提升、创造力的提升和身体素质的提升，根据因子命名时可以主要参考因子载荷较大项目的含义来命名因子的原则，将因子Ⅰ命名为“培养创新和实践能力”教育功能。

① 吴明隆.SPSS统计应用实务：问卷分析与应用统计［M］.北京：科学出版社，2003：145.

表 5-34　大学学生组织教育功能指标体系

因素	项目
培养创新和实践能力	增强了我解决问题的能力
	让我另辟蹊径地解决问题的能力提高了
	对自己能够达到的学习目标更加清晰了
	锻炼了我提出新观点，创造新方案、新产品的能力
	提高了我身体的力量、耐力、速度和灵活性等
	提高了我的想象力
	增强了我自我监督、自我控制的能力
	增强了我的免疫力，提高了我抵抗疾病的能力
	增强了我的专业实践能力
发展社会适应性	培养了我合理表达自身诉求的能力
	让我学会了对人要友善、理解和包容
	让我学会了与人相处要讲究诚信
	培养了我维护国家、集体利益的意识
	增强了我的民主意识
	培养了我遵守纪律的行为习惯
促进特长发展	为自己发展特长提供了很好的平台
	促进了自己特长发展和展示
	发展了自己新的特长

因子Ⅱ由以下 6 个项目构成："培养了我合理表达自身诉求的能力""让我学会了对人要友善、理解和包容""让我学会了与人相处要讲究诚信""培养了我维护国家、集体利益的意识""增强了我的民主意识"及"培养了我遵守纪律的行为习惯"。主要反映的是通过参加学生组织活动促进了大学生社会适应能力的发展，其中包括合理表达自身诉求能力的提升、人际交往能力的提升和核心价值观的发展，根据因子命名时可以主要参考因子载荷较大项目的含义来命名因子的原则，将因子Ⅱ命名为"发展社会适应性"教育功能。

因子Ⅲ由以下 3 个项目构成："为自己发展特长提供了很好的平台""促进了自己特长发展和展示"及"发展了自己新的特长"。主要反映的是通过参加学生组织活动促进了大学生特长发展，据此将因子Ⅲ命名为“促进特长发展”教育功能。

研究结果表明，经过探索性因子分析得到大学学生组织的3个教育功能因子，与笔者理论设想中的4个教育功能是不完全一致的，其中“校风学风”功能未得到体现，其全部4个指标：“校风”“学风”“一般知识素养”和“专业知识”被删除，这表明“校风学风”功能在大学生对学生组织教育功能的现实认知中并没有得到体现，即大学生认为参加大学学生组织对校风学风传播并没有发挥实际的影响。

研究结果表明，大学生对大学学生组织教育功能的实际认知包括“培养创新和实践能力”“发展社会适应性”和“促进特长发展”3个因子。“传承校风学风”功能在大学学生组织中并未得到体现，这表明大学学生组织对学生的一般知识素养和专业知识技能的掌握并没有发挥实际的影响，这是一个值得我们深入思考的问题。知识是大学生创新的基石，大学学生组织理应通过活动激发大学生求知的欲望，让大学生在活动中感受到掌握知识的重要性，从而更好地将课堂学到的理论知识与实践活动相结合。然而，大学学生组织却出现了这一基本教育功能的缺失。这在显性的层面上反映了当前学生组织类型的单一化，多以“娱乐型”为主而缺乏“学术型”学生组织；在深层次上则反映了当前大学学生组织与大学课堂教学的分离。在现实的大学生活中，往往我们也能看到有些大学生忙于各种组织事务而耽误了学习，甚至有些学生为了组织活动可以逃课、挂科，在他们的眼里似乎“课”是可有可无的，而“活动”是一刻也不能耽搁的。

4. 大学生对大学学生组织教育功能认知的结果

通过项目分析和因子分析，我们自编的“大学学生组织教育功能认知问卷”由18个项目、3个潜在因子构成：培养创新和实践能力、发展社会适应性、促进特长发展。问卷的信效度分析结果表明，该问卷符合教育测量学的基本要求，可用于大学学生组织教育功能测量的相关研究。

通过对大学生的调查，笔者发现与研究设想的四种教育功能：“培养创新和实践能力、发展社会适应性、促进特长发展、传承校风学风”相比较，“传承校风学风”功能在大学学生组织中并未得到体现，这在深层次上反映了当前大学学生组织与大学课堂教学的分离，如何实现大学生两种生活内容的融合，这是大学学生组织重新发挥其“校风学风”教育功能的重要条件。

（二）大学生对学生组织教育功能认知总体水平分析

为了考察大学生对学生组织教育功能认知的总体状态，我们对学生组织教育功能认知的3个因子进行描述性统计分析，研究结果表明（见表5－35），3个教育功能因子中根据其平均分，由高到低依次为“发展社会适应性”“促进特长发展”“培养创新和实践能力”。研究结果表明，大学生对学生组织教育功能的认知水平中，他们认为通过学生组织可以更好地促进自己实践创新能力的培养、发展社会适应性、促进特长发展。但是，大学生认为参加学生组织活动对于“培养创新和实践能力”的教育功能相对较弱。这表明，他们认为通过参加学生组织提升其“自我教育能力”“创新能力”和“实践能力”的功能是不足的。

表5－35　大学生对学生组织教育功能认知3个因子的描述性统计量

	N	*M*	*SD*
培养创新和实践能力	1840	3.8520	0.71835
发展社会适应性	1840	4.0566	0.71652
促进特长发展	1840	4.0355	0.77235

首先，大学生认为通过参加学生组织活动，促进了他们更好地适应社会，具体表现为“培养了我合理表达自身诉求的能力”“让我学会了对人要友善、理解和包容”“让我学会了与人相处要讲究诚信”“培养了我维护国家、集体利益的意识”“增强了我的民主意识”“培养了我遵守纪律的行为习惯”。在学生组织的活动过程中，需要大学生与同学、教师、校外人员进行广泛的联系与沟通，这会促进大学生人际沟通能力的发展。大学生在组织中通过参与、组织、策划、沟通、决策等一系列过程，也锻炼了他们的实践能力。因此，大学生认为通过参加学生组织活动促进了他们社会适应性的提高，这也客观地反映了当前大学学生组织教育功能的实然状态。

其次，大学生认为通过参加学生组织活动，促进了其自身特长的发展。

具体表现为“为自己发展特长提供了很好的平台”“促进了自己特长发展和展示”以及“发展了自己新的特长”。这表明，在高中阶段由于学业的压力，忽视了自身个性特长的发展，步入大学之后，由于生活方式的改变、评价标准的多元化，大学生通过参加学生组织，使其在与其他同学互动过程中展示了自己的个性与特长，促进了自身特长的发展。进入大学又面临新的环境及挑战，他们也在不断完善自身个性，发展了自己新的特长。

最后，大学生认为通过参加学生组织活动对于“培养创新和实践能力”的教育功能相对较弱，他们认为通过参加学生组织提升其“自我教育能力”“创新能力”和“实践能力”的功能是不足的。大学学生组织是大学生自我教育、自我管理、自我服务的组织，对大学生获得自尊与自信、明确自己的学习目标、进行自我监督与控制具有重要的作用。① 但是，大学生却认为参加学生组织对于自我教育能力的提升是相对较弱的，这表明当前大学学生组织中的自治性还有待提高②，只有真正实现自我管理、自我服务，才能实现自我教育。而由于“自治性”的限制，大学生在组织活动过程中其提出新观点、创造新方案和新产品的能力以及想象力都会在一定程度上受到限制。因此，如何提升大学学生组织的自治性，是促进大学学生组织发展和教育功能发挥的核心要素。

（三）影响大学学生组织教育功能发挥的学生因素分析

为了考察不同群体大学生在3个教育功能因子认知水平的特点，笔者以专业类型、年级、性别、生源地、参与程度、加入组织年限、组织内身份为分组变量（自变量），以3个教育功能因子各自所属项目的算术平均数为因变量，采用均数比较技术考察不同群体对大学学生组织教育功能认知特点。

1. 男女大学生对学生组织教育功能认知水平的比较

独立样本t检验结果表明（见表5-36），男女大学生在“发展社会适应

① 王守刚，封雪，畅军亮．高校学生组织自治运行模式及机制研究［J］．煤炭高等教育，2006，24（5）：91-93.

② 万东升．规范与和谐：高校学生自治法制化机制的核心［J］．四川理工学院学报（社会科学版），2010，25（1）：92-96.

性”教育功能因子存在显著差异，女大学生显著高于男大学生。

研究结果表明，女大学生认为参加学生组织对于其人际交往能力、解决实践问题能力和完善人格等方面具有更大的影响，参加学生组织可以更好地促进其社会适应性的提升。

表 5－36　男女大学生教育功能 3 个因子 t 检验结果

	性别	*N*	*M*	*SD*	*t*	*df*
培养创新和实践能力	男	737	3.8473	0.72334	－0.230	1838
	女	1103	3.8551	0.71530		
发展社会适应性	男	737	4.0024	0.69278	－2.656**	1838
	女	1103	4.0928	0.73002		
促进特长发展	男	737	4.0208	0.79277	－0.667	1838
	女	1103	4.0453	0.75860		

2. 不同专业类型大学生对学生组织教育功能认知水平的比较

单因素方差分析结果显示（见表 5－37），不同专业类型大学生对大学学生组织教育功能的“发展社会适应性”和“促进特长发展”两因子的认知水平存在显著差异，事后多重比较检验结果表明（见表 5－38），在“发展社会适应性”和“促进特长发展”两因子，文科、理科大学生均显著高于工科大学生。

研究结果表明，理科、文科大学生与工科大学生相比较而言，他们认为通过参加学生组织，对于其人际沟通、诚信、友善、实践能力等社会适应能力的培养以及特长的发展是更加有益的。

表 5－37　不同专业类型大学生对学生组织教育功能认知水平的单因素方差分析结果

	变异来源	*df*	*MS*	*F*
培养创新和实践能力	组间	2	1.349	2.619
	组内	1837	0.515	
发展社会适应性	组间	2	2.332	4.560*
	组内	1837	0.511	
促进特长发展	组间	2	4.469	7.546**
	组内	1837	0.592	

表5－38　不同专业类型大学生对学生组织教育功能认知水平的比较

	组别	N	M	SD	均值的95%置信区间		事后多重比较检验结果（LSD法）
					下限	上限	
发展社会适应性	文科	579	4.0998	0.77141	4.0369	4.1628	文科、理科>工科
	理科	701	4.0810	0.67464	4.0310	4.1311	
	工科	560	3.9814	0.70384	3.9230	4.0398	
促进特长发展	文科	579	3.9551	0.71340	3.8969	4.0133	文科、理科>工科
	理科	701	4.1194	0.74441	4.0642	4.1746	
	工科	560	4.0137	0.85224	3.9430	4.0844	

注：培养创新实践能力不存在组间差异，其描述性统计量未列出。

3. 不同生源地大学生对学生组织教育功能认知水平的比较

单因素方差分析结果显示（见表5－39），不同生源地大学生对于“培养创新和实践能力”“发展社会适应性”和“促进特长发展”3个因子的认知水平均存在显著差异，事后多重比较检验结果表明（见表5－40），在“培养创新和实践能力”因子上，来自省会或者直辖市的大学生显著高于其他生源地大学生，来自地级市的大学生显著高于来自县城、乡镇、农村的大学生。在“发展社会适应性”因子上，来自省会或者直辖市以及地级市的大学生显著高于来自县城、乡镇、农村的大学生。在“促进特长发展”因子上，来自省会或直辖市的大学生显著高于来自县城、乡镇、农村的大学生，来自地级市和乡镇的大学生显著高于来自县城的大学生。

表5－39　不同生源地大学生对学生组织教育功能认知水平的单因素方差分析结果

	变异来源	df	MS	F
培养创新和实践能力	组间	4	3.866	7.599**
	组内	1835	0.509	
发展社会适应性	组间	4	4.994	9.916**
	组内	1835	0.504	
促进特长发展	组间	4	3.344	5.663**
	组内	1835	0.591	

表 5-40　不同生源地大学生对学生组织教育功能认知水平的比较

	组别	*N*	*M*	*SD*	均值的 95% 置信区间		事后多重比较检验结果（LSD 法）
					下限	上限	
培养创新和实践能力	农村	496	3.8020	0.71316	3.7391	3.8649	省会或者直辖市 > 地级市 > 县城、乡镇、农村
	乡镇	313	3.7781	0.67718	3.7028	3.8534	
	县城	353	3.7844	0.75837	3.7050	3.8638	
	地级市	452	3.9086	0.69776	3.8441	3.9731	
	省会或者直辖市	226	4.0565	0.72002	3.9622	4.1509	
发展社会适应性	农村	496	4.0109	0.68588	3.9504	4.0714	省会或者直辖市、地级市 > 县城、乡镇、农村
	乡镇	313	3.9706	0.72051	3.8905	4.0507	
	县城	353	3.9433	0.68138	3.8720	4.0147	
	地级市	452	4.1752	0.78189	4.1029	4.2475	
	省会或者直辖市	226	4.2159	0.63310	4.1329	4.2989	
促进特长发展	农村	496	4.0007	0.82864	3.9276	4.0738	省会或者直辖市 > 县城、乡镇、农村；地级市、乡镇 > 县城
	乡镇	313	4.0426	0.75080	3.9591	4.1261	
	县城	353	3.9103	0.79761	3.8268	3.9938	
	地级市	452	4.0841	0.73742	4.0159	4.1522	
	省会或者直辖市	226	4.2006	0.66227	4.1138	4.2874	

研究结果表明，来自省会、地级市的大学生对于学生组织的 3 种教育功能具有较高的认知水平，而县城、乡镇和农村的大学生对于学生组织教育功能认知水平较低。对大学生生源地与组织内身份的独立性检验结果显示（见附录 3 中的附表 3），来自省会或者直辖市的大学生担任“干部”的比例要高于来自其他生源地大学生，而来自于农村和乡镇的大学生是“一般活动参与者”的比例也远高于来自省会或者直辖市、地级市的大学生。不同生源地的大学生由于其在学生组织内角色重要性的不同，致使其对组织教育功能的认

知水平产生了很大的差异。这提示我们，要加强学生组织内的“城”“乡”两种大学生群体的机会均等与能力发展，尤其要重视来自农村大学生在组织内的角色意识培养，通过活动与教育，培养其全方面能力，促进农村大学生组织态度转变和更高的组织投入。

4. 不同组织内身份大学生对学生组织教育功能认知水平的比较

单因素方差分析结果显示（见表5－41），不同组织内身份大学生对于“培养创新和实践能力”“发展社会适应性”和“促进特长发展”3个因子的认知水平均存在显著差异，事后多重比较检验结果表明（见表5－42），在3个因子上均表现出一致的趋势：“干部”高于“普通成员”和“一般活动参加者”，“普通成员”又高于“一般活动参加者”。

表5－41　不同组织内身份大学生对学生组织教育功能认知水平的单因素方差分析结果

	变异来源	*df*	*MS*	*F*
培养创新和实践能力	组间	2	14.257	28.453**
	组内	1837	0.501	
发展社会适应性	组间	2	16.979	34.267**
	组内	1837	0.495	
促进特长发展	组间	2	5.951	10.075**
	组内	1837	0.591	

表5－42　不同组织内身份大学生对学生组织教育功能认知水平的比较

	组别	*N*	*M*	*SD*	均值的95%置信区间		事后多重比较检验结果（LSD法）
					下限	上限	
培养创新和实践能力	干部	542	4.0076	0.67889	3.9503	4.0649	干部>普通成员>一般活动参加者
	普通成员	1015	3.8332	0.70399	3.7898	3.8765	
	活动参加者	283	3.6215	0.77316	3.5310	3.7120	

续表

	组别	N	M	SD	均值的 95% 置信区间		事后多重比较检验结果（LSD 法）
					下限	上限	
发展社会适应性	干部	542	4.1982	0.65367	4.1430	4.2533	干部 > 普通成员 > 活动参加者
	普通成员	1015	4.0607	0.73171	4.0156	4.1058	
	活动参加者	283	3.7710	0.69477	3.6897	3.8523	
促进特长发展	干部	542	4.1384	0.70465	4.0789	4.1978	干部 > 普通成员 > 活动参加者
	普通成员	1015	4.0210	0.79169	3.9723	4.0698	
	活动参加者	283	3.8905	0.80101	3.7967	3.9842	

研究结果表明，在组织内担任“干部”的大学生对于组织能够促进其创新实践能力提升、社会适应性提高和特长发展具有更高水平的认知，而一般性的活动参加者则具有较低的认知水平。这表明随着组织内身份重要性的提升，大学生对于组织教育功能的认知水平也在逐渐提升。

5. 加入组织年限不同大学生对学生组织教育功能认知水平的比较

单因素方差分析结果显示（见表 5－43），加入组织年限不同大学生对学生组织教育功能的“发展社会适应性”和“促进特长发展”两个因子的认知水平均存在显著性差异，事后多重比较检验结果表明（见表 5－44），在“发展社会适应性”因子上加入学生组织 2～3 年、1～2 年、1 年以下的大学生显著高于刚刚加入组织的大学生；在“促进特长发展”因子上加入组织 2～3 年的大学生显著高于其他 3 组大学生，而加入组织 1～2 年、1 年以下的大学生也显著高于刚刚参加学生组织的大学生。

表 5－43　加入组织年限不同大学生对学生组织教育功能认知水平的单因素方差分析结果

	变异来源	df	MS	F
培养创新和实践能力	组间	3	1.121	2.177
	组内	1836	0.515	

续表

	变异来源	*df*	*MS*	*F*
发展社会适应性	组间	3	1.415	2.765*
	组内	1836	0.512	
促进特长发展	组间	3	3.833	6.482**
	组内	1836	0.591	

表 5－44 加入组织年限不同大学生对学生组织教育功能认知水平的比较

	组别	*N*	*M*	*SD*	均值的 95% 置信区间		事后多重比较检验结果（LSD 法）
					下限	上限	
发展社会适应性	刚刚参加	102	3.8686	0.68216	3.7346	4.0026	2～3 年、1～2 年、1 年以下 > 刚刚参加
	1 年以下	824	4.0837	0.76359	4.0315	4.1360	
	1～2 年	671	4.0501	0.64572	4.0011	4.0990	
	2～3 年	243	4.0617	0.74322	3.9678	4.1556	
促进特长发展	刚刚参加	102	3.8170	0.79828	3.6602	3.9738	2～3 年 > 1～2 年、1 年以下 > 刚刚参加
	1 年以下	824	4.0012	0.78454	3.9476	4.0549	
	1～2 年	671	4.0571	0.73226	4.0016	4.1126	
	2～3 年	243	4.1838	0.80120	4.0826	4.2851	

注：培养创新实践能力不存在组间差异，其描述性统计量未列出。

研究结果表明，随着加入学生组织时间的增加，大学生在参加组织活动过程中，对于学生的爱国集体主义精神、民主意识、遵纪守法观念、特长发展等方面均具有一定的影响。这提示我们应该通过更加民主的管理和丰富多样的活动，吸引大学生有更长的组织投入时间，以利于学生组织教育功能的发挥。

6. 不同参与程度大学生对学生组织教育功能认知水平的比较

单因素方差分析结果显示（见表 5－45），不同参与程度大学生对组织教育功能 3 个因子的认知水平均存在显著性差异，事后多重比较检验结果表明（见表 5－46），在 3 个因子上均表现出一致的趋势：参加活动越多的学生对组织教育功能的认知水平越高。

表 5－45 不同参与程度大学生对学生组织教育功能认知水平的单因素方差分析结果

	变异来源	*df*	*MS*	*F*
培养创新和实践能力	组间	4	12.003	24.447**
	组内	1835	0.491	
发展社会适应性	组间	4	11.132	22.706**
	组内	1835	0.490	
促进特长发展	组间	4	16.630	29.614**
	组内	1835	0.562	

表 5－46 不同参与程度大学生对学生组织教育功能认知水平的比较

	组别	*N*	*M*	*SD*	均值的 95% 置信区间		事后多重比较检验结果（LSD 法）
					下限	上限	
培养创新和实践能力	从不参加	27	3.3374	0.78958	3.0251	3.6498	全部参加 > 大部分参加 > 少部分参加 > 偶尔参加、从不参加
	偶尔参加	134	3.5290	0.75840	3.3994	3.6586	
	少部分参加	325	3.6844	0.72245	3.6056	3.7633	
	大部分参加	1152	3.9011	0.69110	3.8612	3.9411	
	全部参加	202	4.1243	0.66690	4.0318	4.2168	
发展社会适应性	从不参加	27	3.4667	0.80384	3.1487	3.7847	全部参加 > 大部分参加 > 少部分参加、偶尔参加 > 从不参加
	偶尔参加	134	3.8149	0.60406	3.7117	3.9181	
	少部分参加	325	3.8560	0.63940	3.7062	3.9258	
	大部分参加	1152	4.1158	0.73263	4.0734	4.1581	
	全部参加	202	4.2812	0.64657	4.1915	4.3709	
促进特长发展	从不参加	27	3.3457	1.12653	2.9000	3.7913	全部参加 > 大部分参加 > 少部分参加 > 偶尔参加、从不参加
	偶尔参加	134	3.5622	0.80767	3.4242	3.7002	
	少部分参加	325	3.8831	0.76399	3.7997	3.9664	
	大部分参加	1152	4.1120	0.72925	4.0698	4.1541	
	全部参加	202	4.2508	0.73814	4.1484	4.3532	

研究结果表明，当大学生具有较高的活动参与率而表现出更高的组织投入行为时，其对组织教育功能的认知就越发积极。研究结果提示我们要通过

改善大学学生组织活动来吸引更多的学生从而达到更高的学生参与率，以更好地发挥学生组织的教育功能。

7. 不同年级大学生对学生组织教育功能认知水平的比较

单因素方差分析结果显示，不同年级大学生在教育功能3个因子上不存在显著性差异（见表5－47）。观察不同年级大学生在培养创新和实践能力、发展社会适应性、促进特长发展3个教育功能因子的描述性统计量（见表5－48），可以发现不同年级大学生在3个因子上均具有较高的认知水平（得分上限为5分，而平均分均接近或超过4分）。研究结果表明，大学学生组织对不同年级大学生均发挥了较高水平的教育功能。

表5－47　不同年级大学生对学生组织教育功能认知水平的单因素方差分析结果

	变异来源	*df*	*MS*	*F*	*sig*
培养创新和实践能力	组间	2	0.132	0.256	0.774
	组内	1837	0.516		
发展社会适应性	组间	2	0.876	1.707	0.182
	组内	1837	0.513		
促进特长发展	组间	2	0.210	0.351	0.704
	组内	1837	0.597		

表5－48　不同年级大学生对学生组织教育功能认知水平的描述性统计量

	年级	*N*	*M*	*SD*
培养创新和实践能力	大一	1005	3.8574	0.73566
	大二	571	3.8350	0.68813
	大三	264	3.8683	0.71760
发展社会适应性	大一	1005	4.0593	0.76585
	大二	571	4.0844	0.62235
	大三	264	3.9864	0.71046
促进特长发展	大一	1005	4.0308	0.81013
	大二	571	4.0555	0.71290
	大三	264	4.0101	0.75009

8. 影响大学学生组织教育功能发挥的学生因素分析

参加大学学生组织是女大学生与男大学生共同参与社会活动的重要途径，这对于提升女大学生的社会适应性具有重要意义。而城乡大学生由于其在学生组织内角色重要性的不同，致使其对组织教育功能的认知水平产生了很大的差异，我们要加强学生组织内的城乡两种大学生群体的机会均等与能力发展。随着组织内身份重要性的提升，大学生对于组织教育功能的认知水平也在逐渐提升。为此，我们要改善组织活动的方式方法，使更多的学生能够参与组织活动的策划、管理、决策过程，提升绝大多数参与者的参与行为。此外，随着加入组织年限的延长和参与组织活动频率的增加，大学生对学生组织教育功能的认知水平也在递增，因此，增加活动频率和质量、提升大学生的组织参与度，是正常发挥组织教育功能的基本条件。

（四）影响大学学生组织教育功能发挥的组织因素分析

为了考察不同组织要素对大学学生组织教育功能的影响，我们以组织类型、组织规模、组织活动频率、组织管理类型为分组变量（自变量），以 3 个教育功能因子各自所属项目的算术平均数为因变量，采用均数比较技术考察不同群体大学生对学生组织教育功能的认知水平。同时，运用相关检验技术考察组织选举活动的民主程度、学生组织和学生联系紧密度与学生组织教育功能发挥的关系。

1. 参与不同组织类型大学生对学生组织教育功能认知水平的比较

单因素方差分析结果显示（见表 5－49），参与不同组织类型大学生在教育功能 3 个因子上不存在显著性差异，观察参与不同组织类型大学生在培养创新和实践能力、发展社会适应性、促进特长发展 3 个教育功能因子的描述性统计量（见表 5－50），可以发现参与不同组织类型大学生在 3 个因子上均具有较高的认知水平（得分上限为 5 分，而平均分均接近或超过 4 分）。研究结果表明，大学学生组织对参与不同组织类型大学生均发挥了较高水平的教育功能。

表 5-49　参与不同组织类型大学生对学生组织教育功能认知水平的单因素方差分析结果

	变异来源	*df*	*MS*	*F*	*sig*
培养创新和实践能力	组间	2	0.556	1.078	0.340
	组内	1837	0.516		
发展社会适应性	组间	2	1.311	2.558	0.078
	组内	1837	0.513		
促进特长发展	组间	2	0.382	0.639	0.528
	组内	1837	0.597		

表 5-50　参与不同组织类型大学生对学生组织教育功能认知水平的描述性统计量

	组织类型	*N*	*M*	*SD*
培养创新和实践能力	学生会	491	3.8925	0.76110
	社团、协会等其他组织	779	3.8345	0.66910
	两者都参加过	570	3.8409	0.74487
发展社会适应性	学生会	491	4.0725	0.72481
	社团、协会等其他组织	779	4.0144	0.64165
	两者都参加过	570	4.1007	0.79958
促进特长发展	学生会	491	4.0679	0.82748
	社团、协会等其他组织	779	4.0180	0.76313
	两者都参加过	570	4.0316	0.73532

2. 组织规模不同大学生对学生组织教育功能认知水平的比较

单因素方差分析结果显示（见表 5-51），组织规模不同大学生对组织教育功能 3 个因子的认知水平均存在显著性差异，事后多重比较检验结果显示（见表 5-52），在 3 个因子上对组织规模不清楚的大学生的教育功能认知水平显著低于其他组织规模的大学生的认知水平。

表 5-51　组织规模不同大学生对学生组织教育功能认知水平的单因素方差分析结果

	变异来源	*df*	*MS*	*F*
培养创新和实践能力	组间	4	3.340	6.550**
	组内	1835	0.510	

续表

	变异来源	*df*	*MS*	*F*
发展社会适应性	组间	4	6.272	12.523**
	组内	1835	0.501	
促进特长发展	组间	4	6.116	10.464**
	组内	1835	0.584	

研究结果表明，很少参与组织活动而又不清楚组织规模的大学生对组织的认知是有限的，这势必会限制学生组织对其自身成长所带来的价值。在“发展社会适应性”和“促进特长发展”因子中，组织规模在100人以上的大学生对组织的认知水平显著高于组织规模在11～50人的大学生。研究结果提示我们，是否不同的组织规模代表着大学生所在组织类型的差别，对组织规模与组织类型的独立性检验结果表明（见附录3中的附表2），组织规模在100人以上的组织类型为学生会、两者都参加的比例较高。组织规模在11～50人的以及不清楚组织规模的组织类型为社团、协会的比例较高。这一结果恰恰说明了虽然大部分学生由于社团、协会等其他组织“门槛低”易于加入以及因高度自主性而愿意选择加入，但恰恰是学生会这种组织对于学生的教育功能影响是最为显著的。我们一方面加强学生会组织的管理自主性以吸引更多学生加入学生会的同时，还需完善对社团、协会等其他组织的规章制度建设，规范社团、协会等其他组织的发展，以更好地发挥其全方位的教育功能。

表5 52 组织规模不同大学生对学生组织教育功能认知水平的比较

	组别	*N*	*M*	*SD*	均值的95% 置信区间		事后多重比较检验结果（LSD法）
					下限	上限	
培养创新和实践能力	10人及10人以下	285	3.9033	0.73827	3.8172	3.9894	10人及10人以下、11～50人、51～100人、100人以上>不清楚
	11～50人	726	3.8194	0.68489	3.7695	3.8693	
	51～100人	387	3.9067	0.71884	3.8348	3.9785	
	100人以上	293	3.9336	0.69852	3.8533	4.0140	
	不清楚	149	3.6100	0.81707	3.4777	3.7423	

续表

	组别	*N*	*M*	*SD*	均值的 95% 置信区间		事后多重比较检验结果（LSD 法）
					下限	上限	
发展社会适应性	10 人及 10 人以下	285	4.0049	0.69655	3.9237	4.0861	51～100 人、100 人以上 >10 人及 10 人以下、11～50 人 > 不清楚
	11～50 人	726	3.9978	0.65356	3.9502	4.0454	
	51～100 人	387	4.1452	0.83206	4.0621	4.2284	
	100 人以上	293	4.2512	0.64678	4.1768	4.3256	
	不清楚	149	3.8295	0.74521	3.7089	3.9502	
促进特长发展	10 人及 10 人以下	285	4.0480	0.80470	3.9541	4.1418	10 人及 10 人以下、11～50 人、51～100 人、100 人以上 > 不清楚；100 人以上 > 11～50 人
	11～50 人	726	4.0211	0.70695	3.9696	4.0726	
	51～100 人	387	4.1094	0.74561	4.0349	4.1839	
	100 人以上	293	4.1422	0.82661	4.0472	4.2372	
	不清楚	149	3.6801	0.87068	3.5391	3.8210	

3. 组织活动频率不同大学生对学生组织教育功能认知水平的比较

单因素方差分析结果显示（见表 5－53），组织活动频率不同，大学生对于组织教育功能 3 个因子的认知水平均存在显著性差异，事后多重比较检验结果显示（见表 5－54），每学期组织活动频率在 3 次及 3 次以下的大学生在 3 个因子上的教育功能认知水平显著低于其他组织活动频率的大学生。

研究结果表明，当大学生认为其所在组织活动频率较少时，其对组织的教育功能认知水平也在同时降低。研究结果提示我们，开展丰富多样的组织活动对于学生组织教育功能的发挥是基本条件。但是在“促进特长发展”因子上，我们也发现组织活动频率在 18 次以上的大学生对教育功能认知水平显著低于组织活动频率在 3 次以上的各组大学生。这也表明过高的组织活动频率带来的疲于应付可能会削弱学生的集体意识、民主意识和纪律观念。

表 5-53　组织活动频率不同大学生对学生组织教育功能认知水平的单因素方差分析结果

	变异来源	*df*	*MS*	*F*
培养创新和实践能力	组间	4	3.496	6.862**
	组内	1835	0.510	
发展社会适应性	组间	4	2.317	4.549**
	组内	1835	0.509	
促进特长发展	组间	4	5.588	9.542**
	组内	1835	0.586	

表 5-54　组织活动频率不同大学生对学生组织教育功能认知水平的比较

	组别	*N*	*M*	*SD*	均值的 95% 置信区间		事后多重比较检验结果（LSD 法）
					下限	上限	
培养创新和实践能力	3 次及 3 次以下	308	3.6750	0.75788	3.5900	3.7599	4～6 次、7～9 次、10～18 次、18 次以上 > 3 次及 3 次以下
	4～6 次	623	3.8686	0.67846	3.8152	3.9219	
	7～9 次	463	3.8894	0.70379	3.8251	3.9536	
	10～18 次	274	3.9639	0.70337	3.8803	4.0476	
	18 次以上	172	3.8301	0.79630	3.7103	3.9500	
发展社会适应性	3 次及 3 次以下	308	3.9195	0.67569	3.8437	3.9952	4～6 次、7～9 次、10～18 次、18 次以上 > 3 次及 3 次以下
	4～6 次	623	4.0697	0.66446	4.0174	4.1219	
	7～9 次	463	4.0631	0.77314	3.9925	4.1337	
	10～18 次	274	4.1672	0.71238	4.0824	4.2519	
	18 次以上	172	4.0616	0.78505	3.9435	4.1798	
促进特长发展	3 次及 3 次以下	308	3.8193	0.80992	3.7285	3.9101	4～6 次、7～9 次、10～18 次 > 3 次及 3 次以下、18 次以上
	4～6 次	623	4.0899	0.74496	4.0313	4.1485	
	7～9 次	463	4.0763	0.70245	4.0122	4.1405	
	10～18 次	274	4.1496	0.76231	4.0590	4.2403	
	18 次以上	172	3.9341	0.90958	3.7972	4.0710	

4. 学生组织管理类型不同大学生对学生组织教育功能认知水平的比较

笔者将学生组织的管理类型分为“教师管理为主”“学生自主管理为主”和“不清楚管理方式”三种。以学生组织的管理类型为分组变量，以3个学生组织教育功能因子为自变量，单因素方差分析结果显示（见表5－55），不同管理类型学生组织的大学生对组织教育功能3个因子均表现出显著性差异，事后多重比较检验结果表明（见表5－56），在3个因子上，无论是教师管理为主的学生组织还是学生自主管理为主的学生组织，大学生的教育功能认知水平都要高于不清楚管理类型的大学生。研究结果表明，没有更多参与组织管理活动而不清楚管理类型的大学生，其对组织教育功能的认知水平较低。这提示我们要加强学生组织的管理水平，使更多的学生能够在组织中有身份意识、主体意识、参与意识，这会影响到学生组织教育功能的发挥。

表5－55　组织管理类型不同大学生对学生组织教育功能认知水平的单因素方差分析结果

	变异来源	*df*	*MS*	*F*
培养创新和实践能力	组间	2	9.643	19.055**
	组内	1837	0.506	
发展社会适应性	组间	2	10.009	19.896**
	组内	1837	0.503	
促进特长发展	组间	2	8.034	13.653**
	组内	1837	0.588	

表5－56　组织管理类型不同大学生对学生组织教育功能认知水平的比较

	类型	*N*	*M*	*SD*	均值的95%置信区间		事后多重比较检验结果（LSD法）
					下限	上限	
培养创新和实践能力	教师管理为主	449	3.8755	0.73933	3.8070	3.9441	教师管理为主、学生自主管理为主＞不清楚管理方式
	学生自主管理为主	1172	3.8949	0.68970	3.8553	3.9344	
	不清楚管理方式	219	3.5743	0.76555	3.4724	3.6763	

续表

类型		N	M	SD	均值的 95% 置信区间		事后多重比较检验结果（LSD 法）
					下限	上限	
发展社会适应性	教师管理为主	449	4.0668	0.70330	4.0016	4.1320	教师管理为主、学生自主管理为主 > 不清楚管理方式
	学生自主管理为主	1172	4.1051	0.71079	4.0644	4.1459	
	不清楚管理方式	219	3.7763	0.71330	3.6813	3.8713	
促进特长发展	教师管理为主	449	4.1166	0.82827	4.0397	4.1934	教师管理为主、学生自主管理为主 > 不清楚管理方式
	学生自主管理为主	1172	4.0498	0.70720	4.0092	4.0903	
	不清楚管理方式	219	3.7930	0.92852	3.6693	3.9167	

5. 学生组织选举活动的民主程度与组织教育功能认知水平的关系

笔者将大学生对学生组织选举活动的民主程度由低到高分为 5 个等级进行评价：非常不民主、比较不民主、一般、比较民主、非常民主，以此考察大学生对学生组织选举活动的民主程度的认知。相关分析结果表明（见表 5-57），大学学生组织选举活动的民主程度认知水平与大学生对组织教育功能 3 个因子的认知水平呈显著正相关，其中与“培养创新和实践能力”因子相关系数为 0.314，与“发展社会适应性”因子相关系数为 0.308，与“促进特长发展”因子相关系数为 0.280。

研究结果表明，大学生认为其参加的学生组织选举活动的民主程度越高，他对于学生组织教育功能的认知水平越高。因此，提升大学学生组织选举活动的民主程度，是增强学生组织教育功能的重要工作。

表 5-57　学生组织选举活动的民主程度与教育功能 3 个因子认知水平的相关检验（r）

	培养创新和实践能力	发展社会适应性	促进特长发展
培养创新和实践能力	—		
发展社会适应性	0.623**	—	
促进特长发展	0.603**	0.538**	—
学生组织选举活动的民主程度	0.314**	0.308**	0.280**

6. 学生组织和学生联系紧密度与教育功能认知水平的关系

笔者将大学学生组织与普通学生间的联系程度由低到高分为5个等级进行评价：非常不紧密、比较不紧密、一般、比较紧密、非常紧密，以此考察大学生对组织与学生联系紧密度的认知水平。相关分析结果表明（见表5-58），学生组织和学生联系紧密度与大学生对大学学生组织教育功能3个因子的认知水平呈显著正相关。其中与“培养创新和实践能力”因子相关系数为0.309，与“发展社会适应性”因子相关系数为0.313，与“促进特长发展”因子相关系数为0.299。

研究结果表明，大学学生组织与学生联系程度越为紧密，大学生对于学生组织教育功能的认知水平越高。因此，提升大学学生组织与普通学生的日常联系，是增强学生组织教育功能的重要工作。

表5-58　学生组织与普通学生联系紧密度与教育功能3个因子认知水平的相关检验（r）

	培养创新和实践能力	发展社会适应性	促进特长发展
培养创新和实践能力	—		
发展社会适应性	0.623**	—	
促进特长发展	0.603**	0.538**	—
学生组织与普通学生联系紧密度	0.309**	0.313**	0.299**

7. 影响大学学生组织教育功能发挥的组织因素分析

组织规模和组织活动频率是影响组织教育功能发挥的重要因素，组织规模较大的学生会对学生具有更大的影响力，而较高的组织活动频率会增强组织教育功能的发挥，但是过高的组织活动频率带来的疲于应付，可能会削弱学生的集体意识、民主意识和纪律观念。没有更多参与组织管理活动而不清楚组织类型的大学生，其对组织教育功能的认知水平较低。这提示我们要加强学生组织的管理水平，使更多的学生能够在组织中有身份意识、主体意识、参与意识。提升大学学生组织选举活动的民主程度、增强大学学生组织与大学生的密切联系也是提升大学学生组织教育功能发挥的重要工作内容。

四、大学学生组织教育功能问卷结果分析

（一）不同类型学生组织的教育功能差异显著

笔者的研究结果表明，在大学校园里两种类型学生组织的教育功能差异明显。社团、协会组织在促进学生特长发展方面的教育功能优势明显，学生会组织在提升学生人际交往能力、协调能力等方面的教育功能优势明显。这主要是由于社团、协会都是基于学生的共同兴趣与爱好成立的。虽然研究结果表明社团、协会组织开展活动的频率不高，但是其开展活动的目的性非常明确，使组织成员的特长得到展示与发展。比如，文体类组织对学生技能上有提高，专业类组织对学生专业技能有提高；学生会是具有行政性质的学生组织，其服务的对象多，服务的范围广泛，其在开展工作的过程中需要协调方方面面的关系，在协调与服务的过程中使学生的交往能力等方面获得提升。

正是因为不同类型学生组织在促进学生发展上具有不同作用，当问到“如果可以自由选择，你会选择加入哪类学生组织?”时，有34%的大学生选择“既加入社团、协会，也加入学生会”。这说明两类学生组织教育功能具有相对单一性，加入单一组织不能够满足学生自身发展的需要，因此，笔者认为，重构大学学生组织是促进大学生更好发展的现实需要，会更有益于学生的发展。

（二）行政参与影响学生组织教育功能发挥

从笔者的调查问卷中发现，大学生以选择11～50人规模的学生组织为主，这些组织多以“社团、协会”的组织形式体现，但是在组织活动开展频率上，这些“非官方”的组织活动却远低于“学生会”活动。这种情况出现的原因虽然是多方面的，但主要是大学对学生会组织的关注度远远高于社团、协会。由于大学主要通过学生会组织实现对学生的教育引导，因此，学生会能够获得学校更多的资源支持而开展更为丰富的活动，从而也就具有更大的影响力。大学两种主要学生组织类型发展的现实，也恰恰是中国“政府”与

“社会”两种发展力量间关系的缩影。大学生对于学生组织活动的总体参与积极性较高，由于学生会的影响力广泛，又能够获得学校行政部门的有力支持，其高频率的组织活动自然就带来更高的学生活动参与水平，“干部”的参与热情由于身份感的获得而使其个人得到提升。研究结果提示笔者，能否通过大学学生组织的重构，使不同的组织成员在组织中都能得到相应的认同、社会责任担当和自我完善，将是改善大学学生组织教育功能的重要议题。

（三）大学生对学生组织的态度影响其教育功能发挥

笔者的问卷调查显示，有52.2%的大学生对学生组织的了解程度是“比较了解”，有33.0%的大学生对学生组织的了解程度是“一般”；有46.4%的大学生对学生组织的满意程度是“比较满意”，有35.8%的大学生对学生组织的满意程度是“一般”；有49.5%的大学生对学生组织活动的喜欢程度是“比较喜欢”，有33.5%的大学生对学生组织活动的喜欢程度是“一般”；在大学生参与学生组织活动中，全部参加的只有11.0%，有26.5%的大学生少部分参加、偶尔参加甚至从不参加；大学生认为学生组织在干部选举民主程度、制度保障、经费保障和行政支持等方面还存在许多问题。这些研究结果表明，大学生对组织的态度影响了大学学生组织教育功能的发挥。但是大学生对学生组织活动的投入程度较高，有26.5%的大学生对组织活动“完全尽力”，有54.5%的大学生对学生组织活动“比较尽力”。这表明大学生对学生组织的期望还是很高的，具有积极参加学生组织、完善自身的强烈需求，我们只有不断改善学生组织工作、提升组织活动质量，才能使大学学生组织教育功能得到很好的发挥，才能实现大学学生组织促进大学生发展的功能。

城乡大学生之间，学生“干部”与“群众”之间，学生会与社团、协会之间的组织态度存在显著差异。由于资源占有、行政支持、身份认同、个体接受教育质量等多方面的差异，造成了大学生不同群体间组织态度的差异。这种差异影响了大学学生组织教育功能发挥的广度和深度。城乡大学生之间的文化认知冲突，组织外部行政干预与内在自治需求的调和，组织管理过程存在的诸多问题是我们解决大学学生组织发展所必须面对的深层难题，只有大学学生组织获得不断发展，其教育功能才能得到充分发挥。

（四）校风与学风的显性教育功能有待增强

笔者通过对自编的“大学学生组织教育功能认知问卷”的分析发现，笔者最初研究设想的大学学生组织四种教育功能中的“传承校风学风”功能在大学学生组织中并未得到体现。难道大学学生组织真的不具有“传承校风学风”的功能了吗？笔者深入思考后认为，现实中，通过我们直接体会也能感受到不同学校的校风学风是不一样的，这也是大家所公认的。笔者认为出现这种情况的原因是校风学风对学生的影响是一个“浸润”的过程，是潜移默化的影响，是“水滴石穿”的结果。校风学风具有显性和隐性两方面特征，校风学风隐性教育作用是大学生在短时间内很难体验到的，但对学生的影响也是客观存在的。

在笔者看来，大学生认为大学学生组织的“传承校风学风”教育功能缺失，主要是大学学生组织没有注重校风学风的显性教育功能，大学学生组织可以通过活动，比如，采用邀请优秀校友、进行校史教育、加强校园文化活动等方式增强校风学风的显性教育功能。活动是大学学生组织发挥其“传承校风学风”教育功能的重要载体。

（五）学生组织内身份与生源地的不同影响教育功能发挥

不同生源地大学生对学生组织教育功能认知的单因素方差分析结果显示，来自省会级、地级市的大学生对大学学生组织教育功能认知水平高于来自县城、乡镇和农村的大学生。对大学生生源地与组织内身份的独立性检验结果显示，来自省会级、地级市的大学生担任“干部”的比例要高于来自于其他生源地的学生。

由于组织内身份不同的学生对组织的态度存在显著差异（见表5－22），组织内担任“干部”的学生获得锻炼的机会远远高于普通参与者，各方面发展的速度也比普通参与者快，而城乡大学生由于其在学生组织内角色重要性的不同，致使其对组织教育功能的认知水平产生了很大的差异，我们要为城乡两类大学生群体在学生组织内获得同等发展机会创造条件。随着组织内身份重要性的提升，大学生对学生组织教育功能的认知水平也在逐渐提升。为此，我们应该改善组织活动的方式与方法，使更多的人参与组织活动的策划、管理、决策过程，提升绝大多数参与者的参与行为。此外，随着加入组织年限的延长和参与组织活动频率的增加，大学生对学生组织教育功能的认知水平也在递增，因此，增加活动频率和质量、提升大学生的组织参与度，是正常发挥大学学生组织教育功能的基本条件。

（六）部分组织因素影响其教育功能发挥

大学学生组织的自治程度影响其教育功能的发挥。由于我国大学学生组织基本处于半自治状态，其在活动过程中的新观点、新方案以及想象能力都会在一定程度上受到限制。不断提高其自治程度是大学学生组织教育功能发挥的核心要素；大学学生组织规模和其活动频率是影响组织教育功能发挥的重要因素，规模较大的学生组织对学生具有更大的影响力，而高活动频率会增强组织教育功能发挥的强度，但是过高的组织活动频率会带来疲于应付，可能会削弱学生的集体意识、民主意识和纪律观念；要提升大学学生组织的管理水平，通过问卷笔者发现，由于没有更多参与组织管理活动而不清楚组织类型的大学生，其对组织教育功能的认知水平较低。这提示我们应该通过管理，使更多的学生能够在组织中有身份意识、主体意识、参与意识，这会影响到大学学生组织教育功能的发挥；提升大学学生组织选举的民主程度、增强学生组织与大学生联系的紧密度，也是大学学生组织教育功能发挥的重要工作内容。

五、大学学生组织教育功能问卷结果的博弈论解释

笔者通过对问卷与访谈结果的分析，看到了影响大学学生组织教育功能发挥的因素。在第四章，笔者提出了大学学生组织教育功能的博弈生成，“三个主体”的博弈是动态的、完全信息的、追求共赢的博弈。现在用博弈论的视角来解释是什么因素影响了学生组织教育功能的发挥。笔者认为，“三个主体”博弈的目标是一致的，是没有变化的，都是为了促进大学生的发展；博弈所追求的结果没有变化，就是为了实现共赢；如果“三个主体”

所追求的目标和结果没有变化，那就是在博弈过程的策略上出现了问题。博弈的过程是动态的，博弈的策略是需要变化的。随着社会的发展，人才的标准在不断变化，“三个主体”在博弈的过程中需要不断改变自身策略，最终使一致性的目标得以实现，那就是使大学生能够成为社会需要的人。大学学生组织教育功能的发挥受到了影响，其深层次上是“三个主体”在博弈过程中的策略出现了问题，也就是没有为了实现共赢而改变自身策略，从而影响了大学学生组织教育功能的发挥。

首先，国家层面的策略没有调整。我国十分重视大学学生组织的建设与发展，这符合国家根本利益要求。但国家不是通过完善法律法规实现对大学学生组织教育功能的引领与要求，而主要是通过行政实现对大学学生组织的干预，这导致大学学生组织的自治程度较低。由于其自治程度较低，也必然导致大学学生组织民主程度不高，尤其是大学学生组织选举民主程度低下。由于国家对大学学生组织的变化没有进行深入研究，导致大学中“自利性”学生组织与“利他性”学生组织长期并存，大学学生组织的二元性影响了学生组织教育功能的发挥。

其次，大学层面的策略没有调整。大学仍然重点关注学生的知识学习，关注国家要求的落实情况，对学生工作的开展完全依赖于学生会，对学生会过度控制，而对社团、协会组织的重视程度不够。这必然导致大学学生组织教育功能发挥受限，使得社团、协会组织的活动频率总体偏低。学生会组织由于受到大学行政的支持而使其官味十足，对大学生的服务性体现不足，与学生密切联系的程度偏低，造成大学生对学生会组织的评价不高。大学行政的介入使得学生组织出现了“官方组织”（学生会）与“民间组织”（社团、协会）之说。这些都影响了大学学生组织教育功能的发挥。

最后，学生组织层面没有改变自身策略。学生会组织由于得到学校的重视与支持，更多的是围绕学校需要而开展学生工作，对学生的需要重视不够。学生会本身是广大学生的自治组织，其主体应代表并满足学生要求，由于其成为学校行政或党团系统管理学生的延伸，造成了其在与社团、协会博弈过程中没有获得更多学生支持，形成大部分学生选择加入社团、协会组织；社团、协会组织虽然成员多、种类多，但每一种类型社团、协会参与的学生人数少，社团、协会功能单一，不能形成合力，在学生中的影响有限。因此，学生组织必须改变自身策略，将学生会与社团、协会合并，这有利于学生利益的最大化，也有利于国家和学校的要求在更广泛学生群体中得到实现。

因此，在博弈的过程中“三个主体”如何根据实际情况调整自身策略，使共同的目标能够得以实现，形成共赢，笔者将从国家层面、大学层面和学生组织层面提出各自的改善策略。

第六章

改善大学学生组织教育功能的策略

教育规划纲要明确指出高等教育的核心任务是提高质量。提高质量就要坚持每个学生都可能成才的观念。因此，大学教育的核心是促进大学生的发展，是要培养符合社会发展需要的人才，是要培养高素质的公民，是要培养学生未来几十年发展所需要的核心能力。大学的精力应该更多地放在人的培养上，人才的培养不是为当下市场服务，而是为人的持久发展服务。大学学生组织作为自治组织，对促进大学生的成长、成才起到重要的推动作用，对学校校风、学风的传承起到桥梁作用，对大学生践行社会主义核心价值观更是起到润物细无声的作用。

傅维利教授在《教育功能论》中说道，阻滞教育功能发挥的最直接的方法就是抑制教育功能的产生。[①] 因此，要想让大学学生组织教育功能得到发挥，就要为其功能的实现创造有利条件。笔者通过问卷调查及访谈了解了大学学生组织教育功能发挥的现实状态，对影响学生组织教育功能发挥的因素进行了分析。在现实状态下，大学学生组织对大学生的社会适应、特长发展方面起到了教育和促进作用，但在对大学生的自我教育能力、创新能力方面的教育功能不足，传承校风学风的教育功能更是缺失。如何改善大学学生组织这些核心的教育功能，使大学学生组织更有力地促进大学生的成长、成人、成才和为社会服务，笔者从大学学生组织教育功能博弈的“三个主体”分别提出以下改善大学学生组织教育功能的观点。

① 傅维利．教育功能论［M］．沈阳：辽宁教育出版社，1990：295.

一、改善大学学生组织教育功能之国家策略

（一）完善我国高等教育相关法律

在国家层面上，需要重新认识大学学生组织在当代中国高校中的地位和功能。从大学发展历程来看，世界各国都十分重视大学及其学生组织对社会发展所起到的推动作用。我国也同样如此，始终把高校学生组织作为强化党的领导和加强大学生思想政治教育的主阵地，这对于培养符合我国社会发展所要求的人才是有益的。但是把学生组织作为高校行政机构的延伸，国家过度注重对大学学生组织的控制权，而忽视学生组织的自治权，这影响了大学学生组织的积极性和活力。在这样的管理方式下，学生组织的独立性和自主性必然受到限制。我国大学学生组织自治程度低是大家所公认的，在高等教育大众化的当下，大学学生组织对学生的影响已经不仅局限在德育框架下，其对学生各个方面的发展都具有潜移默化的影响。所以，从国家的角度应该认识到大学学生组织在新时期的新功能。要在法律层面上确定大学学生组织在高校中的地位和作用，发挥大学学生组织的教育功能。

在西方大学的历史上，曾有过“学生全权时代”。17 世纪末，大学的管理权力旁落于教会、政府、教授、校外人士手中，学生管理权力也逐渐被削弱。20 世纪 50 年代至 70 年代，高等教育大众化在西方国家成为浪潮，学生要求平等、民主参与的意识高涨。特别是 20 世纪六七十年代的大规模学潮后，在西方一些国家，学生的管理权被用法律的形式加以确定下来。如荷兰 1968 年的《大学治理法案》就规定，所有大学内的选民都有权选举大学董事会和理事会的代表，也有权当选，其中教师、学生和行政人员比例均等。法国 1968 年 10 月颁布的《高等教育方向法》规定，各大学行政管理委员会中学生代表占 15%、科学委员会中大学生代表占 10%。1968 年 10 月，英国全国学生联合会与副校长和校长委员会达成协议，使学生在校级管理部门所占的席位大比例增加。牛津大学规定，理事会及其下属的教育政策与标准委员会必须有 2～3 名学生成员参加。美国的一些高校中还设立了学生院长的职

位，以鼓励学生参与校园的管理。

我国改革开放以来高等教育事业发展迅猛。2013 年，共有普通高等学校和成人高等学校 2788 所，在校生人数超过 3460 万人，高等教育毛入学率达到 34. 5% 。与此同时，我国高等教育立法尚不能完全适应我国高等教育发展的需要。当前我国涉及高等教育方面的法律有《中华人民共和国教育法》《中华人民共和国高等教育法》《中华人民共和国学位条例》《中华人民共和国教师法》《中华人民共和国职业教育法》和《中华人民共和国民办教育促进法》。国家对于大学学生组织却缺乏像《中华人民共和国教师法》这样的专门身份法，国家没有对大学学生组织在大学中的责任、权利和义务做出明确法律上的规定，也没有对大学学生组织是否参与、如何参与、参与哪些学校工作做出相应的法律规定。正是由于没有相关详细的法律明确规定大学学生组织在大学中的权利、责任与义务，使得大学学生组织开展工作的时候没有底气，也不可能真正参与学校的相关工作，国家和学校各级组织都能够对大学学生组织的工作进行干预，大学学生组织失去了自治性，因此也不可能真正发挥其应有的作用。这也造成了大学学生组织在学生群体中的地位和声望不高，从而也影响了其教育功能的有效发挥。

国家应该通过制定详细的大学学生组织的相关法律来明确其在大学中的责任、权利、义务；明确大学学生组织参与学校管理的范围、内容、方式和方法；明确规定大学学生组织选举办法；明确规定大学学生组织的工作和活动内容，如果对其工作和活动内容不能清晰界定，可采取“负面清单”的方式来规定禁止的内容。法律的制定对大学学生组织的发展方向具有直接引领作用，能够增强大学学生组织工作及活动开展的底气，能够激发大学学生组织的活力，能够提高大学学生组织及大学生的责任感、使命感，也有利于大学学生组织教育功能的发挥。

（二）国家应适度干预大学学生组织

大学学生组织是一个自治组织，大学学生组织的自治权力应该得到应有的尊重。然而由于我国相关法律的不完善，国家只能通过行政干预代替法律规定，造成了国家一方面十分重视大学学生组织的建设，另一方面对大学学生组织的干预又体现得十分充分。尤其在 1989 年以后，国家进一步强化了对大学学生组织在政治方面的要求，对大学学生组织各种活动的干预也越来越强。国家对大学学生组织的适度干预是必要的，也是应该的，加强党对大学学生组织的领导也是非常必要的，但大学学生组织是一个自治组织，学生组织的自治与党对大学学生组织的领导和团对大学学生组织的指导是不矛盾的。国家应该避免行政机构对大学学生组织的过度干预，通过法律法规来制定合理干预机制，使学生组织的自治性得到体现。

大学学生组织是大学最重要的组织之一，其对大学的发展具有不可忽视的促进作用，对我国优秀传统文化具有传承作用。国家适度干预大学学生组织，有利于发挥大学学生组织的教育功能，适度干预可以留给学生组织独立思考的空间和独立运行的空间，能够激发学生组织的创造性和创新性。适度干预能够让学生组织与大学生更多地进行组织的自我管理，这样能够使大学生更容易理解国家的相关制度，从而产生强烈的责任感与主人翁意识。通过问卷调查得出的结论也说明大学学生组织选举的民主程度越高，大学生对组织的信任度越高，大学学生组织教育功能体现得就越充分。如果对大学学生组织进行过度干预，学生组织就会无所适从，只能是简单地接受管理、服从管理。大学生对组织的信任度就降低，学生组织的教育功能发挥得就不充分。因此，学生组织的自我管理，有利于大学生形成自我负责的精神，能够激发主体的自觉性，从而实现学生从他律向自律的转变。

著名教育家苏霍姆林斯基（Васи́лий Алекса́ндрович Сухомли́нский）有句名言："没有自我教育就没有真正的教育。"国家要减少对大学学生组织的过度干预，让大学学生组织进行自我管理和自我教育，这体现的是一种民主、平等、公正的精神，这种精神反映了我国现代社会所倡导的社会主义核心价值观。大学学生组织在自我管理和自我教育活动中，将引导自身积极健康地发展。大学生通过民主参与，能够得到潜移默化的教育，从而为未来走向社会后坚持和发扬民主、平等、公正的精神奠定思想与行为基础，也能够实现大学生的政治认同、国家认同和文化认同，而且能够增强他们的社会责任感，对自我负责，对社会、对人民乃至对国家、对人类负责。

（三）国家要充分发挥新媒体对大学生的正向引导作用

新媒体具有开放性、虚拟性、实时性和传播速度快的特点，使之成为在校大学生了解社会信息的主渠道，大学生常用的手机和计算机是新媒体的有效载体。由于我国大学生多数处于青年中期（18～24岁），这一时期是走向成熟的关键期。大学生情感丰富，思维活跃，接受新事物、新观念快。他们长期在学校学习，对外界事物感兴趣，关心社会的发展与进步，但对社会问题的评论具有完美主义色彩。正是大学生的这些特点，使新媒体对大学生的日常生活和思想观念的形成产生很大影响。

新媒体与传统媒体一样都承担着伸张正义和惩恶扬善的社会责任。传统媒体对大学生的影响越来越小，新媒体对于大学生而言，具有引导大学生的日常行为规范，影响他们价值判断的重要作用。正向引导可以促进学生群体的和谐发展，起到凝聚人心，弘扬中国优秀文化，弘扬学校正气，塑造美好心灵的作用。负向引导能够造成学生群体间的矛盾和学生思想观念的动荡。新媒体的导向如果出现问题，就会直接影响大学生的社会行为，助长学校不良风气的蔓延，更为严重的是直接造成大学生世界观、人生观、价值观的扭曲。

由于西方国家在新媒体技术上拥有优势，使之成为向中国大学生灌输西方价值观的主渠道，为西方意识形态的侵袭创造了条件。加之以往我们国家对新媒体疏于监管和部分新媒体的商业化运作，使一些否定中国文化、否定传统价值观等的文章泛滥于新媒体之上，这些负面言论披着正义的外衣，对大学生具有很强的迷惑性。导致中西方价值观在大学生头脑中产生冲突，造成大学生思想混乱，价值观取向紊乱。现在，有些大学生将人生观、世界观、价值观称为“鬼三观”，甚至个别大学生喊出“娱乐至死”“不性不青春”的口号。大学生这些现象与行为的出现让笔者感觉到学生工作需要合力，特别需要依靠新媒体发挥对大学生群体的正向引导作用，使社会正能量通过大学学生组织对学生产生潜移默化的影响，或者使社会正能量通过大学生来影响大学学生组织。

新媒体要发挥其正向引导作用就必须去掉商业化运作，坚持党对媒体的绝对领导，确保媒体按照国家要求，沿着正确方向推进。国家要加强对媒体的管理，以法律的形式对媒体进行监督。新媒体要加大正面宣传力度，加强爱国主义、集体主义教育，宣扬社会正气，引导大学生树立和坚持正确的历史观，增强做中国人的骨气和底气。①

笔者很高兴看到党的十八大以来，国家十分重视新媒体的正向引导作用，2015 年 4 月 28 日，国家互联网信息办公室发布《互联网新闻信息服务单位约谈工作规定》，旨在更好地促进互联网新闻信息服务单位依法办网、文明办网。通过国家系列的治理整顿，新媒体已经发生了重大变化。新媒体在宣扬社会主义核心价值观的同时，更注重对社会正能量的宣扬，注重对优秀人物与事迹的宣传，注重对中国优秀传统文化的宣传，这对大学生社会主义核心价值观的培育具有强大影响力。

二、改善大学学生组织教育功能之学校策略

（一）处理好对学生组织教育与控制的关系

法国教育家卢梭（Jean - Jacques Rousseau）说：“植物是由栽培而成，人是靠教育而成。”大学从产生之日起，人才培养始终是其核心。大学的教育首先要体现国家意志，大学通过对学生进行教育使社会要求得以在个体身上内化，成为符合社会要求的人。因此，我国十分重视大学生的思想政治教育工作。2004 年，国务院发布《关于进一步加强和改进大学生思想政治教育的意见》。2015 年，中共中央办公厅、国务院办公厅印发《关于进一步加强和改进新形势下高校宣传思想工作的意见》。两个意见的核心思想就是要求大学要培养出社会主义事业的建设者和接班人。大学生的价值观就是以后社会的价值观，大学的教育不仅仅是让学生清晰我国一些基本政治制度、道德

① 习近平在 2013 年中央政治局就提高国家文化软实力研究中的讲话。

规范和生活常识，还要让大学生懂得如何做人，树立正确的世界观、人生观和价值观。

大学贯彻国家意志主要通过两种渠道：一是通过课堂教学对大学生进行教育；二是通过大学学生组织对大学生进行潜移默化的影响。由此可见，大学学生组织在大学生思想观念形成过程中具有重要的影响作用。因此，大学在对大学学生组织施加影响过程中要处理好教育与控制的关系。

我国著名教育家蔡元培说："教育是帮助被教育的人，给他能发展自己的能力，完成他的人格，于人类文化上能尽一分子的责任，不是把被教育的人造成一种特别器具。"① 大学在实现国家目标之外，通过教育也要实现自身的目的，就是促进学生知识与能力的发展和校风学风的良好传承。大学通过其掌握的学校资源对大学学生组织达到控制与教育。通过对大学学生组织活动空间的控制、活动时间的控制、活动内容的控制和传授知识的控制达到国家和大学的教育要求。

人类区别于动物的根本标志在于思想，大学不是工厂的生产车间，大学生不是等待加工的原材料，大学的教育目的，不是让所有的大学生有同样的思想，而应该让每个大学生以最充分表现他们个性的方式去思考问题。大学学生组织是一个活跃的群体，他们需要展现个性，每个人需要得到更好的发展，大学对大学学生组织进行适度控制有利于学生组织朝着符合国家和社会要求的方向发展。但是，过度控制会限制学生组织的自由活动空间。长此以往，大学学生组织容易形成被动性和依赖性，也容易形成抵触情绪造成消极抵抗。因此，大学对学生组织的控制要符合学生组织的发展要求，学校可以通过制度来规范学生的日常行为，也可以通过制定"负面清单"式的文件来约束学生不当行为，把其余的空间留给大学学生组织自主选择。学生组织在自治状态下，学生更能从内心体会到学校制度的正确性并接受学校的规章制度。学生干部之所以比普通同学更遵守学校规章制度，就是因为其在学生工作中体会到制度制定的科学性和复杂性。所以，给大学学生组织一定的自由

① 中国蔡元培研究会．蔡元培全集［M］．第四卷．北京：中华书局，1984：177.

度和思考的空间与时间比控制过多而使组织缺少活力更重要。“留有余地”的控制能更好地发挥大学学生组织的教育功能。

（二）重构大学学生组织

大学学生组织对大学生在校期间的学习、生活等方面具有非常重要的影响作用，大学学生组织教育功能的发挥程度不仅受到政治、经济、文化等方面的影响，还受到组织自身的影响，大学学生组织的结构和组织理念等都会对其教育功能发挥产生影响。

改革开放以来的中国大学学生组织不断走向繁荣，出现了大量自发的学生组织。尤其是高校推行学分制、主辅修制、双学位制、转专业制度的改革，使原有的班级授课制基本消失，这在一定程度上也促进了自发性学生组织的产生，这些组织的成立在一定程度上满足了学生个体的需要，促进了学生个性化发展。但随着学生组织规模和种类的不断扩大，大多数高校出现了两大并列的引领学生发展的学生组织即学生会和社团联合会，形成了团委指导下的学生会和社团联合会并存的状态。虽然社团联合会的成立也是为了促进学生的成长、成才，但社团联合会的体制、章程基本是仿学生会体系建立起来的。通过笔者的调查问卷发现，学生会和社团联合会在各个方面都具有很强的互补性。因此，整合学生组织，成立学生组织联合会是未来高校学生组织发展的一种趋势。笔者通过对部分高校团委书记的访谈感受到了现在高校的学生组织也正在悄悄地发生着变化，有的高校已经把社团联合会与学生会合并。这与笔者所倡导的重构大学学生组织机构的设想是一致的。在访谈过程中得知有一些大学也正在考虑将两个组织合并的可能性。

整合后的大学学生组织与原来相比，其组织结构更加完善，功能更加全面。之所以得出这样的结论是基于问卷分析。从对大学生参与学生组织类型的分析结果看（见图5－1），部分大学生参加组织更多是出于“个体”的“自利性”需求；从对大学生生源地与学生组织类型选择关系的分析结果看（见表5－5），农村与乡镇大学生选择加入社团、协会的组织多一些，地市级和省会城市的大学生选择加入学生会组织的多一些；从大学学生组织类型与开展组织活动频率的独立性检验分析结果看（见表5－7），每学期开展10～18次组织活动比例，两者都参加的大学生高于只选择学生会和只选择社团、协会等组织的大学生；从对大学生参与组织类型与学生参与组织活动频率的独立性检验分析结果看（见表5－9），在“全部参加”和“大部分参加”的学生比例分布上，“只参加学生会”和“两者都参加”的大学生要高于“社团、协会等其他组织”的大学生；从对不同组织类型大学生组织态度（见表5－20）及事后多重比较检验的结果看（见表5－21），参加学生会的学生对组织了解程度、满意程度和喜欢程度显著高于参加社团、协会和两者都参加的大学生，而对于组织活动的投入程度，加入学生会和两者都参加的大学生显著高于只加入社团、协会等其他组织的大学生。通过对这些“关系”的分析，我们应该得出这样的结论：大学学生组织机构重构是现实需要，有利于大学学生组织的发展，有利于大学生的发展，也有利于大学学生组织教育功能的发挥。

之所以提出要重构大学学生组织是因为笔者发现，大学两类最为主要的学生组织除宗旨一致之外，两类学生组织各自的优势和弱项又有明显的互补性。比如，社团或协会组织的自治程度非常高，成员间有着共同的兴趣和爱好，但大多数组织规模都不大，每个组织的功能都单一，对组织内成员某些方面的发展起到了作用，但作用不是很大，组织成员得到锻炼的机会比较少，组织活动频率较低，对大学生发挥的影响作用比较低。学生会组织由于受到比较严格的管控，自治程度低，但学生的认可度高，学生会的活动频率高，对大学生的教育影响程度远远高于其他学生组织，学生会成员走上社会后成长的速度也高于其他组织成员。

因此，从现实角度出发，重构大学学生组织，使其形成合力，这更有利于增强学生组织的影响力，能够更充分地发挥其教育功能；有利于大学校风学风的传承；有利于协调学生城乡二元文化冲突，构建学生组织新文化；有利于大学生的社会性发展和特长发展，也符合大学生成长、成人、成才的需要。大学学生组织重构之后，大学需要关注两个方面的问题：一是防止学生组织官僚化。大学常常把学生组织作为协助学校相关部门对学生进行日常管理的组织，把学生组织作为行政管理的延伸。过度强化学生组织的行政功能，过度对学生组织进行管理和控制会造成学生组织过早官僚化，学生组织主要成员会把自己当作干部，这样官场化的学生组织很难发挥其教育功能。二是增加对学生组织经费的投入。经费是大学学生组织教育功能得到发挥的保障。没有活动经费，学生组织的活动就无从谈起。由于当前高校都在努力成为“研究型”大学，或者要创建“国内一流、世界知名”大学，将更多资金与资源放在了科研、教学、设备更新、校舍建设等“硬性”考核指标建设上，使得学生工作成了说起来很重要，做起来就变得次要的事情，造成大学学生组织建设在经费和行政支持上显得非常薄弱。笔者在对大学团委书记的访谈中获得的信息是所有访谈到的学校，学生组织活动经费的投入都明显不足。这说明对学生组织经费投入不足是一种普遍事实。学生组织活动的正常开展与学校充足的经费投入是分不开的。经费投入得多，学生组织所开展活动的效果就好，其组织的教育功能发挥就比较充分。学校在尽可能保障学生组织活动经费充足的情况下可以运用“以奖代拨”等方式来激发学生组织的内在活力，使学生组织教育功能得到更好的发挥。

（三）鼓励专业教师接受学生组织邀请参与学生组织活动

中国大多数高校十分重视教师的科学研究工作，许多大学都在为成为“研究型”大学努力。在教师职称评定上，大学更多关注的是教师发表学术论文质量和课题数量。在这种指挥棒的指引下，大多数教师所想的是如何评职称，如何发表文章，如何申请课题。因为在高校，教师讲课水平不管有多高，不管学生多么喜欢这位教师，没有课题和论文，就很难评上教授。这样，在客观上造成很多有学术专长的教授不仅轻视本科教学，更不可能参与学生组织的活动。在大学，学生是学校的主体，教师最重要也是最基本的职责是促进学生的发展。教师就是应该帮助学生找到自己的目标，找到自己最喜欢的发展方向，引导大学生成长、成人、成才。

笔者从大学学生组织教育功能的调查问卷分析结果来看，大学生在参与学生组织活动中没有得到知识的提升，或者说学生组织没有起到促进大学生对知识学习的欲望。大学生如果没有丰富知识的积累，大学生的创新能力很难得到发展，实践能力也不会得到增强。这在显性层面上反映了当前学生组织类型的单一化，多以“娱乐型”为主，而“学术型”学生组织比较少。在更深层次上反映了当前大学课堂教学与学生组织活动没有实现有效融合的现实。在现实的大学中也确实存在这一现象，往往我们看到有些学生因为忙于各种学生组织事物而耽误学习，有的学生甚至为了学生组织活动而出现挂科；有的专业教师只是完成教学大纲规定的教学任务，很少有教师能够考虑如何培养学生的综合素质和能力，促进学生的社会性发展，个别教师甚至连课堂教学秩序也疏于维护，认为课堂教学秩序的维护是辅导员的事情；有的教师课上和课下与学生一点儿沟通都没有。在访谈的过程中，个别受访者也提到了现在高校课堂教学和学生组织的活动脱节严重，两者好像没有任何关系，这不利于学生的培养。

造成二者脱离的原因主要有以下三个方面。一是学校重视教学与科研管理，轻视学生管理。专业教师如果在教学、科研方面获得成就，对教师的评职、晋级的帮助很大。教师在指导学生活动中所获得的奖励，对教师的评职、晋级的作用不大。这也客观上造成专业教师参与学生组织活动的积极性不高。二是辅导员专业化和职业化以来，专业教师兼任学生辅导员工作的情况在各个高校越来越少，再加上现在教师评职、晋级已经不再要求必须从事过辅导员工作，这就让专业教师认为学生日常事务就是辅导员负责，教师只要完成好课堂的教学工作就可以，对学生工作不必关心。三是高校缺少激励专业教师参与学生组织活动的机制。尽管“挑战杯”和“大创计划”这样大型的学生活动吸引了一些教师的参与，但教师参与的广度、积极性和投入程度都还有待提高。

基于上述原因，笔者认为，高校应该制定相关政策，可以把教师参与学生的活动核算成工作量并把其作为教师工作量必不可少的一部分内容。可以把是否参与学生活动作为教师评职、晋级的必备条件，以鼓励专业教师参与大学学生组织活动。大学要鼓励专业教师积极参与并指导学生组织的活动，与大学生一起进行科学研究和社会实践。专业教师参与到学生组织活动中去，有利于教师的教学反思，能够促进专业教师课堂教学的针对性，能够将更加实用的知识传授给学生。专业教师参与到学生组织的活动中，必然能够促进大学生理论知识与实践的融合，有利于激发大学生对专业知识的学习兴趣，更好地促进大学生的学习，促进大学生能力的增长。尤其是学生组织的学术性活动，专业教师在学生组织活动中的作用是不可替代的，在专业教师指导下的学生组织活动的学术性会得到提高。例如，笔者所在的单位在2014年举行了第一届本科生学术年会，从最后的活动结果来看，激发了大学生对学术研究的兴趣，增进了师生间的感情。因此，有条件的学校应该出台相应的激励办法，将教师专业发展同参与学生组织活动情况相连接。

三、改善大学学生组织教育功能之自身策略

（一）加强大学学生组织自身的制度建设

制度是一种行为规则，制度就是要用集体行动控制个人行动，通过制度明确个人能或不能、可以或不可以做的事情，防止个人利益最大化。任何组织制度的完善程度决定组织的发展程度。学生组织的规章制度实际与国家和学校的规章制度具有等同的含义和约束力。大学学生组织是一个自我管理、自我教育、自我服务的学生组织，在推动学校发展、促进学生成长、帮助学生成才的过程中发挥着重要的作用。学生组织制度建设是大学学生组织能否良好运行的根本。如果缺少完善的制度，学生组织的自治性就会变成了随意性。邓小平在建设有中国特色的社会主义理论中指出："组织制度、工作制度方面的问题更重要；制度问题更带有根本性、全面性、稳定性和长期性，制度是根本，制度是决定因素。"①

笔者在调查问卷中设计了影响当前大学学生组织发展可能存在的7个制约因素，请大学生对这7个因素按影响程度从大至小依次排序，7个因素包括：①学生组织的自主管理程度低；②学生组织管理的规章制度不完备；③干部选拔不规范且干部的素质不高；④学生组织开展的活动贫乏、单一；⑤活动经费不足；⑥组织成员之间联系不紧密；⑦其他。

---

① 邓小平．邓小平文选［M］．第二卷．北京：人民出版社，1994：133.

调查问卷统计结果显示（见图6－1），影响大学学生组织发展的第一位因素，根据各因素所占百分比由高到低依次为：学生组织管理的规章制度不完备；干部选拔不规范且干部的素质不高；学生组织的自主管理程度低；活动经费不足；组织成员之间联系不紧密；学生组织开展的活动贫乏、单一；其他。

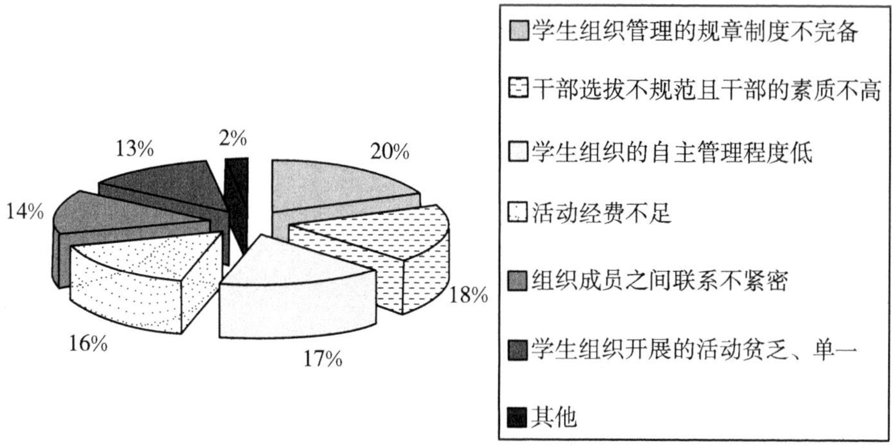

图6－1　大学学生组织发展第一位影响因素分析

调查问卷统计结果显示（见图6－2），影响大学学生组织发展的第二位因素，根据各因素所占百分比由高到低依次为：学生组织管理的规章制度不完备；干部选拔不规范且干部的素质不高；学生组织的自主管理程度低；学生组织开展的活动贫乏、单一；活动经费不足；组织成员之间联系不紧密；其他。

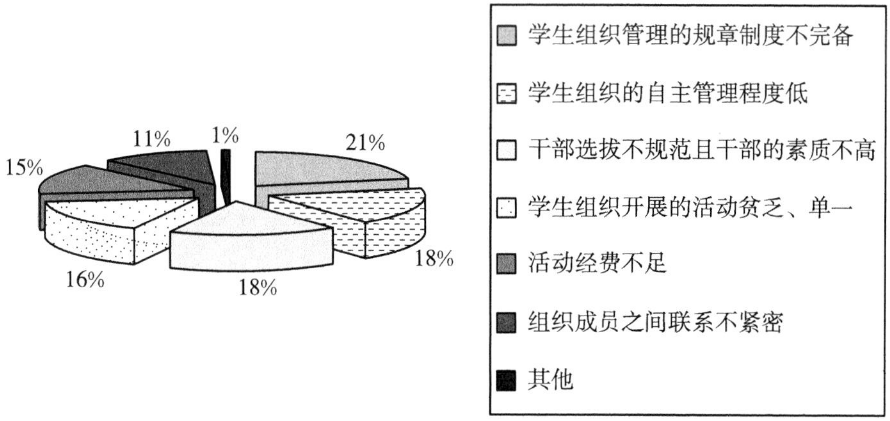

图6－2　大学学生组织发展第二位影响因素分析

调查问卷统计结果显示（见图6－3），影响大学学生组织发展的第三位因素，根据各因素所占百分比由高到低依次为：学生组织的自主管理程度低；学生组织管理的规章制度不完备；干部选拔不规范且干部的素质不高；学生组织开展的活动贫乏单一；活动经费不足；组织成员之间联系不紧密；其他。

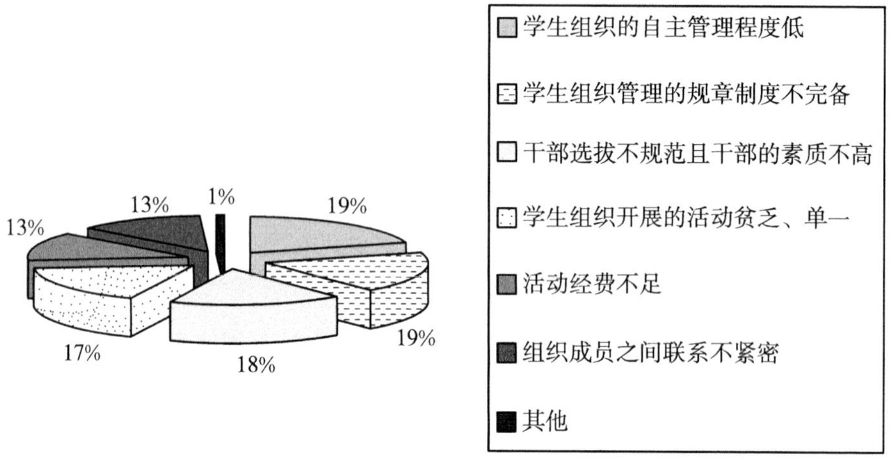

图6－3　大学学生组织发展第三位影响因素分析

调查问卷统计结果显示（见图6－4），影响大学学生组织发展的第四位因素，根据各因素所占百分比由高到低依次为：学生组织开展的活动贫乏、单一；学生组织的自主管理程度低；学生组织管理的规章制度不完备；干部选拔不规范且干部的素质不高；组织成员之间联系不紧密；活动经费不足；其他。

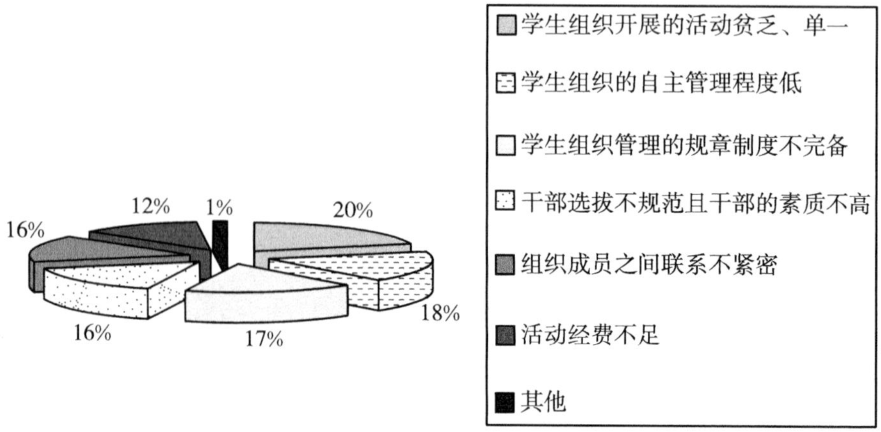

图6－4　大学学生组织发展第四位影响因素分析

调查问卷统计结果显示（见图6－5），影响大学学生组织发展的第五位因素，根据各因素所占百分比由高到低依次为：活动经费不足；学生组织开展的活动贫乏、单一；组织成员之间联系不紧密；干部选拔不规范且干部的素质不高；学生组织管理的规章制度不完备；学生组织的自主管理程度较低；其他。

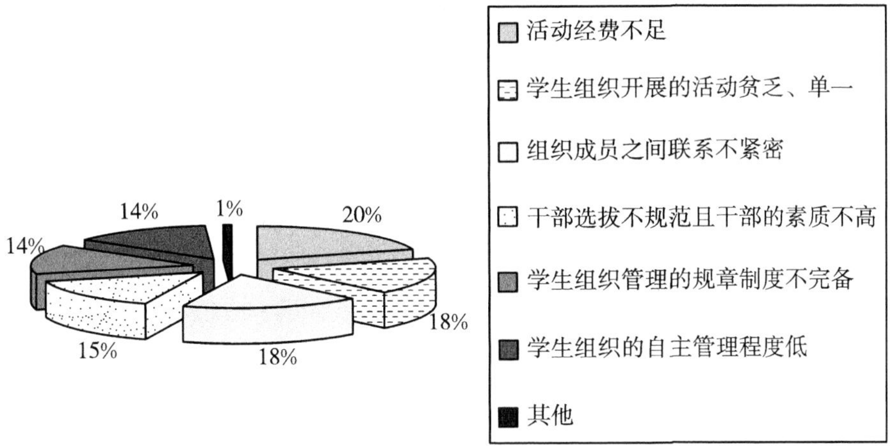

图6－5　大学学生组织发展第五位影响因素分析

调查问卷统计结果显示（见图6－6），影响大学学生组织发展的第六位因素，根据各因素所占百分比由高到低依次为：组织成员之间联系不紧密；活动经费不足；干部选拔不规范且干部的素质不高；学生组织开展的活动贫乏、单一；学生组织的自主管理程度低；学生组织管理的规章制度不完备；其他。

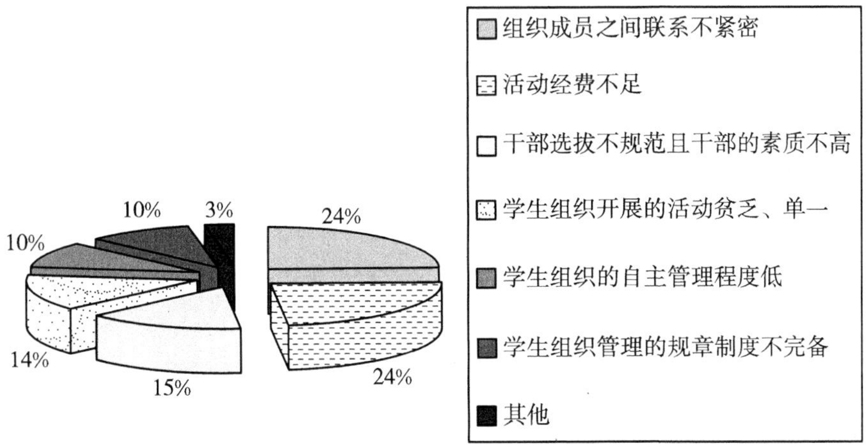

图6－6　大学学生组织发展第六位影响因素分析

通过大学生对影响大学学生组织发展因素的认知结果反映，排在前三位比例较高的因素是“学生组织管理的规章制度不完备”“学生组织的自主管理程度低”“干部选拔不规范且干部的素质不高”。这三个因素分别反映了组织管理的规范化水平、自主性水平和民主性水平影响大学学生组织发展。这个结果恰恰表明了大学生对于当前大学学生组织管理上的不满。对于组织发展的影响因素，排在第四位比例最高的是“学生组织开展的活动贫乏、单一”，排在第五位比例最高的是“活动经费不足”，排在第六位比例最高的是“组织成员之间联系不紧密”。

因此，制度的完善能够在一定程度和范围上提高大学学生组织的自治程度；制度的完善能够促进大学学生组织内部运行的公平、公正、公开；制度的完善能够保障大学学生组织在选举过程中排除外来因素的干扰；制度的完善能够提升大学学生组织主要负责人的服务意识；制度的完善能够实现大学学生组织在其成员变更的情况下，其组织活动仍然能够高效有序地进行。通过完善大学学生组织制度，能够减少其他因素对大学学生组织的控制和干预，提高学生组织的自转能力，从而激发学生组织的活力、吸引力和创新能力。结合大学学生组织发展的实际情况，组织自身应该不断完善和细化相关制度，包括大学学生组织的章程、会议制度、财务制度、干部选拔任免制度、考评制度等。

（二）加强大学学生组织的文化建设

组织文化存在两个层面。就像冰山一样，露出水面的部分是人们可以看到的表征性的东西，是可以观察到的行为，如人们的衣着和行为方式等。这些可能的因素反映了组织成员思想深处的价值观。而深藏于水下的因素包括信念、价值取向、思维方式等，这才是文化最基本的内涵。对大学生进行问卷调查的结果表明，大学学生组织对促进学生知识的学习的功能是缺失的，说明当代大学生对知识和素养认知的缺失，社会风气影响了学生对知识重要性的认识。受就业压力的影响，大学生个人认为，大学毕业就意味着失业，现代社会是个“拼爹”的时代，这也影响了学生组织教育功能的发挥。笔者认为更为主要的是知识的学习没有成为大学学生组织的共同目标。学生组织忽视了组织的文化建设是根本原因。

加强大学学生组织文化建设，让越来越多的大学生对大学学生组织产生认同感，这有利于激发大学生对超越于他们自身信念和价值观的承诺意识。在大学学生组织文化建设过程中要特别注重发挥学生组织主要负责人的作用。从大学生对组织发展影响因素的问卷分析结果中可以看到，排在前三位比例较高的因素是“学生组织管理的规章制度不完备”“学生组织的自主管理程度低”“干部选拔不规范且干部的素质不高”。这说明学生组织负责人素质不高影响了大学学生组织的发展，阻滞了学生组织文化建设，影响了学生组织教育功能的发挥，但同时也说明加强学生组织文化建设的重要性。因为最终成为学生组织文化一部分的某些思想可能产生于组织中的某一成员，但一般情况来讲，组织文化源于组织的创始人或领导者，是他们把某些特定的理念和价值观清晰地表达出来并作为愿景或战略加以贯彻。当领导者的理念和价值观获得组织认可后，就会实现制度化。这样，组织文化便随之出现了。

文化在组织内部和外部发挥两方面作用。一是组织文化使组织成员间形成认同，知道彼此间如何交往，从而实现了组织内部力量的整合。内部整合是指组织成员会发展出一种集体认同感并明确了该如何有效地一同工作。正是文化引导了组织成员的日常工作关系，决定了组织成员相互沟通的方式以及什么样的行为是可接受和不可接受的，组织中的权力和地位是什么样的格局。二是提高组织的外部适应性。外部适应是指组织如何达成目标及如何处理与外部人的关系。正确的文化在一个组织从优秀到卓越的飞跃中起着至关重要的作用①。例如，当学生组织成员对核心价值观、校风学风的传承没有获得集体认同，或者学生组织的负责人本身就认为核心价值观、校风学风的传承不是组织目标而不加以贯彻，那么核心价值观、校风学风就不会在学生组织中得到制度化，学生组织活动的内容也必然很少涉及这些方面。如果学生组织缺少了正确的组织文化引领，会使学生组织在活动过程中过度重视所谓的“能力”发展，再加上大学生受社会风气的影响，必然会造成学生组织

① 理查德·L.达夫特．组织理论与设计［M］．第10版．王凤彬，等，译．北京：清华大学出版社，2001：396.

教育功能的缺失。

（三）提升大学学生组织活动内容的质量与频率

1. 大学学生组织活动内容要贴近学生实际

大学生参与学生组织活动频率分析结果表明（见图5－5），大学生参与组织活动是比较积极的，大部分能够参加学生组织开展的活动。他们希望通过活动提高沟通能力、学会人际交往、了解社会、完善自我。但是，调查结果显示大学生在参与学生组织活动中也存在选择性，“全部参加”的只占11.0%，绝大部分学生选择性参加组织活动，有26.5%的大学生会“少部分参加”“偶尔参加”甚至“从不参加”，调查结果提示我们大学生在参与组织活动中存在选择性甚至存在消极“逃离”行为。这在一定程度上说明大学学生组织所开展的活动脱离了学生自身实际需要，造成部分学生参加组织活动比较消极。

笔者在对学生组织管理者的访谈过程中也得到了相同的验证，当活动内容与学生实际需要相一致时，参与活动的学生人数就多，与学生实际需要不一致时，参与活动的学生人数就少。大学生希望通过参加组织活动解决自身现实问题，或对生活方面有指导作用，或对学术发展有提升作用，或为将来走上社会起到知识储备的作用。当大多数活动内容对于学生来说只是浪费了时间，那么学生的积极性肯定是非常小的。

因此，大学学生组织的活动要与大学生实际需要相联系，与大学生的发展需要相联系，不能为了活动而活动，为了应付学校要求而活动。活动内容要有吸引力，要贴近学生发展的实际需要，学生通过参加组织活动使自身在某方面有收获或者得到提升。如果学生组织活动长时间不从学生实际需要出发，学生就会对学生组织活动失去兴趣，所以学生组织活动内容是否贴近学生实际需要，不仅影响学生参与的人数，也影响大学学生组织教育功能的发挥。

2. 大学学生组织活动内容要多样化

学生组织就是以活动为载体，通过活动实现其教育功能。大学生对所在组织态度的描述性统计量分析结果显示（见表5－12），大学生对于组织活动的喜欢程度处于中等偏上水平。观察图5－8我们也可以看到49.5%的大学生评定为第四等级“比较喜欢”，但是还有33.5%的大学生对于组织活动的喜欢程度“一般”。这主要是由于目前大学学生组织开展的活动贫乏、单一，活动质量不高。多数学生往往只是作为观众而没有成为活动的参与者，缺少内心体验，活动内容多以娱乐性为主，学生组织自发性质的学术性活动很少。

学生组织有自己固定的传统活动，如何使传统活动有所创新性，使传统活动有新内容、新形式，这是我们需要思考的问题。当学生组织活动内容符合学生现有的发展需求，也就增强了活动的吸引力，学生参与人数自然也会增加，大学学生组织教育功能发挥的程度也会更高。

3. 大学学生组织活动频率要适度增加

大学生参与的学生组织每学期开展活动频率分析结果表明（见图5－4），每学期开展活动过少或者过多都可能会带来学生对组织活动较低的参与率。观察表5－11会发现，从“大部分参加”的比例来看，每学期开展4～18次或者超过18次组织活动，会带来学生对组织活动的高参与率。活动频率过低的组织对于大学生的影响肯定是非常有限的，大学学生组织教育功能是以活动的开展为基本条件的，过低的活动频率，即使对学生产生了教育影响，那也是非常有限的。这提示我们要认识到大学学生组织活动开展过少势必会削弱大学学生组织教育功能发挥这一客观现实。

结束语

高等学校肩负着把在校大学生培养成国家未来人才的使命，大学学生工作是高等学校的核心工作。笔者从事 18 年大学学生工作，总结学生工作经验，其中最重要的一条就是不能忽视大学学生组织在大学生成长过程中的作用。如果忽视了大学学生组织的建设，那么学生工作就不会做得好。大学学生组织不仅具有管理功能和服务功能，更重要的是大学学生组织具有教育功能。高等学校往往重视的是大学学生组织的管理功能，而大学学生组织的教育功能却是最容易被忽视的。因此大学学生组织如何发挥教育功能便成为笔者经常思考的问题。

长期的学生工作让笔者感受到大学学生组织具有教育功能是客观存在的，其对大学生的影响是潜移默化的、历久弥坚的过程。但在大学学生组织的实际运行过程中，笔者却发现学生组织的教育功能总是得不到很好发挥，有许多不尽如人意的地方，特别是我国高等学校从精英教育走向大众教育之后，大学学生组织教育功能的发挥越来越弱，这让笔者百思不得其解。尤其是非常重要的核心教育功能的弱化甚至是缺失。

是什么因素影响了大学学生组织教育功能的发挥？如何消除这些不利影响因素，使其教育功能得到有效发挥？这些疑问让笔者觉得大学学生组织教育功能是一个值得研究的问题。要研究此问题，第一需要从理论上分析大学学生组织对大学生具有哪些教育功能，尤其是有哪些核心教育功能。第二要通过实证性的研究看大学学生组织有哪些教育功能得到了有效发挥，同时还有哪些没有发挥出来。

通过理论分析和实证研究使笔者对大学学生组织教育功能有了更深的了

解，在研究过程中虽然提出了一些观点和见解，那也是集众家之所长。虽然目前学界对大学学生组织教育功能的研究者非常少，但笔者认为这是一个值得深入研究的问题，其对改善大学学生组织建设，促进学生成长、成人、成才具有十分重要的推动作用。笔者希望有更多理论或实践工作者研究大学学生组织教育功能，最终目标就是要使大学学生组织教育功能达到有效、优效、持效的发挥。

参考文献

一、书籍类

1. 傅维利．教育功能论［M］．沈阳：辽宁教育出版社，1990.

2. 孙绵涛．行为科学新论［M］．广州：华南理工大学出版社，1992.

3. 于瑮，宋凤宁，宋书文．教育组织行为学［M］．北京：北京师范大学出版社，2009.

4. 斯蒂芬·P. 罗宾斯，等．组织行为学［M］．第9版．孙建敏，等，译．北京：中国人民大学出版社，2008.

5. D. S. 皮尤．组织管理学名家思想荟萃［M］．唐亮，沈明明，邝明生，译．北京：中国社会科学出版社，1986.

6. 孙绵涛．教育组织行为学［M］．福州：福建教育出版社，2012.

7. 鲁洁．教育社会学［M］．北京：人民教育出版社，1990.

8. 富永健一．社会学原理［M］．严立贤，等，译．北京：社会科学文献出版社，1992.

9. 默顿．论理论社会学［M］．何凡兴，等，译．北京：华夏出版社，1990.

10. 张云霞．教育功能的社会学研究［M］．武汉：武汉大学出版社，2011.

11. 理查德·H. 霍尔．组织：结构、过程及结果［M］．第8版．张友星，刘五一，沈勇，译．上海：上海财经大学出版社，2003.

12. 宣勇．大学组织结构研究［M］．北京：高等教育出版社，2005.

13. 阿普尔．文化政治与教育［M］．阎光才，等，译．北京：教育科学出版社，2005.

14. 尹冬梅，丁力．中国当代高校学生组织研究［M］．北京：时事出版社，2008.

15. 厄内斯特·博耶．大学：美国大学生的就读经验［M］．徐芃，李长兰，丁申桃，译．北京：北京师范大学出版社，1993.

16. 顾明远，梁忠义．世界教育大系·高等教育卷［M］．长春：吉林教育出版社，2001.

17. 裴娣娜．教育研究方法导论［M］．合肥：安徽教育出版社，2008.

18. 格莱夫斯．中世纪教育史［M］．吴康，译．上海：华东师范大学出版社，2005.

19. 金以林．近代中国大学研究（1895—1949）［M］．北京：中央文献出版社，2000.

20. 程晋宽．“教育革命”的历史考察（1966—1976）［M］．福州：福建教育出版社，2001.

21. 杨立德．西南联大的斯芬克司之谜［M］．昆明：云南人民出版社，2005.

22. 米德．心灵、自我和社会［M］．霍桂恒，译．南京：译林出版社，2012.

23. 安东尼·吉登斯．资本主义与现代社会理论：对马克思、涂尔干和韦伯著作的分析［M］．郭忠华，潘华凌，译．上海：上海译文出版社，2013.

24. 贾春增．外国社会学史［M］．北京：中国人民大学出版社，2000.

25. 杨善华．当代西方社会学理论［M］．北京：北京大学出版社，1999.

26. 托尼·布什．当代西方教育管理模式［M］．强海燕，主译．南京：南京师范大学出版社，1998.

27. 伯顿·R. 克拉克．高等教育系统：学术组织的跨国研究［M］．王承绪，等，译．杭州：杭州大学出版社，1994.

28. 王权．现代因素分析［M］．第1版．杭州：杭州大学出版社，1993.

29. 吴明隆．SPSS统计应用实务：问卷分析与应用统计［M］．北京：科学出版社，2003.

30. 托克维尔．论美国的民主［M］．董果良，译．北京：商务印书馆，1988.

31. 约翰·杜威．人的问题［M］．傅统先，邱椿，译．上海：上海人民教育出版社，1965.

32. 杜威．自由与文化［M］．傅统先，译．北京：商务印书馆，1964.

33. 克莱德·克鲁克洪，等．文化与个人［M］．高佳，等，译．杭州：浙江人民出版社，1986.

34. 邓小平．邓小平文选［M］．第二卷．北京：人民出版社，1994.

35. 理查德·L. 达夫特．组织理论与设计［M］．第10版．王凤彬，等，译．北京：清华大学出版社，2001.

36. 曲士培．中国大学教育史［M］．太原：山西教育出版社，1993.

37. 赵德强．1949—1957：共和国教坛风云［M］．福州：福建教育出版社，2005.

38. 刘道玉．一个大学校长的自白［M］．武汉：长江文艺出版社，2005.

39. 斯格特．组织理论：理性、自然和开放系统［M］．黄洋，译．北京：华夏出版社，2001.

40. 侯定凯．高等教育社会学［M］．桂林：广西师范大学出版社，2004.

41. 克尔．大学的功用［M］．陈学飞，等，译．南昌：江西教育出版社，1993.

42. 林兆山，凌伟．大学生社会学［M］．北京：电子工业出版社，1991.

43. 宋秦年．大学生社会学［M］．北京：清华大学出版社，1995.

44. 贺国庆，等．欧洲中世纪大学［M］．北京：人民教育出版社，2009.

45. 黄福涛．外国高等教育史［M］．上海：上海教育出版社，2010.

46. 伊丽莎白·里德姆-格林．剑桥大学简史［M］．李自修，译．济南：山东画报出版社，2007.

47. 郭健．哈佛大学发展史［M］．石家庄：河北教育出版社，2000.

48. 刘海峰，史静寰．高等教育史［M］．北京：高等教育出版社，2010.

49. 于文明．中国公立高校多元利益主体生成与协调研究——构建现代大学制度的新视角［M］．北京：高等教育出版社，2007.

50. 魏定熙. 北京大学与中国政治文化（1898—1920）［M］. 金安平，张毅，译. 北京：北京大学出版社，1998.

51. 田正平. 中国教育思想通史［M］. 第六卷. 长沙：湖南教育出版社，1994.

二、期刊类

1. 傅维利. 论教育功能的释放与阻滞［J］. 教育科学，1989（1）.

2. 傅维利，刘磊. 学生实践能力的提高与高等学校教学模式的选择和重建［J］. 教育科学，2008（3）.

3. 张卓玉. 学生组织的教育功能［J］. 基础教育课程，2012（5）.

4. 孟庆恩. 高校学生社团及其教育功能的实现［J］. 国家教育行政学院学报，2011（4）.

5. 刘星，王懋. 我国高校学生社团研究［J］. 青年文学家，2013（7）.

6. 赵洪发. 高校学生组织发展工作的一条路子［J］. 防灾科技学院学报，2007（1）.

7. 唐勤，江丰伟. 美国高校学生组织发展历程的社会背景分析及启示［J］. 学校党建与思想教育，2011（12）.

8. 汪小强. 高校学生组织发展趋势探析［J］. 咸宁学院学报，2012（7）.

9. 陆邈，高蕾. 高校学生组织发展的瓶颈及对策研究［J］. 产业与科技论坛，2013（12）.

10. 王辉. 谈高校学生组织发展建设［J］. 统计与管理，2014（1）.

11. 周彬. 论高考制度教育功能的缺失与提升［J］. 教育理论与实践，2009（1）.

12. 蒋士会. 教育功能及其演进［J］. 广西师范大学学报（哲学社会科学版），2003（4）.

13. 陈欢. 对传统农村家庭教育功能变迁的思考［J］. 教育发展研究，2007（3A）.

14. 王全宾．教育功能、教育价值、教育目的论［J］．山东师范大学学报（人文社会科学版），2001（5）．

15. 胡贵勇．教育功能：诠释，梳理［J］．教育理论与实践，2003（9）．

16. 王健．高校学生会干部队伍建设中的思考［J］．浙江青年专修学院学报，2005（1）．

17. 郭长征．大学生中的非正式群体及其合理利用［J］．教育科学，1987（4）．

18. 周怡．社会结构：由“形构”到“解构”：结构功能主义、结构主义和后结构主义理论之走向［J］．社会学研究，2000（3）．

19. 施喜军．高校学生组织建设的现状、特征与用途［J］．思想政治教育研究，2004（2）．

20. 应飚，等．高校学生组织的体制目标及其工作理念探索［J］．中国高等教育研究，2003（8）．

21. 郑文．西方发达国家高校学生管理权力探讨［J］．中国高教研究，2004（9）．

22. 特罗．从精英向大众高等教育转变中的问题［J］．外国高等教育资料，1999（1）．

23. 吴月刚，丁永为．试论杨贤江的学生自治思想及其实践意义［J］．中国电力教育，2006（3）．

24. 董泽芳，张国强．科学发展观与高等教育和谐发展［J］．高等教育研究，2006（1）．

25. 李月军，赵永红．“文化大革命”研究现状［J］．宁波党校学报，2003（3）．

26. 万东升．规范与和谐：高校学生自治法制化机制的核心［J］．四川理工学院学报（社会科学版），2010（1）．

27. 蔡国春．高校学生事务管理概念的界定［J］．扬州大学学报（高教研究版），2000（2）．

28. 王健．高校学生会干部队伍建设中的思考［J］．浙江青年专修学院学报，2005（1）．

29. 罗英豪．建构主义理论研究综述［J］．上海行政学院学报，2006（9）．

30. 石向实，陈晓慧．当代大学生参加社团活动现状的调查与思考［J］．杭州师范学院学报（社会科学版），2000（3）．

31. 郑确辉．对改革开放以来大学生关注的若干文化热点现象之回顾［J］．青年研究，2001（4）．

32. 王守刚，封雪，畅军亮．高校学生组织自治运行模式及机制研究［J］．煤炭高等教育，2006（5）．

33. 钱海锋．在高校学生自治组织中实施“使命管理”的探索［J］．理工高教研究，2009（4）．

34. 张浩明．正确认识高校学生管理中的三对关系［J］．中国高等教育，2007（10）．

35. 肖露．教育功能释放的三重境界［J］．沈阳教育学院学报，2012（6）．

36. 刘宏达．高校学生组织的思想政治教育功能分析［J］．中国青年政治学院学报，2008（6）．

37. 羽离子．英国大学学联的组织结构和活动实践［J］．贵州师范大学学报，2002（4）．

38. 钱露，贺国庆．中世纪博洛尼亚大学学生自治模式探析［J］．河北师范大学学报（教育科学版），2013（5）．

39. 方原，吴江．博弈视域下大学生自组织发展研究［J］．长春工业大学学报，2014（6）．

40. 邓亮．论大学生权益维护［J］．高教高职研究，2011（54）．

41. 符策良．共青团组织必须切实代表和维护青年权益［J］．山西青年管理干部学院学报，2003（5）．

42. 陈如栋，刘秋辰．以学生专业社团为主体的大学生权益维护模式探索［J］．浙江万里学院学报，2011（6）．

43. 李慧秋．关于构建大学生诉求表达机制的思考［J］．高教高职研究，2009（11）．

44. 孙杰远．论学生社会性发展［J］．教育研究，2003（7）．

45. 周岩．大学生如何提高自我表现能力［J］．价值工程，2010（4）．

46. 付建龙．高校共青团组织应切实维护大学生的合法权益［J］．思想政治工作，2010（3）．

三、学位论文类

1. 江勇．笔迹与人格的关系［D］．华东师范大学，2005.

2. 张文海．高校学生组织状况调查与发展对策研究［D］．河北师范大学，2010.

3. 陈莉．中国大学生组织发展研究：结构文化主义视角［D］．华中科技大学，2007.

4. 高艳．高校学生社团的思想政治教育功能及发挥研究［D］．西南大学，2011.

5. 杨玉翠．大学生社团的教育功能及其优化策略研究［D］．西南大学，2013.

6. 修靖慧．媒体的思想政治教育功能研究［D］．长沙理工大学，2013.

7. 宋文红．中世纪大学：历史描述与分析［D］．华中科技大学，2005.

8. 高星．中美高校道德教育比较研究［D］．中国地质大学，2014.

9. 黄姗．大学生自治组织发展研究［D］．安徽农业大学，2013.

10. 郑皓．大学生社团的思想政治教育功能研究［D］．大连理工大学，2011.

四、会议录

1. 龙卫球．大学学生组织的问题与反思［C］．北京：中国法学教育研究，2007.

2. 张人杰．国外教育社会学基本书选［C］．上海：华东师范大学出版社，1989.

五、外文文献

1. JONES G R, GEORGE J M. Contemporary Management [M]. The McGraw - Hill Companies, Inc. , 2003.

2. ASTIN A W. Student Involvement: The Key to Effective Education. Achieving Educational Excellence [M], Jossey - Bass Pulishers, Inc. , 1985.

3. MOFFATT M. College Life: Undergraduate Culture and Higher Education. College Student Affairs Administration [M] . Simon& Schuster Custom Publishing, 1997.

4. DURST M, SCHAEFFER E M. A Culture Analysis of Student Life at a Liberal Arts College [M]. The Edwin Mellen Press, 1992.

5. HANS - PETER MÜLLER. Social Differentiation and Organic Solidarity: The Division of Labor Revisited [J]. Sociological Forum 1994 (1) .

6. ANON. Mixté Social: Le Choix Des Arts et Métiers [J]. Le Monded' Education, 2006.

7. EBY F, ARROWOOD C F. The History and Philosophy of Education - Ancient and Medieval [M]. Prentice - Hall, Inc. , 1946.

8. COBBAN A B. Universities in the Middle Ages [M]. Liverpool University Press, 1990.

9. DAVIS H W C. Balliol College [M]. Routledge/Thoemmes Press, 1899.

10. RIDDER - SYMOENS H D. A history of the University in Europe. Vol. 1. Universities in the Middle Ages [M], Cambridge University Press, 1992.

11. RUDY W. The Universities of Europe, 1100—1914: A History [M]. NJ: Fairleigh Dickinson University Press, 1984.

附录1

大学学生组织教育功能认知问卷

亲爱的同学：

您好！本研究是为了调查大学生参与大学学生组织的情况，大学学生组织是指基于一定价值取向，根据大学生自身需求与爱好而自我成立并在学校注册的学生团体，主要包括学生会、社团、协会等组织，“网友群”等不属于学生组织。本次问卷采用匿名调查，调查结果也仅用于学术研究。请你根据自己的实际情况，回答问卷中提到的相关问题，答案没有对错之分，请在你选择的答案序号上画“√”或在表内相应空格内画“√”，或在横线上填上适当的内容。

学校：　　专业：　　年级：　　性别：

一、个人背景及总体状况

1. 你的家庭所在地：

① 农村；　② 乡镇；　③ 县城；

④ 地级市；　⑤ 省会或者直辖市

2. 你参加过的学生组织是：

① 学生会；　② 社团、协会等其他组织；

③ 两者都参加过；　④ 都没参加过

3. 你对所在大学学生组织的了解程度是：

① 完全了解；　② 比较了解；　③ 一般；

④ 比较不了解；　⑤ 完全不了解

4. 你对所在大学学生组织的满意程度是：

① 非常满意；　② 比较满意；　③ 一般；

④ 比较不满意；　⑤ 非常不满意

5. 如果可以自由选择，你选择加入学生组织的类型是：

① 学生会；　② 社团、协会等其他组织；　③ 两者都选；

④ 其他组织；　⑤ 任何组织都不参加

6. 你在学生组织中的身份是：

① 干部；　② 普通成员；　③ 活动参加者

7. 你参加学生组织的年限是：

① 1 年以下；　② 1～2 年；

③ 2～3 年；　④ 刚刚参加

8. 你参加的学生组织人数是：

① 10 人及 10 人以下；　② 11～50 人；

③ 51～100 人；　④ 100 人以上；　⑤ 不清楚

9. 你参加过的学生组织每学期开展活动的次数是：

① 3 次及 3 次以下；　② 4～6 次；　③ 7～9 次；

④ 10～18 次；　⑤ 18 次以上

10. 你参与学生组织活动的状况是：

① 全部参加；　② 大部分参加；　③ 少部分参加；

④ 偶尔参加；　⑤ 从不参加

11. 大多数情况下，你对学生组织开展活动的喜欢程度是：

① 非常喜欢；　② 比较喜欢；　③ 一般；

④ 比较不喜欢；　⑤ 非常不喜欢

12. 在参加组织活动时，你尽力的程度是：

① 完全尽力；　② 比较尽力；　③ 一般；

④ 比较不尽力；　⑤ 完全不尽力

二、调查指标

你认为通过参加学生组织活动，下列各指标与自己的情况符合程度如何？请在每个项目的后面分别选出一个答案，并在相应的空格内画“√”。

	指标	完全符合	比较符合	一般	比较不符合	完全不符合
通过参加学生组织活动	13. 为自己发展特长提供了很好的平台	□	□	□	□	□
	14. 促进了自己特长发展和展示	□	□	□	□	□
	15. 培养了我遵守纪律的行为习惯	□	□	□	□	□
	16. 让我对学习和工作的态度更加认真、负责了	□	□	□	□	□
	17. 让我学会了与人相处要讲究诚信	□	□	□	□	□
	18. 让我学会了对人要友善、理解和包容	□	□	□	□	□
	19. 提升了我的一般知识素养	□	□	□	□	□
	20. 让我学到了更多的专业知识	□	□	□	□	□
	21. 更多地了解和认同校风，并愿意积极践行	□	□	□	□	□
	22. 促进了勤奋、严谨、求实等优良学风的形成	□	□	□	□	□
	23. 增强了我维护国家、集体利益的意识	□	□	□	□	□
	24. 培养了我合理表达自身诉求的能力	□	□	□	□	□
	25. 增强了我的专业实践能力	□	□	□	□	□
	26. 增强了我的民主意识	□	□	□	□	□
	27. 提高了我的想象力	□	□	□	□	□
	28. 让我另辟蹊径地解决问题的能力提高了	□	□	□	□	□
	29. 锻炼了我提出新观点，创造新方案、新产品的能力	□	□	□	□	□
	30. 对自己能够达到的学习目标更加清晰了	□	□	□	□	□
	31. 增强了我解决问题的能力	□	□	□	□	□
	32. 增强了我自我监督、自我控制的能力	□	□	□	□	□
	33. 提高了我身体的力量、耐力、速度和灵活性等	□	□	□	□	□
	34. 增强了我的免疫力，提高了我抵抗疾病的能力	□	□	□	□	□
	35. 提高了自己的学习能力	□	□	□	□	□
	36. 发展了自己新的特长	□	□	□	□	□
	37. 让我学会了如何更好地控制自己的情绪	□	□	□	□	□
	38. 让我对自己的认识更为客观、合理了	□	□	□	□	□

三、其他相关内容

39. 你认为你参加的学生组织是：

① 以教师管理为主；　② 以学生自己管理为主；　③ 说不清

40. 你认为你参加的学生组织与普通学生间的联系程度是：

① 非常紧密；　② 比较紧密；　③ 一般；

④ 比较不紧密；　⑤ 非常不紧密

41. 你认为你参加的学生组织所开展的选举活动的民主程度是：

① 非常民主；　② 比较民主；　③ 一般；

④ 比较不民主；　⑤ 非常不民主

42. 你认为学生组织发展存在问题的最重要的原因依次是（请按影响的程度从高到低排序）：

① 学生组织的自主管理程度低；

② 学生组织管理的规章制度不完备；

③ 干部选拔不规范且干部的素质不高；

④ 学生组织开展的活动贫乏、单一；

⑤ 活动经费不足；

⑥ 组织成员之间联系不紧密；

⑦ 其他

谢谢您的合作！

附录 2

大学学生组织教育功能访谈

为全方位了解高校管理者对大学学生组织教育功能的相关观点，笔者还围绕所设计的访谈提纲对辽宁省若干高校的学生组织管理者进行访谈，以下是对这些访谈资料的整理。将大学学生组织教育功能管理者视角的理论与实际访谈资料结合起来，以期构建出一个完整的管理者视角。以下是关于高校学生组织教育功能的访谈提纲以及围绕访谈提纲采访的四位管理者对大学学生组织教育功能发挥的访谈。通过对以下四位管理者访谈资料的对比分析，我们不难解读出些许启迪。

1. 关于大学学生组织教育功能的访谈提纲

尊敬的____________：

您好！非常高兴您能接受我的访谈。我是大学学生组织教育功能研究课题的一名研究者。我现在正在开展关于“大学学生组织教育功能研究”的课题调查工作。通过访谈可以让我们更好地了解目前高校大学学生组织管理者对大学学生组织教育功能的观点和建议，进而有利于我们获取真实的研究资料。

值得注意的是，整个访谈资料的内容仅供课题研究所用，不会外泄给他人。涉及您的个人资料以及观点和看法的资料我会对其予以严格保密，并承诺不会向他人透露。

谢谢您的配合！

访谈者个人信息

姓名：

年龄：

职业：

所在单位：

职务：

访谈地点：

访谈时间：

访谈的主要问题

（1）大学学生组织对大学生应该具有哪些教育功能？

（2）有哪些因素影响了大学学生组织教育功能的发挥？

（3）你认为应该采取哪些措施更好地促进大学学生组织教育功能的发挥？

2. 对发挥大学学生组织教育功能管理者的访谈记录

访谈记录Ⅰ

访谈者个人信息

姓名：冯××

所在单位：沈阳×××学院

职务：团委书记

访谈地点：校部机关

访谈时间：2014－06－30

［在访谈记录中，访谈者为笔者，以下简称A（Author简称），被访谈者冯××，以下简称F］

访谈的主要内容

A：大学学生组织对大学生应该具有哪些教育功能？

F：思想上的教育引领功能；文明传承功能；社团、协会以及其他组织对学生的培养、锻炼与特长展示等。其他的教育功能我认为还应该有人际交往能力、系统做事能力（一个学生在没有组织概念的时候，他做一件事是按照自己的想法做事情，但是作为组织中的一个成员，比如说，他稍微有个角色，他会按照集体方式推进，集体方式推进就是相当于项目工程那种方式，通过宣传、发动、策划，有方案、有步骤、有实施，过程中有管理、有控制。实际上在这个过程中学生组织培养一种思维，这是非常有用的）。学生组织日常的运营模式对学生个体的教育和影响还是很大的。

A：有哪些因素影响了大学学生组织教育功能的发挥？

F：学校对学生组织的经费投入肯定是不充足的，经济基础决定上层建筑，经费充足，组织发展得肯定会好。学校对学生组织经费投入远远不够，全校注册社团有100多个，按正常来说，维持一个社团活动的正常开展，按每个社团1000元经费，这就是一笔不小的费用了。学校没有这样的经费。学校对学生活动经费的投入基本集中在三个部分。一是学生管理，就是学生处的职能，对学生日常教育管理，包括学籍管理以及向学生提供各种资助、助学金、奖学金等。二是团委的校园文化活动和思想引领这部分学生活动。三是学生招生就业经费支出。经费使用主要在职能部门手中。学生活动经费数额有限。往往学生组织出成果了，以奖代拨，比如，科技类学生组织（社团）拿了大奖，奖励点钱，但是这些钱都不是固定和常态化的。大多数完全靠自身的自筹自支，包括收会费和拉赞助。学生组织的自主管理程度还可以，不能说很高，但是绝对不是完全由老师管理的。学生会老师管得多一些，学生会的自主程度要低。学生社团基本都是在学校规定范围内和章程范围内自由活动，但是比较头疼的事情是社团不听话，经常做一些有碍于安全的事情，让学校比较担心。不是不相信学生，只是学生的安全意识达不到，总是理论化思维，不考虑别的问题。学生组织的自治程度高，促进作用就高。自治程度低，促进作用就低。学生组织对学生的促进作用远远大于阻碍作用。学生组织发挥的正面作用要多。学生组织还是要自转，不自转，一管就死了。学生会自治程度不高主要是学校依靠学生会做的工作太多，学校不断给学生会布置任务，没有时间自转，老师交给的任务都忙不过来。学校对学生组织比较重视，但达不到非常重视。老师想把学生都管起来，对学生组织的控制是很严的。学生干部的综合素质比较高，但是实践能力和操作能力比较差，现在学生学的东西多，知道的东西也多，学生基本技能比以往学生强得多，但是要把一个活动运作起来的能力比以往学生差，原因就是独生子女造成的，彼此之间缺少宽容和谅解，纵向父母不让孩子做事，横向没有兄弟姐妹之间的锻炼和培养，造成没有做事能力的培养。学生组织成员间的团结程度还是比较好的，如果组织不团结，组织就解散了。学生组织的活动内容吸引力一般，由于经费限制、办事能力、策划活动能力限制，他们开展的活动一般，使部分成员丧失热情，新生再来，又招收部分新成员达到了补充。

A：你认为应该采取哪些措施更好地促进大学学生组织教育功能的发挥？

F：观念是阻滞学生组织教育功能发挥的主要原因。老师、学校、学生观念阻滞了学生组织教育功能发挥，学校常常把学生组织官僚化，学生组织主要成员也把自己当作学生干部，有的学生组织本来是兴趣小组或爱好小组，应该有自由空间和学术空间，结果变得比较官僚化。再有学生组织的等靠观念十分严重，学生总是希望得到学校和老师的帮助，这种观念是不对的，与西方著名社团相比，思想观念非常落后，社团组织的章程也很陈旧，学生组织的章程往往模仿团的章程和党的章程，规定义务、权利和组织规则多一些，对如何设计组织发展，如何能运作出项目和资金，如何开放式发展，这些都没有。把社团办成了小官场和校学生会了。对如何刺激组织的发展的规定很少。

访谈记录Ⅱ

访谈者个人信息

姓名：杨××

所在单位：沈阳×××学院

职务：团委书记

访谈地点：机关办公室

访谈时间：2014－06－30

[在访谈记录中，访谈者为笔者，以下简称A（Author简称），被访谈者杨××，以下简称Y]

访谈的主要内容

A：大学学生组织对大学生应该具有哪些教育功能？

Y：学生组织对促进学生自我成长方面起到的作用挺大，学生体会得也比较深刻。学生临毕业前，我们都搞学生干部聘任仪式，让学生有一个自我表达的机会，学生干部体会最深的就是促进自我成长方面的作用非常大。

A：有哪些因素影响了大学学生组织教育功能的发挥？

Y：我们学校只能说用现有的经费来尽可能多地促进校园文化建设，学生经费投入非常有限。学生组织活动大的方向学校进行把握，学生活动的内容和形式让学生组织自己做。学校对学生组织还是比较重视的，学校越重视，学生组织所起到的作用就越大。学校领导越重视，学生组织的活动经费也越多。学生组织成员的素质总体上还可以，现在学生的想法更多。学生组织的团结程度在于老师的引导，学生干部间也要经常交流，一个学生活动是多部门共同完成，一荣俱荣，一损俱损。医学专业的学生学习比较累，活跃程度与综合性学校相比要差一些，我们尽可能搞一些学生喜欢的活动，比如，礼仪、美容、医学类的比赛等，贴近学生们生活的活动。这些活动参加的学生人数比较多，如医学技能大赛，一个班有 1/4 的学生报名参加。

A：你认为应该采取哪些措施更好地促进大学学生组织教育功能的发挥？

Y：学校对学生干部选拔控制的程度过高对学生组织作用的发挥还是有影响的。对学生管理过严、过细也影响了学生组织的作用发挥。学校更重视学生的学习。

访谈记录Ⅲ

访谈者个人信息

姓名：周 × ×

所在单位：辽宁 × × × ×学院

职务：团委书记

访谈地点：机关办公楼

访谈时间：2014 – 06 – 30

[在访谈记录中，访谈者为笔者，以下简称 A（Author 简称），被访谈者

周××，以下简称Z]

访谈的主要内容

A：大学学生组织对大学生应该具有哪些教育功能?

Z：学生会和社团、协会的作用是不一样的，学生会是一个服务型组织，学生会是在服务的过程中发挥它的教育功能。不同性质的学生组织在不同方面对学生所起到的作用是不同的，比如，文体类的学生组织对学生技能上有提高；专业类的学生组织对学生专业技能上有提高。学生干部或成员在组织活动的过程中也能提高很多，不仅是指能力方面的提高，也包括团队方面的提高，比如，学会如何带团队，团队如何发展，怎样把团队中的每个成员根据不同特点安排在合适的位置上，学生组织的教育功能在思想上、专业上肯定没有问题。再有，在奉献付出层面上，不管是哪一级的学生组织都能达到这样的教育功能。

A：有哪些因素影响了大学学生组织教育功能的发挥?

Z：人力、物力的投入状态肯定影响学生组织的教育功能发挥；尤其社团、协会层面上各个学校不一样，有的配备了专门指导教师、专门的经费保障、专门的活动地点。社团、协会如果想发挥更大的作用取决于领袖，取决于组织者。组织者的能力、魅力对该组织的发展起到很大的作用；社团和协会的换届是采取选举的形式，选举上来的不一定是最合适和最优秀的人，要尊重学生组织的发展就应该采用民主的方式产生负责人，如果选举上来的负责人不是特别优秀就会影响该组织作用的发挥。学校几年来逐步加大对学生组织经费的投入，如果说学生组织的经费充足，我真不敢讲，因为没有平衡点，达到的教育作用和你匹配的经费能否等同也不敢说，但是，我觉得还是应该加大对学生组织的经费投入。学校对学生组织还是很重视的，对学生会的引导还好办，对社团和协会的引导有一定困难，他们自身的发展、章程的完善、做某一件事情的思考存在一定的欠缺。学生组织的完善和发展取决于该组织的文化凝练，包括章程的完善，也取决于负责人的努力和积累。这个过程也是一个很难的过程，也需要学校的有效指导，这也存在一个度的问题，如果管理过多，学生会认为不是自己的组织，如果什么都不管，学生想问题很简单和单纯，啥都敢做，也不见得特别合适。学生组织成员之间的团结没有问题。主要分为两类：从学生会的角度来讲，学生会内部文化氛围的引导还是很见成效的，学生干部之间的这种奉献和帮助，互相学习的状态还是不错的；社团和协会更简单了，彼此不团结，就不干了。学生会的工作不是想干啥就干啥，是受团委的指导，学生会是权威的学生组织，做什么肯定是有思考的。社团和协会主要还是服务内部成员，这些组织对学生的吸引力还是可以的，我们希望采取能够让学生接受的方式体现教育性和引导性。社团、协会的自治程度高于学生会，社团和协会的选举老师只是进行监督，主要看它的换届过程是否合法，不参与结果。学生会的换届老师参与得比较多，从全国来看基本是这样的形式。学生会不同于其他组织，学生会的服务对象、发挥的功能与社团和协会是不一样的。社团和协会的功能相对单一，主攻一个方向。学生会要服务于学校的方方面面，它发挥的作用、带来的影响远远大于社团和协会，学生的认可程度也远远高于社团和协会。社团联合会的成立脱离了学生组织，我个人认为它的发展还是受到一定的制约，功能相对单一，学生受教育和锻炼的空间也相对较小。有一种做法是把其并入学生会，作为学生会的一个中心，归入学生会的管理。好多学校已经这样做了，这是一种倾向。

A：*你认为应该采取哪些措施更好地促进大学学生组织教育功能的发挥？*

Z：学生组织的根本是为全校学生服务，不是为学校团委服务，学生组织就是要做好桥梁和纽带作用。学生组织要围绕自己组织的宗旨去做工作，要去想如何服务更多的人。学生会要想如何服务全学校学生。给予学生组织更多空间，让他们去发挥，应该有必要的监控，但不能管得过死。有的学校对学生组织管得过死，怕出问题，有的学校的社团和协会也确实出现了问题。

访谈记录Ⅳ

访谈者个人信息

姓名：姚××

所在单位：沈阳××××大学

职务：团委书记

访谈地点：团委书记办公室

访谈时间：2014－06－30

［在访谈记录中，访谈者为笔者，以下简称A（Author简称），被访谈者姚××，以下简称Y］

访谈的主要内容

A：大学学生组织对大学生应该具有哪些教育功能？

Y：全国学联下发了一个文件，要求现在社团和协会必须在学生会的管理下，作为学生会的一个分支。学生组织对学生的教育功能很多，包括激励的教育功能，身边优秀的学生对学生自身就有激励作用，其实所有的功能归纳起来就是一个教育引导。学生会组织是自我教育、自我管理，教育功能是第一位的，管理功能是第二位的，这种管理也是一种综合素质的提高，正能量的激励，各种能力的锻炼，包括创新能力的培养很多方面。

A：有哪些因素影响了大学学生组织教育功能的发挥？

Y：经费不足影响了学生组织功能的发挥，我们学校学生组织的经费都没有达到国家的要求。社会风气也影响学生组织的教育功能，大家争先恐后的当官心态，不是德才兼备的学生混学生组织的领导岗位，影响很不好。学生干部越来越不像学生，越来越像社会人。学生干部的素质一年不如一年，每次换届都选不出我心目中的学生干部，比如，形象好一点儿，学习好一点儿，各方面能力比较强的学生，又比较低调，文体方面又有些特长的学生，想综合于一身的挺难。国家层面的教育扩招导致大学生质量明显下降，社会层面的社会风气有问题，学校层面我认为还是重教学，轻学生。个人层面，学生跟风、跟流行，就导致信仰缺失，沉迷网络，娱乐至死，崇尚消费，这对学生都有影响。

A：你认为应该采取哪些措施更好地促进大学学生组织教育功能的发挥？

Y：学校要加强对学生组织的引导，尤其对学生干部的任用。

从以上四则有关高校管理者对大学学生组织教育功能相关问题的访谈，我们不难发现这些管理者对大学学生组织教育功能的观点看法存在以下相通之处：首先，高校管理者对大学学生组织教育功能给予了充分的肯定，认为大学学生组织无论是在引导学生个人发展，促进良好的校风学风的形成，还是对于营造整个社会主义精神风貌都具有重大的积极意义；其次，大学学生组织教育功能的发挥离不开高校的物质投入、制度保障等资源的补给与支持，高校学生组织管理者应采取多种有效途径促进学生组织的积极健康发展；最后，大学学生组织与组织中的学生个体是相辅相成、互相影响的，当学生个体的发展与学生组织教育功能应然的目标一致时，对学生组织群体以及学生个体都能带来较好的影响；反之，则不利于组织和学生个体自身的发展。大学学生组织的教育功能具体多样，教育引导、传承人类优秀文明以及促进学生身心健康发展是其教育功能的重要方面。

附录3

“大学学生组织教育功能认知问卷”附表

附表1 “大学学生组织教育功能认知问卷”26个项目的鉴别力分析

	教育功能高低分组	N	M	SD	t
为自己发展特长提供了很好的平台	低分组	509	3.3988	0.99807	-22.160**
	高分组	517	4.7079	0.89019	
促进了自己特长发展和展示	低分组	509	3.1984	0.89724	-29.938**
	高分组	517	4.5841	0.53843	
培养了自我遵守纪律的行为习惯	低分组	509	3.2888	0.85636	-25.806**
	高分组	517	4.7215	0.92121	
让我对学习和工作的态度更加认真、负责了	低分组	509	3.3851	0.84942	-18.017**
	高分组	517	4.7737	1.52912	
让我学会了与人相处要讲究诚信	低分组	509	3.3890	0.83593	-21.719**
	高分组	517	4.7718	1.17720	
让我学会了对人要友善、理解和包容	低分组	509	3.4617	0.94796	-21.694**
	高分组	517	4.7002	0.87883	
提升了我的一般知识素养	低分组	509	3.2181	0.85204	-29.966**
	高分组	517	4.5725	0.56467	
让我学到了更多的专业知识	低分组	509	2.9489	0.91216	-29.670**
	高分组	517	4.4178	0.64962	

续表

	教育功能高低分组	N	M	SD	t
更多地了解和认同校风，并愿意积极践行	低分组	509	3.0570	0.83636	-34.290**
	高分组	517	4.5725	0.54724	
促进了勤奋、严谨、求实等优良学风的形成	低分组	509	3.0295	0.87457	-36.348**
	高分组	517	4.6673	0.52233	
增强了我维护国家、集体利益的意识	低分组	509	3.2436	0.85550	-33.557**
	高分组	517	4.7041	0.48569	
培养了我合理表达自身诉求的能力	低分组	509	3.4872	0.87301	-22.356**
	高分组	517	4.7582	0.94702	
增强了我的专业实践能力	低分组	509	2.9784	0.93779	-32.375**
	高分组	517	4.5822	0.61278	
增强了我的民主意识	低分组	509	3.3065	0.88535	-24.420**
	高分组	517	4.6963	0.93730	
提高了我的想象力	低分组	509	3.0609	0.88859	-29.598**
	高分组	517	4.5358	0.69409	
让我另辟蹊径地解决问题的能力提高了	低分组	509	3.1218	0.84933	-22.124**
	高分组	517	4.6692	1.33414	
锻炼了我提出新观点、创造新方案、新产品的能力	低分组	509	3.1591	0.84661	-30.745**
	高分组	517	4.6170	0.65912	
对自己能够达到的学习目标更加清晰了	低分组	509	2.9862	0.85677	-36.216**
	高分组	517	4.6093	0.54109	
增强了我解决问题的能力	低分组	509	3.0570	0.87995	-29.180**
	高分组	517	4.6809	0.90256	
增强了我自我监督、自我控制的能力	低分组	509	3.1493	0.86790	-33.246**
	高分组	517	4.6441	0.52921	

续表

	教育功能高低分组	N	M	SD	t
提高了我身体的力量、耐力、速度和灵活性等	低分组	509	2.9411	0.98436	-33.382**
	高分组	517	4.6209	0.57008	
增强了我的免疫力，提高了我抵抗疾病的能力	低分组	509	2.8016	1.02235	-21.668**
	高分组	517	4.4662	1.41055	
提高了自己的学习能力	低分组	509	3.2377	0.85830	-31.460**
	高分组	517	4.6673	0.56510	
发展了自己新的特长	低分组	509	3.1591	1.22483	-19.701**
	高分组	517	4.7621	1.37794	
让我学会了如何更好地控制自己的情绪	低分组	509	3.2200	0.89548	-31.190**
	高分组	517	4.7002	0.59149	
让我对自己的认识更加客观、合理了	低分组	509	3.2986	0.89025	-29.304**
	高分组	517	4.6576	0.55406	

附表2 组织规模与组织类型的独立性检验结果

			参加过的学生组织			合计
			学生会	社团、协会等其他组织	两者都参加过	
学生组织规模	10人及10人以下	计数	100	115	70	285
		百分比	35.1%	40.4%	24.6%	100.0%
	11～50人	计数	166	355	205	726
		百分比	22.9%	48.9%	28.2%	100.0%
	51～100人	计数	97	159	131	387
		百分比	25.1%	41.1%	33.9%	100.0%
	100人以上	计数	104	65	124	293
		百分比	35.5%	22.2%	42.3%	100.0%
	不清楚	计数	24	85	40	149
		百分比	16.1%	57.0%	26.8%	100.0%

注：$\chi^2 = 89.744$，$P = 0.000 < 0.01$，Pearson相关系数为0.216，$P = 0.000 < 0.01$。

附表 3　生源地与组织内身份的独立性检验结果

			组织内身份			合计
			干部	普通成员	活动参加者	
生源地	农村	计数	127	273	96	496
		百分比	25.6%	55.0%	19.4%	100.0%
	乡镇	计数	79	165	69	313
		百分比	25.2%	52.7%	22.0%	100.0%
	县城	计数	93	199	61	353
		百分比	26.3%	56.4%	17.3%	100.0%
	地级市	计数	156	257	39	452
		百分比	34.5%	56.9%	8.6%	100.0%
	省会或者直辖市	计数	87	121	18	226
		百分比	38.5%	53.5%	8.0%	100.0%

注：$\chi^2=52.958$，$P=0.000<0.01$，Pearson 相关系数为 0.167，$P=0.000<0.01$。

后 记

我是从兴城这个小县城走出来的孩子，1987 年考取当时的锦州第一师范学校，独自一人到锦州求学，那年我成了兄弟姐妹当中学历最高的人，也成了家里唯一脱离农村户口的人。那时，中专师范毕业后能当一名小学教师已经是我的最高目标。中专师范四年的学习使我得到了全方面的提升，我的中专师范班主任赵永峰老师对我的影响很大。他的正直、大气和对学生的爱护，让我现在都难以忘记。正是因为有这样的好老师，我中师毕业后被保送到沈阳师范大学学习，本科毕业后留校工作。

2006 年，有一个偶然的机会，我结识了山东师范大学徐继存教授，获得徐教授的赏识和认可，机场临别之时，徐教授对我说："铁杰，你一定要考博士，一定要考傅维利教授的博士……"一个小时的交流再次激起了我学习的愿望。2009 年，我梦想成真，成为傅老师的学生。我很珍惜这最后的学生时光，在学习上不敢懈怠，从沈阳半夜坐火车到大连，从大连坐火车半夜到沈阳是家常便饭，这是我最难忘的经历。现在回忆起来，这是一个很享受的过程，是一个幸福的过程。

真诚地感谢我的导师傅维利教授，导师的学术、修养、为人是我一辈子学习的榜样。真诚感谢辽宁师范大学张桂春教授、杨晓教授、朱宁波教授、陈大超教授、李德显教授、常若松教授、蔡敏教授。感谢各位老师对我学习上的帮助和学术上的指导。感谢沈阳师范大学各位领导、老师、同事在我读书期间对我工作和学习上的支持。

在这里，我还要感谢我的家人。当父母听说我考上博士之后那种激动的表情让我永久不能忘；兄弟姐妹中只有我一人远离故乡在外地工作，他们承担了照顾父母的重任，使我能够安心工作和读书；妻子知道我在写博士论文默默承担了所有家务，女儿知道我写论文，也很懂事地不打扰我，让我能够安心写作。感谢亲人，让我感受到亲情的温暖。

感谢我的同事们、感谢我的同学们、感谢我的朋友们，正是有大家对我的关心、支持与帮助，才使我充满了信心完成博士论文也就是本书的写作。

田铁杰

2020 年 3 月